FICHA CATALOGRÁFICA

(Preparada na Editora)

Freitas, Valdinei de 1973-

F93s   *Segredos do tempo* / Valdinei de Freitas. Araras, SP, IDE, 1ª edição, 2016.

480 p.

ISBN 978-85-7341-681-7

1. Romance 2. Espiritismo I. Título.

CDD -869.935
-133.9

Índices para catálogo sistemático

1. Romance: Século 21: Literatura brasileira 869.935
2. Espiritismo 133.9

ide

Segredos
DO TEMPO

Inspirado em acontecimentos reais

VALDINEI DE FREITAS

ISBN 978-85-7341-681-7

1ª edição - março/2016

Copyright © 2016,
Instituto de Difusão Espírita - IDE

Conselho Editorial:
Hércio Marcos Cintra Arantes
Doralice Scanavini Volk
Orson Peter Carrara
Wilson Frungilo Júnior

Coordenação geral:
Jairo Lorenzetti

Revisão de texto:
Mariana Frungilo

Capa:
César França de Oliveira

Diagramação:
Maria Isabel Estéfano Rissi

INSTITUTO DE DIFUSÃO ESPÍRITA - IDE
Av. Otto Barreto, 1067 - Cx. Postal 110
CEP 13600-970 - Araras/SP - Brasil
Fone (19) 3543-2400
CNPJ 44.220.101/0001-43
Inscrição Estadual 182.010.405.118

www.ideeditora.com.br
editorial@ideeditora.com.br

Todos os direitos reservados. Nenhuma parte desta publicação pode ser reproduzida, armazenada ou transmitida, total ou parcialmente, por quaisquer métodos ou processos, sem autorização do detentor do copyright.

Segredos do TEMPO

Inspirado em acontecimentos reais

Eu Lhe Dedico

Ivangela, esposa e companheira, eu lhe dedico este livro pelo apoio incondicional, indispensável para que cada artigo, cada substantivo, cada adjetivo deste sonho fosse realizado.

Quando as interrogações obstaculizavam meu caminho, suas interjeições incentivaram-me a não desistir.

Com você compreendi que a conjugação do verbo amar não se aprende nos dicionários e nas gramáticas, que este verbo só faz sentido quando vivido, não no infinitivo, mas no gerúndio.

Obrigado por fazer parte da minha vida, pois ao seu lado descobri novos tempos para o verbo amar: o presente e futuro "mais-que-perfeitos".

Sumário

1 - Sonhos 11
2 - Eras passadas 29
3 - Dramas da vida 45
4 - O avesso da história 63
5 - Procurando respostas 83
6 - Dúvidas e promessas 115
7 - Visitando a Casa Espírita 137
8 - Estrelas perdidas 169
9 - Segredos guardados 189
10 - A face oculta 205
11 - Retorno 231
12 - Margarida 259
13 - No plano espiritual 275
14 - Ódio e remorso 303
15 - Dor suprema 319
16 - Vingança 357
17 - Fazendo contato 377
18 - Marcas do tempo 429
19 - Descortinando o passado 455
   Agradecimentos 479

Capítulo 1

A MADRUGADA SEGUIA ALTA E DERRAMAVA lentamente seu manto orvalhado sobre a relva e os telhados das casas dos cerca de onze mil habitantes – a maioria de descendência italiana ou cabocla –, da pacata cidadezinha de Vila Sossego, encravada num espraiado vale, bem ao "pé" da Serra Geral catarinense, que jazia silenciosa, empedernida pelos rigores das noites frias, típicas do inverno do Sul do Brasil, que, no ano de 2013, superou todas as previsões – vinha sendo rotulado pelos meteorologistas como o mais rigoroso dos últimos cem anos – quando Vânia acordou sobressaltada e muito assustada. Era a terceira vez naquela semana que se repetia o mesmo sonho estranho, reduzindo novamente seu repouso noturno.

Vinte e dois anos completados na primavera do ano anterior, Vânia era a filha mais jovem de Belarmino e Iracy Davoglio, simpático e idoso casal, membros de tradicionais famílias da cidade. Dos sete irmãos, era a única que ainda residia com os pais. Os demais haviam constituído família e mudado para outros municípios.

Por terem se casado muito cedo, Iracy e Belarmino tiveram que trabalhar duro na pequena fazenda de bananas que herdaram dos pais, para sustentar os filhos que chegavam, sempre em intervalos de dois anos. Nunca tiveram problemas financeiros, é verdade, mas isso também não foi sinônimo de vida fácil. Trabalhavam de sol a sol e por isso não tiveram condições de dar a atenção devida aos primeiros seis filhos, que acabaram sendo criados com auxílio de empregados e, por contingência das circunstâncias, desde a adolescência foram alçados aos trabalhos da família.

Com Vânia, porém, a situação foi bem diferente: filha caçula, gerada com intervalo de sete anos após o sexto filho e tendo chegado ao mundo quando a situação da fazenda São João da Prosperidade e a própria situação financeira da família encontravam-se acomodadas depois de décadas de árdua labuta, os pais canalizaram para ela a atenção e o carinho que não puderam ser dispensados aos demais filhos. Inconscientemente, tentavam compensar com Vânia sua ausência durante a infância dos outros filhos. Foi esta exclusividade que lhe rendeu, por parte dos irmãos mais velhos, o rótulo de "a protegida" de dona Iracy e seu Belarmino, que realmente a tratavam como se fosse um frágil cristal, que poderia quebrar-se ao menor toque.

Vânia, por sua vez, desde tenra idade, sempre fora muito ligada aos pais, retribuindo na mesma proporção a atenção e o carinho recebidos. Não passava um dia sequer sem falar com Iracy e Belarmino.

Quando um deles viajava, sempre encontrava um jeito de conversar por telefone, ainda que brevemente. Quando completaram bodas de ouro, Iracy e Belarmino fizeram juntos a única viagem de suas vidas. Permaneceram por longos e intermináveis sete dias – na opinião de Vânia, obviamente – em um hotel fazenda no estado de Goiás, indicado pela filha Marta, que, há anos, mudara-se para aquele longínquo Estado. Nas redondezas do local onde ficaram hospedados, o sinal de telefonia celular era precário. Naquele período, Vânia ficava enfurecida a cada tentativa frustrada de ligar para os pais e só aquietava-se quando, à noite, conseguia contato com eles através do telefone da sede do hotel. Era uma relação que poderia ser qualificada como reciprocamente possessiva, em grau ainda mais elevado em relação à mãe.

Desde jovem, Vânia desenvolveu interesse sobrecomum pelas propriedades fitoterápicas das plantas da fazenda, chegando a cultivar diversas espécies de ervas medicinais. Não foi surpresa para a família quando anunciou que cursaria Medicina, em tempo integral, numa cidade vizinha, distante trinta e seis quilômetros de Vila Sossego, o que a obrigava a quatro percursos diários de quarenta e cinco minutos cada.

Normalmente, esta rotina mostrava-se suficiente para garantir boas e tranquilas noites de sono, mas que, nos últimos dias, não estava desempenhando com proficiência seu papel de sonífero.

Vânia era uma moça simples, doce, carinhosa, prestativa, sempre disposta a ajudar indistintamente quem quer que lhe solicitasse auxílio. Porém, a característica que melhor definia sua personalidade era o pragmatismo, principalmente no enfrentamento das circunstâncias da sua vida. Esta virtude, entretanto, mostrava-se inútil quando o assunto era a recorrência daquele estranho sonho que mesclava, na mesma proporção, sentimentos antagônicos de segurança e medo, com conotações de luz e escuridão, imagens familiares e desconhecidas.

O que mais atormentava Vânia era a recorrência. Nas três noites, o enredo dos sonhos era o mesmo, rigorosamente idêntico: via-se caminhando sozinha por uma pracinha que, pelo estilo, assemelhava-se a um jardim central, muito comum nas pequenas cidades do interior do Brasil.

O bosque era serpenteado por calçadas revestidas de pequenas lajotas de concreto, que propiciavam um andar suave por entre as árvores e inúmeras espécies de flores que enfeitavam aquele lindo e inebriante local. O início do caminho era estreito, mas ladeado por espécies de bambus em miniaturas, que se entrelaçavam, formando um túnel verde de cheiro suave e relaxante. Ao fim do túnel natural, a passagem abria-se e a calçada alargava-se, descortinando uma paisagem cujo esplendor não poderia ser descrito pela nossa linguagem deficiente e limitada.

Nunca, em sua curta existência, havia vislumbrado uma composição de cores tão espetacular e um contraste de matizes de tamanha diversidade e beleza.

Maravilhada, Vânia, por diversas vezes, interrompia seus passos para admirar e tentar decifrar os exemplares da flora que habitavam aquele inusitado jardim. Tudo em vão! Não encontrava, nos refolhos de sua mente, algo semelhante aos itens que seus olhos registravam. As flores eram dotadas de cores mais vivas do que estava acostumada, mas possuíam o mesmo formato de algumas espécies que conhecia, como lantanas (a flor arco-íris), azaleias, ciclames, orquídeas, glicínias, íris, flores-de-são-joão, agapantos, begônias (só que em tamanho maior), tulipas multicolores, brincos-de-princesa. Era como se todas as espécies de flores terrestres ali existentes houvessem sido criadas numa versão ampliada, melhorada e de coloração mais intensa e variada. Limitada pela pobreza léxica do ser humano, não encontrava adjetivos capazes de descrevê-las minimamente.

Após não mais que uma centena de passos por entre aquela aquarela de plantas, divisou o que parecia ser a parte central do jardim, um pequeno chafariz rodeado por doze estátuas de figuras angelicais segurando pequenos jarros de onde a água era projetada em fino esguicho, formando um arco perfeito e bem definido. A água que vertia do jarro, nas mãos do menino-anjo encontrava-se com os outros fios de água provenientes das demais estátuas.

A cena era indescritível pela beleza. Os raios do sol, que venciam sem dificuldade a copa das árvores, ao atravessarem a água esguichada pelos anjos de pedra, decompunham-se em múltiplos e minúsculos arco-íris, acrescentando um colorido ímpar àquele ornamento central.

"Que lugar seria esse?" – pensou em voz alta. – Estaria no Jardim do Éden, no Paraíso do qual Adão e Eva foram expulsos, que Padre Herval, pároco da igreja de sua cidade e seu amigo pessoal, tanto destacava em suas homilias?

A confusão tomava conta de sua mente. De um lado,

tinha convicção de que estava sonhando, de que aquilo só podia ser fruto de sua imaginação; de outro, era este o mais real dos sonhos que já tivera em sua vida, pois podia sentir o perfume das flores, a estrutura das formas e o brilho único das cores do local, que mais pareciam um desenho artístico pintado em tonalidades vivas.

Deteve-se diante daquele maravilhoso chafariz e percebeu que, por sobre a copa das árvores, destacava-se na paisagem o campanário de uma pequena igreja, tornando o cenário cada vez mais familiar, já que trazia elementos comumente vistos na maioria das cidadezinhas do interior, guardadas as devidas proporções, obviamente.

Prosseguiu sua exploração seguindo na direção daquele singelo templo. Aproximando-se, percebeu tratar-se de uma igreja comum, sem qualquer elemento que a diferenciasse das demais. Totalmente pintada de branco, não se via qualquer sinal de outra cor, mesmo na cruz encravada em seu topo. Um pequeno sino prateado, que irradiava os raios solares, era o único elemento que se destacava naquela monocromática construção. Vânia nem desconfiava, mas num futuro não muito distante, seria esclarecida acerca das razões da existência daquela casa de oração, porém isso não aconteceria em sonho.

Grande parte por influência da beleza do jardim, que atravessara até chegar à igreja e que a deixara totalmente extasiada, a sensação que a simplicidade e a ausência de cores do templo produziam era a de que não pertencia àquele local, pois destoava completamente do restante do cenário.

Circundou o templo caminhando por sobre um gramado impecavelmente cuidado, cuja exuberância verde cobria todo o solo ao derredor da igreja, mas não notou mais nada de anormal em torno do local, exceto que se encontrava com suas portas frontais – as únicas existentes – totalmente fechadas e não havia traço indicativo de que estivesse funcionando, pois não encontrou sinal de sacerdote, sacristão ou qualquer outro auxiliar paroquial.

Uma névoa espessa, que a tudo envolvia com seu manto cinzento, a impedia de distinguir o que havia ao redor e além da silenciosa igreja. Um arrepio de medo transpassou seu corpo. Decididamente, não exploraria as laterais da construção, pois vultos negros que, pelos contornos, pareciam árvores eram tudo o que seus olhos conseguiam divisar por detrás da fechada neblina, dando-lhe calafrios. Seguiu, então, na direção do único caminho visível: a parte dos fundos da igreja.

Caminhando lenta e atentamente, avistou uma viela – revestida com o mesmo material do jardim de onde viera – que seguia simetricamente em linha reta pelos fundos do templo e, após alguns metros, era bruscamente interrompida por uma cerca viva formada por arbustos de folhas pequenas, que pôde identificar como sendo da espécie conhecida como pingo-de-ouro, a mais comum das cercas vivas da sua região, mas que, para não fugir à regra do local, era dotada de um brilho diferenciado em suas folhas de coloração amarelo-douradas, que, dependendo do ângulo, refletiam perfeitamente os raios solares, criando efeito semelhante ao produzido pelos pisca-piscas usados como enfeites nas decorações natalinas.

No ponto onde morria a estreita rua, podia-se avistar um pequeno hiato na planta que delimitava a passagem para outro cenário. Como o muro de folhas tinha um pouco mais de dois metros de altura – cálculo que Vânia fez, tomando por referência as suas próprias medidas – obstaculizava completamente a visão do terreno do lado oposto, deixando apenas uma única opção para descobrir quais surpresas o emaranhado de pingos-de-ouro escondiam do outro lado: transpor aquela estranha fronteira natural. E foi assim, tendo a curiosidade por guia, que Vânia resolveu prosseguir.

Dirigiu-se vagarosamente até a barreira de plantas, detendo-se exatamente no limiar da passagem oferecida pela cerca viva que, apesar de estreita, fora insculpida em arco, formando um portal natural. A vista a surpreendeu e Vânia esfregou os olhos, deu algumas piscadelas para certificar-se de que não estava sendo traída por alguma ilusão de ótica.

A paisagem do outro lado era singular, porém, o que mais a deixava intrigada era a estranha sensação de familiaridade e paz que o cenário produzia, muito embora não o conhecesse.

– Uma vila?! – a frase escapou-lhe de forma instintiva, num misto de espanto e dúvida.

Ultrapassada a cerca, estava lá, encravado nos fundos da igreja, um vilarejo composto por cerca de trinta casas rigorosamente iguais na arquitetura, mas totalmente distintas nas cores, cujas tonalidades assemelhavam-se às das flores que avistara no caminho até aquele local.

Vânia notou que tudo naquele lugar era multicolorido, característica que produzia uma sensação de paz absoluta.

As casas não eram grandes e estavam posicionadas nos dois lados de uma pequena e solitária rua. Não havia muros a separá-las e cada uma apresentava um jardim particular, singela e belissimamente decorado com variadas flores, provavelmente de acordo com o gosto de cada morador.

Pela simplicidade, pelo tamanho e disposição das construções, o melhor comparativo que vinha à mente era com um conjunto habitacional de casas populares recentemente entregues às famílias carentes pelo Prefeito de sua cidade, exceto pela variedade de cores, que, na obra municipal, eram de um branco entediante.

No início da ruela, notou a existência de singelo pórtico de madeira que dava as boas-vindas aos visitantes. Nele, havia uma placa de madeira contendo uma inscrição gravada a fogo – semelhante àquelas realizadas com o auxílio de um antigo pirógrafo – que dizia: *"Colônia Recanto da Paz".*

"Colônia? Recanto da Paz?" – perguntou-se Vânia, totalmente surpresa. Nunca ouvira falar de um lugar com este nome. Isso aguçou ainda mais sua curiosidade.

Apesar dos indicativos de que as casas eram habitadas, tamanho o esmero e o cuidado de cada uma das construções, assim como ocorrera anteriormente na igreja – que agora só a cruz era visível – também ali não havia o menor sinal de moradores naquele estranho, porém familiar, lugarejo.

"Onde estariam os habitantes daquele local?" – perguntou-se.

Vânia prosseguiu, caminhando lentamente pelo

ponto central da rua, e, como um espectador de uma partida de tênis, a cada meia dúzia de passos, sua cabeça virava de um lado para o outro, contemplando, ora a casa que estava à esquerda, ora a que surgia à sua direita.

O silêncio era angustiante e assustador, mas, paradoxalmente, havia um desejo inexplicável e quase incontrolável de permanecer para sempre naquela vila. O tempo esclareceria as razões daquele estranho desejo.

"Que lugar era aquele? Qual a natureza da experiência que estava vivenciando?" – indagava-se insistentemente.

Sabia que estava sonhando, mas que espécie de sonho era esse que produzia, em seu íntimo, a viva convicção de que havia, naquele local, mais do que uma mera experiência onírica. Não tinha dúvidas de que a realidade ali também se fazia presente. Desconhecia através de qual mecanismo sua mente – só poderia ser obra dela – estaria produzindo esta situação surrealista.

Não obstante as dúvidas e o espanto, em geral os sentimentos que se assenhoreavam da sua mente conturbada eram de paz e tranquilidade, mas isto mudaria nos próximos passos.

***

Enquanto rememorava o sonho, sentada em sua cama, olhando fixamente para o Jesus do crucifixo – o símbolo de sua fé – colocado na parede do quarto, bem em frente à sua cama, Vânia lutava contra o desejo de sair para a rua. Sentia vontade de caminhar ao relento e respirar ar fresco, na esperança de que os ares noturnos a fizessem refletir com mais clareza, aproveitando que os detalhes desta nova experiência permaneciam vívidos em sua mente, mas o frio que castigava duramente a madrugada sobrepujava a vontade de deixar o conforto quente de seu leito, pois, se o termômetro do quarto marcava sete graus, sabia que, ao relento, a temperatura estaria abaixo de zero, muito provavelmente um ou dois graus negativos. Além disso, o vento sul que soprava leve fazia a sensação térmica despencar ainda mais.

Olhou suplicante para a imagem do Nazareno crucificado, na esperança de receber alguma espécie de alento para seu dilema, mas Ele permanecia em silêncio, atado ao madeiro da cruz em que a vaidade humana o havia colocado.

Ansiava por entendimento, desejava explicações, mas não as encontrava. Lutava para recolocar o seu famoso senso prático no comando de suas ações, mas era inútil. Os pensamentos objetivos logo eram suplantados pelas lembranças daquele silencioso vilarejo, que teimavam em monopolizar seu raciocínio. Isso a incomodava e a deixava cada vez mais curiosa. Isso também a amedrontava.

***

Caminhou até o fim da rua, constatando que todas as residências estavam fechadas. Estranhamente, após a última casa, a rua era interrompida por um novo bosque, onde a luz do sol, apesar do esforço, não conseguia transpor a barreira produzida pela densa folhagem da copa das inúmeras árvores que, harmonicamente alinhadas, mais pareciam impávidas sentinelas guardando a entrada de um portal para o desconhecido.

À direita, entre a floresta e a última casa, havia uma nova tabuleta, desta feita fixada no tronco de um solitário ipê carregado de flores amareladas; intencionalmente ou não, aquela planta fornecia ao viajor a última réstia colorida do local, pois, a partir dela, a escuridão da floresta era profunda e nem um pouco convidativa.

Aproximando-se da árvore, um leve tremor tomou conta de seu corpo quando leu a inscrição que dizia: *"Não abandoneis as esperanças vós que aqui entrais!"*.

"Seria seu subconsciente pregando-lhe uma peça, aproveitando-se de suas lembranças?" – interrogou-se.

Conhecia perfeitamente aquela eloquente advertência de aparência amedrontadora, afinal, coincidentemente, havia poucos dias, lera a obra-prima de Dante Alighieri, intitulada "A Divina Comédia". Recordava-se perfeitamente do trecho em que o apaixonado escritor de Florença narrou a chegada dos poetas à porta do inferno, na qual encontraram escrita a temível sentença: *"Lasciate ogni speranza, voi che entrate"*, algo como, "abandonai toda a esperança, vós que entrais!".

O escritor italiano retratou o inferno após ter sido expulso de sua cidade. Do exílio, produziu um texto intimidador. Advertiu, de forma incisiva, que não haveria nenhuma esperança para aqueles que transpusessem os umbrais do reino das sombras. Entretanto, o que Vânia extraía daquele derradeiro aviso, apesar da semelhança com o texto dantesco, era um convite ao bom ânimo e à perseverança, inversamente do que preconizou o poeta de Florença quando anunciou a chegada ao limiar do inferno. Por pior que pudesse ser aquela tenebrosa floresta, fronteiriça a tão bela paisagem, cujo silêncio e escuridão eram de fato assustadores, a advertência conclamava aos aventureiros que ousassem seguir adiante a não abandonarem suas esperanças, mas por quê? A resposta a esta dúvida Vânia não tardaria a descobrir.

Apesar da fobia inata por matas fechadas, algo inexplicável para alguém que jamais tivera uma experiência negativa com lugares desta natureza, a placa despertou ainda mais sua curiosidade e, movida de incontrolável impulso, muito embora a prudência a mandasse recuar e afastar-se das sombras – arrepender-se-ia mais tarde por não tê-la ouvido –, seguiu adiante, afundando-se no coração escuro da floresta.

Envolvida pela completa ausência de luz, seus primeiros passos foram lentos. O ar pesado anunciava que o perigo estava próximo. Vânia não conseguia distinguir nada no caminho a sua frente, nunca vira um breu tão denso e profundo. Sentia como se caminhasse por entre os carrascais do inferno. O máximo que seus olhos captavam, e mesmo assim de forma precária, eram os vultos dos troncos das árvores. Sem uma luz ou som para guiá-la, prosseguiu com cautela, como alguém que desperta durante a madrugada e, sonolento e desorientado, sai a tatear pelo quarto escuro.

Minutos de caminhada passaram-se, e o cenário permanecia teimosamente inalterado. Andou mais um pouco, quando sua audição, amplificada pela ausência da visão, foi ativada por sons distantes, que se assemelhavam a prantos e lamúrias. Resolveu seguir na direção daqueles lamentos, sem desconfiar de que presenciaria cenas que excederiam em horror a tudo aquilo que sua simplória imaginação poderia supor.

Não demorou muito para que os sons ficassem mais fortes, até que um feixe de luz começou a penetrar na floresta, possibilitando que imprimisse maior velocidade à caminhada. Ansiosa, conseguiu atingir o fim daquela mata.

A escuridão cedeu espaço à luz, mas mesmo assim não conseguiu enxergar adiante, pois seus olhos, acostumados com a escuridão profunda, fecharam-se instintivamente, repelindo a luminosidade, que agora penetrava abundantemente. Vânia fechou os olhos por alguns segundos e começou a esfregar as mãos freneticamente até se acostumar com a claridade. Foi depois de alguns instantes que as imagens começaram, lentamente, a ser captadas com nitidez pela retina. Foi neste momento que percebeu onde estava e, só então, reconheceu que deveria ter ouvido sua intuição, que gritava em seus ouvidos para não prosseguir com a exploração daquele lugar misterioso e amedrontador. Quando aprenderia?

***

Vânia nunca fora de ficar impressionada com sonhos, era racional demais para se interessar pelos seus conteúdos e significados, mas os atuais eram diferentes.

Sempre cansada pela estafante rotina diária, suas noites raramente eram embaladas por experiências noturnas diversas do movimento de fechar os olhos para dormir e de abri-los ao amanhecer. Certamente, as atividades inerentes ao sono ocorriam normalmente durante seu repouso, não seria ela diferente dos demais seres humanos, obviamente, mas simplesmente não eram registradas pelo seu cérebro a ponto de se transformarem em recordações no dia seguinte. Antes das recentes e insistentes experiências noturnas, não se recordava da última oportunidade em que havia acordado lembrando-se de algum sonho.

Justamente por não estar habituada a este tipo de situação é que ficava tão impressionada com a recorrência e com a vividez das lembranças mesmo depois de decorrido algum tempo, característica rara em se tratando de sonhos, que normalmente vão esmaecendo logo após o despertar e cujos detalhes perdem-se totalmente após algumas horas.

No silêncio do seu quarto, enquanto uma gota de suor corria-lhe pela face, apesar do frio da noite invernal, fitou o Cristo na parede do quarto mais uma vez, antes de retomar as lembranças da parte mais sombria do sonho.

A mera rememoração daquelas imagens, que permaneciam nítidas na sua mente, causava-lhe terror e aflição.

***

Depois que sua visão retornou à normalidade, após abandonar a escuridão da floresta, Vânia notou que se encontrava à beira de imenso abismo. Abaixo, por entre escarpas e perambeiras, pôde divisar um imenso vale, de onde sombras soturnas vagavam sem direção. Daquele estranho local, partiam os gritos terríveis e os sons de condoído pranto, que ecoavam pelas paredes de pedra e ressoavam à longa distância. Foram esses gemidos doloro-sos que ouvira quando estava na mata. A cena à sua frente era estarrecedora: farrapos humanos caminhavam por um pântano fétido e pestilento. Seres sujos, alguns disformes, produziam uma horrenda sonata, que reverberava pelo vale, tornando-o ainda mais sinistro e acentuando-lhe a atmosfera de desolação.

A geografia daquele reino de dor e sofrimento com-pletava-se com uma série de cavernas dispostas uma ao lado da outra e cujas paredes externas eram cobertas por um muco de viscosidade esverdeada. Aquele condomínio macabro servia de abrigo a outros seres que avistou ao lon-ge, mas que não ousava qualificar de humanos.

Vânia não conseguia se mover. Ficou petrificada e amedrontada diante daquela cena aterradora. Não bastasse o terror que penetrava em sua mente através de seus olhos, a vibração que emanava daquele lugar era tão pesada, que seu corpo parecia ter triplicado de peso e os músculos não tinham forças suficientes para movimentar seus membros. Foi nesse momento que percebeu que aquele vale não era um refúgio, e o desespero começou a tomar conta do seu ser, mas era tarde demais para recuar.

A indumentária daquelas criaturas horrendas tam-bém lhe chamou a atenção. Apesar de sujas e esfarrapadas, notou que o figurino era diversificado, remontando um te-nebroso baile de fantasias, que nem o mais criativo diretor de filme de terror conseguiria recriar. Alguns se vestiam como se o tempo tivesse parado: suas roupas eram do sé-culo XIX; outros usavam jalecos, batinas, túnicas, armadu-ras, vestidos de noiva, roupas militares.

A julgar pelo triste retrato a sua frente, Vânia tinha a impressão de que cada um daqueles seres vivia numa época particular, compartilhando apenas o sofrimento, único elemento que lhes era comum. Naquele vale de tristezas, conforto e alento eram escassos, enquanto lágrimas e dor abundavam.

Em seu íntimo, Vânia não tinha dúvidas, aquele era o inferno que lera nos livros, muito embora o inferno literário fosse bem mais aprazível e aconchegante diante dos sofrimentos indescritíveis que estava testemunhando. Angustiada e sem conseguir se libertar daquela situação apreensiva, chorou copiosamente.

Queria sair dali, mas não conseguia movimentar-se devido ao peso das energias deletérias do lugar. Era como se seus pés estivessem cimentados ao solo e seus membros entorpecidos. Tentava mover-se sem sucesso e isso a angustiava cada vez mais.

Não bastasse todo o cenário de horror, tinha a estranha sensação de que era constantemente observada através da escuridão, como se algo ou alguém estivesse à espreita, esperando o momento exato para puxá-la para aquele recanto sombrio.

O ódio emanava das entranhas daquele vale de sofrimento e dor, envolvendo-a num halo de angústia e melancolia. Desesperada, tentou gritar por auxílio, mas a voz não saía, aumentando seu desespero que, por sua vez, bloqueava ainda mais os sons que tentava produzir, num tenebroso círculo vicioso. Sentiu que desfaleceria, vítima do efeito hipnótico produzido pelo local, que a convidava a perder-se por entre aqueles caminhos de sombras. Foi nesse momento que, à esquerda de onde estava, na direção da floresta, como se fossem uma miragem, dois vultos começaram a surgir lentamente.

Vânia permanecia imobilizada, aterrorizada, observando atônita a aparição, que, de momento a momento, tornava-se gradativamente mais nítida, até que identificou dois seres vestidos com roupas totalmente brancas que vinham na sua direção. Estranhamente não conseguia identificar seus rostos, mas viu que faziam gestos pedindo que os seguisse, o que era inútil, pois continuava paralisada, presa a uma teia invisível, da qual não conseguia se libertar.

Os Espíritos aproximaram-se, e ela pôde sentir, sem saber como, que estava diante de entidades que lhe eram próximas.

Mesmo sem conseguir divisar as feições – embaçadas a sua visão – daqueles verdadeiros anjos de luz, que irradiavam uma aura de beleza e paz.

Tentou falar algo, mas não tinha forças. Os seres aproximaram-se, e um deles, com voz feminina, acariciou seus cabelos, sussurrando bondosamente em seu ouvido: *"não abandone as esperanças, lembra?"*. No mesmo instante, tudo o que sentiu foi uma sensação de paz extrema. Depois, o silêncio... a escuridão... o nada...

Recobrando os sentidos, abriu os olhos e percebeu que chegara ao fim aquela intrigante odisseia. Havia despertado.

Capítulo 2

PASSADAS

O VERÃO DAQUELE PRINCÍPIO DO ANO DE 1913 mostrava sua força, lançando seu abraço quente que castigava, inclementemente, os campos de cima da serra, especialmente a região do Arraial de Bom Jesus do Taquaruçu, que, havia poucos meses, sofrera com um dos invernos mais rigorosos já registrados, mesmo para os caboclos mais antigos daquelas paragens, acostumados com a dureza do frio serra-acima. Era o Criador despejando sua ira sobre a ingrata e desobediente horda de criaturas – diziam alguns. Outros profetizavam o sinal da chegada próxima do beato José Maria e de seu exército celestial, conhecido pelos caboclos como o exército encantado de São Sebastião.

O beato e sua tropa encantada desceriam do céu através de um arco-íris, montados em cavalos brancos e armados com relâmpagos em forma de espadas, cortando as nuvens que se sobrepusessem ao seu caminho – bradavam os mais embriagados pelas ideias messiânicas que alimentavam a crendice espetaculosa da classe mais desesperançada daquelas matas e planaltos e que, em alguns casos, beirava as raias da loucura.

Arraial de Bom Jesus do Taquaruçu, ou simplesmente Taquaruçu – como era chamado por seus habitantes – no auge do conflito do Contestado, ficaria conhecido por muitos como "Cidade Santa de Taquaruçu" ou "Arraial dos Miseráveis" – é um povoado do município de Curitibanos, cidade que nascera como pouso de tropeiro e tornara-se mais tarde o primeiro núcleo populacional do planalto catarinense. Conhecida como a "Fênix do Planalto", por ter sido muitas vezes destruída por constantes incêndios nos conflitos que tomavam conta da região do Contestado, mas que renasceu das cinzas em todas as oportunidades.

A região enfrentava pesados índices de subdesenvolvimento, injustiças sociais, pobreza generalizada e, acima de tudo, violência e injustiças.

A região – que incluía, em seu território, parcela considerável do planalto catarinense – era comandada com mãos de ferro pelo Coronel Feliciano Ferreira de Albuquerque, influente comerciante, dono de muitas terras e possuidor de uma fortuna considerável.

Ambicioso pelo poder provinciano, Coronel Feliciano era dono de um temperamento violento, além de sofrer de perigoso complexo de perseguição política, que o fazia suspeitar, o tempo todo, que seus adversários políticos viviam conspirando para defenestrá-lo do poder, obsessão que motivou a prática de incontáveis atrocidades, ações que ele próprio qualificava de "preventivas" contra manobras políticas que, na maioria das vezes, eram reais apenas na sua mente doentia.

Não bastassem os já suficientes atributos de poder de natureza pessoal, Coronel Feliciano era duas vezes compadre do influente político ligado ao Governo.

Coronel Feliciano sabia muito bem como lançar mão do poder de seu padrinho governador sempre que alguém dificultasse quaisquer de seus planos. Em resumo, naqueles pagos, o poderoso coronel era a personificação da lei, ou a própria.

Arraial de Bom Jesus de Taquaruçu era uma região caracterizada por seus contrastes. Incrustada no planalto catarinense, para conquistá-la, os primeiros desbravadores sofreram muito para vencer, a facão e machado, os incontáveis obstáculos naturais. Mesmo com a abertura das primeiras trilhas, picadas e carreiros por entre a mata cerrada, a visibilidade do caminho adiante, que não passava de poucos metros além do olhar, escondia animais venenosos, barrancos que levavam a rios traiçoeiros e mortais escarpas.

O perigo dos cânions, com seus vales profundos e encostas quase verticais, contrastava com a beleza das quedas, que desciam por suas paredes íngremes, formando um véu de água límpida e gélida.

Também era naquelas gargantas de pedra que o Sol apresentava seus melhores e mais belos espetáculos: na alvorada, ao raiar de um novo dia, quando o astro-rei tingia os paredões com variadas tonalidades de amarelo; e no ocaso, como despedida de mais uma jornada diária, quando as encostas e fendas são pinceladas com tons vermelho-alaranjado.

Quando o tropeiro vencia os obstáculos da subida e, fatigado, dolorido, machucado pela rudeza da flora nativa, atingia o cimo da serra, deparava-se com a imensidão dos ervais e a imponência assimétrica das araucárias a exibir seus frondosos e seculares troncos, ornamentados com a exuberância do verde espinhoso de seus galhos e folhas em forma de cálice. Com aquele espetáculo da mãe natureza, o Criador brindava a beleza de Sua obra.

Taquaruçu camuflava, por entre as cores das paisagens naturais, o monocrômico tom amarronzado das rudimentares construções de moradia dos caboclos, a grande maioria com paredes de taipa, assoalho de chão batido e cobertura de palha. Alguns poucos exemplares ostentavam "o luxo" de paredes erguidas com tábuas de pinho, que, na grande maioria das vezes, eram refugos de alguma das madeireiras existentes na região.

Tão precária quanto a impermeabilidade das suas moradias em noites de tempestades com chuva e vento, era a fé do serrano do planalto catarinense. A Igreja Católica Apostólica Romana, praticamente a única religião do Brasil no raiar do século XX – noventa e nove por cento da população assumia-se católica, diziam as estatísticas oficiais do governo brasileiro – andava ausente da região. A omissão da religião dominante criava o cenário perfeito para a infiltração de benzedores, curandeiros, ascéticos e toda espécie de figuras mistificadoras. Aquele povo esquecido pelos padres católicos entregava-se facilmente a crendices populares, sincretismos e rituais místicos, professando uma religiosidade primitiva, quase selvagem, num estágio um pouco acima daquelas civilizações que adoravam os fenômenos da natureza e cultuavam um Deus tribal.

Em meados do século XIX, após a pacificação do Rio Grande do Sul, através da assinatura do Tratado de Poncho Verde, que pôs fim a dez anos de intensa luta na Revolução Farroupilha, começaram a surgir, em toda Região Sul, "monges" e "beatos" que se diziam curandeiros. O primeiro deles foi o monge João Maria D'Agostim, que peregrinou por seis anos pela região, de 1851 a 1856. Pessoa de inteligência acima da média, o monge receitava preparados de ervas, infusões naturais, aconselhava o sertanejo humilde, oficiava casamentos, batizava crianças, benzia o gado e as plantações, além de prever o futuro, práticas que encontraram terreno fértil na fragilidade espiritual do serrano.

João Maria, aos poucos, transformou-se em uma figura mística, alvo de idolatria pelos caboclos. Relatos fantásticos e fantasiosos, magias e curas milagrosas foram agregando à imagem do monge contornos de beatitude que, gradativamente, passara a ser adorada pelo caboclo. O referido culto encontrou o auge após o desaparecimento de João Maria. A partir de então, tudo o que se referia à figura do "santo monge" ganhou explicações mágicas e contornos místicos.

Aproveitando-se deste cenário, quase sessenta anos após a peregrinação de João Maria, o ex-soldado do exército, Miguel Lucena Boaventura, vulgo "José Maria", surgiu na região do Taquaruçu, intitulando-se o sucessor espiritual do primeiro monge.

Alguns caboclos cultivavam a crença da ressurreição do beato João Maria. Não era raro encontrar homens em fervorosas pregações acerca do seu retorno: "*O monge retornará e acabará toda a sorte de injustiças do mundo. Livrará o povo sofrido das garras dos poderosos, fundando um reino de felicidade em que todos têm onde plantar e criar seu gado. Um mundo onde haverá comida e água em abundância. Dos rios e da terra, jorrarão leite e mel. Neste reino, as doenças não arrebatarão, dos braços dos pais, os filhos ainda em tenra idade. Quando João Maria e seu exército celestial retornarem, não haverá perdão para os grandes fazendeiros que aumentaram suas posses com chicote nas mãos, a custa da fome e do sangue do povo da Terra. Nesse dia, só haverá pranto e ranger de dentes".*

Não foi difícil para Miguel Lucena, ou José Maria, passar a ideia de que era o monge ressurgido. Até o nome era semelhante. O "novo monge" pregava ideias monárquicas e insuflava o povo contra o que chamava de "República dos Coronéis" a quem atribuía a culpa por todo o sofrimento daquela gente, afirmativa que, tirando o vício da generalização, não estava totalmente equivocada.

José Maria aproveitou-se do coração simples e místico dos sertanejos para introduzir o germe dos ideais revolucionários. Lançadas as sementes e, da mesma forma como Cristo narrou na história do homem que havia saído a semear, algumas das sementes lançadas pelo fanático e aproveitador monge ficaram pelo caminho; outras caíram por entre pedras e espinheiros; muitas, porém, encontraram solo fértil e frutificaram em abundância. O efeito foi devastador na vida do já massacrado sertanejo dos campos de cima da serra.

O que se via em Taquaruçu era o contraste entre a religião oficial dominante nos vilarejos em torno das grandes estâncias – onde a influência dos coronéis aproximava a Igreja dos fiéis – e o misticismo do caboclo das regiões mais afastadas, características que, com o tempo, fomentaram o sincretismo religioso. Dogmas católicos acabaram por fundir-se a rituais pagãos, espiritualmente alegóricos e primitivos. Muitos sequer conheciam a figura de Jesus, quanto mais seus feitos e, principalmente, sua moral.

Dentre todos os contrastes da região, o mais acentuado deles, não apenas do povoado de Taquaruçu, mas de todo o planalto serrano catarinense, podia ser resumido nos antônimos: riqueza e miséria.

Muitos tinham cada vez menos e poucos tinham cada vez mais. Os muitos que tinham pouco não precisavam de muito mais para satisfazer suas necessidades, mas não tinham nada. Por outro lado, os poucos que detinham muito, estes eram insaciáveis e seu muito era sempre pouco. A discrepância de situações fomentava, lentamente, o ódio entre as classes.

O caboclo vivia literalmente no meio do mato. Construía seu rancho em área de terras devolutas, próximo a um rio, nascente ou qualquer outro local que lhe garantisse água corrente. Abria picadas e clareiras à mão ou por intermédio de queimadas. Após a limpeza da área, dava início à implantação de uma agricultura familiar de subsistência, restrita ao cultivo de milho, mandioca, abóbora, feijão e leguminosas. Não podia expandir muito seus domínios para não se tornar alvo dos grandes estancieiros e ser forçado a se mudar de local. Arrebanhava alguns porcos-do-mato – aqueles com mais sorte encontravam algum gado selvagem – prendia-os em cercados feitos com varas de bambus e davam início a uma pequena criação.

A araucária, com seus frutos amendoados de coloração castanho-avermelhada, ricos em energia por conta do alto teor de fibras, amido e potássio, fornecia ao nativo sua principal fonte de alimentação. O pinhão abundava, e o caboclo, criado escalando aqueles troncos cortantes, recolhia-os com habilidade invejável. A subsistência diária era complementada com a caça de pequenos animais e a coleta de frutas das árvores nativas, como as macieiras, pitangueiras e laranjeiras, que cresciam e frutificavam em profusão no meio do mato.

Nas grandes fazendas, porém, a realidade era outra. Na residência dos coronéis, a fome passava ao largo e tudo que se via era fartura, riqueza e poder, na maioria dos casos obtidos e mantidos a custa de exploração, dor e sofrimento alheios.

* * *

É neste contexto histórico, político e social que o jovem frei franciscano Bernardo Quintavalle, natural de Perúgia, região da Úmbria, na Itália, entra lentamente em Arraial de Bom Jesus do Taquaruçu, em uma tarde ensolarada de verão, montado em seu cavalo, depois de uma longa e exaustiva viagem.

Antes de partir para a missão que o Vaticano lhe confiara, Frei Bernardo estudou sobre a arquitetura dos templos católicos no Brasil colonial, encantando-se pelas belíssimas igrejas erguidas no estilo barroco e também por aquelas que sofreram influência das missões jesuíticas, ambas muito presentes no nordeste e sudeste do país. De todos, porém, o estilo que mais o atraía eram as construções curvilíneas das igrejas de Minas Gerais, ornamentadas pelo genial Aleijadinho – o artista autodenominava seu estilo de "representações do rococó mineiro evoluído".

– Sua paixão pelo escultor foi despertada instantaneamente, no momento em que viu uma imagem da igreja de São Francisco de Assis, na cidade setecentista de São João del Rei, cuja legenda informava que os ornamentos eram frutos do trabalho manual de um homem sem mãos. Foi com estas imagens que Frei Bernardo embarcou no navio que o levaria à longínqua Região Sul do Brasil.

Tão logo penetrou no vilarejo, o frade visualizou a igreja para onde a Santa Sé o enviara em missão religiosa, cuja finalidade primordial era a de aproximar a Santa Madre Igreja Católica da população local e eliminar o misticismo ou, na pior das hipóteses, minimizar os efeitos do sincretismo religioso, através da reintrodução dos rituais católicos na vida do povo.

A visão que teve do templo chamou o frei à razão, mostrando-lhe a realidade fria que o aguardava naquelas terras afastadas da América do Sul, muito distanciada da imagem lúdica que o acompanhara desde sua terra natal, pois não estava diante de uma construção de arquitetura sofisticada, mas de uma singela construção de madeira, com uma cruz a lhe enfeitar o topo, além de outras três grandes cruzes – cuja quantidade o frei estranhou: – uma, na parte frontal, e outras duas, nas laterais, plantadas em locais estratégicos como se fossem impávidas sentinelas protegendo a fortificação de inimigos invisíveis.

A construção era cercada por um muro de pedras, delimitando também a casa que servia de moradia aos padres. O frade não encontrava outro detalhe da sede paroquiana que fosse digno de nota.

Frei Bernardo foi recepcionado pelos irmãos de

ideal, Frei Marcos e Frei Mateus, que lhes deram as boas-vindas enquanto o auxiliavam a descer do cavalo, servindo de apoio ao esgotado frade, que tinha dificuldades até para se manter em pé, por encontrar-se extremamente debilitado, com fortes dores no corpo em decorrência da interminável viagem no lombo do cavalo.

– Como foi a viagem? – perguntou Frei Mateus enquanto retirava da montaria de Frei Bernardo os poucos pertences que o recém-chegado trouxera consigo.

– Longa *viaggio, fratello* – respondeu Frei Bernardo, mesclando palavras em português e em italiano.

Desde o primeiro instante em que recebeu a ordem do Vaticano para mudar-se para o Brasil, Frei Bernardo dedicou-se frenética e obsessivamente ao estudo da língua portuguesa. Compreendia-a relativamente bem, mas sofria com a fala em virtude do ainda limitado vocabulário. Entretanto, a julgar pela dedicação com que se entregava ao estudo da língua nativa, em pouco tempo conversaria com desenvoltura.

Relatou aos colegas franciscanos que a viagem da Itália até o Brasil fora tranquila. Aportou no Rio de Janeiro e, após um dia de descanso, rumou para o Sul, chegando primeiramente em Florianópolis. A parte mais extenuante da viagem ocorreu em solo catarinense, pois não estava acostumado a cavalgar por longas distâncias. Havia cinco dias que partira de Florianópolis com destino a Curitibanos, onde parou para cumprimentar rapidamente os irmãos de hábito, além de transmitir algumas orientações oriundas da Santa Sé, das quais era portador. Cumprida a tarefa, preferiu não aceitar o convite para pernoitar na sede de Curitibanos e prosseguir no dia seguinte, após uma noite de descanso. Ansioso por chegar ao seu destino, o viajante optou por seguir imediatamente para Taquaruçu, onde sua chegada era aguardada e seus préstimos eram necessários, não havendo tempo a perder.

Frei Marcos e Frei Mateus levaram-no até seus aposentos, um pequeno quarto mobiliado com uma cama, um baú e um velho arcaz de sacristia, sobre o qual havia um candeeiro. Na parede principal, um crucifixo entalhado em madeira completava a decoração do cômodo franciscano.

Após organizar seus poucos pertences pessoais no quarto, acompanhou os frades até o refeitório, onde continuou relatando os percalços e aventuras da longa viagem. Frei Bernardo serviu-se de um pedaço de pão, charque e um copo de leite – praticamente toda a alimentação da igreja era fruto de doação dos fazendeiros locais – e passou a narrar detalhadamente suas impressões sobre a região, chamando atenção para os contrastes. De um lado, a riqueza da mãe natureza, do outro, a miséria do ser humano. Contou que, no caminho, ele e o guia, que o acompanhava desde Florianópolis, avistaram um casebre no meio da mata que abrigava um casal e dois filhos. Do lado de fora – pois não caberiam todos dentro do rancho – celebrou a santa missa em um altar improvisado, sob os olhares admirados dos moradores que, apesar de manterem-se de forma respeitosa, nitidamente não estavam entendendo todo aquele palavrório em latim.

Destacou, com ênfase, que, apesar da dificuldade de compreensão da língua, comoveu-se com a simplicidade e a acolhida daquela família. Compensavam a miséria e a falta de tudo com uma grande dose de calor humano. Na despedida, recebeu, com certo constrangimento, uma porção de mel para a viagem. Tentou recusar a gentileza a todo custo, desfiando todo o tipo de desculpas, mas o patriarca da família tomou as negativas como ofensa. Agradeceu a oferta, abençoou os amáveis serranos e seguiu viagem. Além do mel, levava na bagagem uma boa dose de remorso a martelar-lhe a consciência, pois sabia que a ração recebida certamente faria falta àquela gente humilde.

– Em sua essência, o caboclo desta região é humilde, trabalhador e, acima de tudo, pacato – asseverou Frei Mateus.

– Mas e esta Guerra do Contestado de que ouvi falar? – perguntou Frei Bernardo, falando lentamente devido dificuldade na escolha das palavras.

– Não era para ter acontecido isso. As circunstâncias levaram esse povo a se meter nesta sangrenta briga. Não foram os caboclos que deram o primeiro tiro. Imagine, Frei Bernardo, da noite para o dia, chegou um forasteiro dizendo-se representante do governo e informando que suas terras, ou melhor, as terras onde você e seus filhos nasceram, o chão onde nasceram seu pai, seu avô, seu bisavô, transmitidas de geração em geração pela lei natural, não mais lhes pertenciam e que tinham que deixá-las imediatamente, pois já haviam sido vendidas para imigrantes estrangeiros. O caboclo obviamente reagia, negando-se veementemente a abandonar as terras que eram a extensão da sua vida.

– Depois da primeira advertência, transcorrido um curto espaço de tempo, o sertanejo era visitado por um capanga e recebia novo ultimato, mas era informado de que aquele seria o último aviso pacífico. O mensageiro fazia questão de deixar bem claro, objetivamente, sem tergiversações, que, na próxima visita, a cordialidade seria abandonada e todos seriam enxotados à bala ou com rabo de tatu no lombo. Muitos serranos constataram, da pior maneira, que aquelas não eram ameaças vazias. Muitas vidas foram ceifadas nesse processo de tentativa de desocupação das terras, pois, acuados e sem ter para onde ir, as pessoas preferiam a morte a deixar o torrão em que viviam.

– Mas por que isso? – perguntou o padre estrangeiro.

– O governo brasileiro contratou empresários americanos para a construção de uma ferrovia ligando os Estados de São Paulo e do Rio Grande do Sul. Como parte do pagamento, os americanos receberam a posse de quinze quilômetros de terra de ambos os lados da ferrovia, onde poderiam fazer o que bem entendessem, inclusive explorar os recursos ou, até mesmo, vendê-las para imigrantes estrangeiros, como aconteceu. O problema desta história – complementou Frei Mateus com sarcasmo – é que o governo esqueceu, ou fez questão de não se lembrar, de que havia pessoas habitando esse travessão, as quais consideravam-se as legítimas e verdadeiras donas das terras e que não precisavam de nenhum papel para provar que a área lhes pertencia.

Frei Bernardo permaneceu em silêncio, imaginando o tamanho do impacto deste fato na vida do pobre sertanejo.

– Mas não é só isso: no contrato firmado com o grupo construtor da ferrovia, o governo brasileiro responsabilizou-se pelo fornecimento de toda mão de obra pesada para o desmatamento da área e a construção da ferrovia. Como no Brasil a mão de obra confiável era escassa para cumprir com o acordado, mesmo depois da assinatura da Lei Áurea, o governo brasileiro mandou para cá presidiários de São Paulo, Rio de Janeiro e Minas Gerais, que são três Estados da nossa Federação – explicou ao estrangeiro recém-chegado –, prometendo-lhes a liberdade como paga pelos serviços.

– Como os americanos não tinham vínculo algum com os trabalhadores responsáveis pela construção da ferrovia, tão logo esta ficou pronta, cerca de oito mil, quase um terço de toda força contratada na construção da obra, foram simplesmente largados por estas bandas com uma mão na frente e outra atrás, abandonados à sua própria sorte, em completo estado de penúria. Algumas destas pessoas conseguiram trabalho nas terras dos recém-chegados imigrantes europeus. A maioria, porém, retornou à marginalidade da lei, uns praticando crimes, outros trabalhando como jagunços dos grandes coronéis, o que na prática era a mesma coisa.

Frei Bernardo ouvia tudo com tristeza no olhar, perguntando-se onde estaria Deus naquele momento e por que permitia que tamanha injustiça fosse praticada? – *Bestemmia*! – advertiu-se em pensamento. É muita pretensão e ousadia de nossa parte querer entender os planos e os desígnios divinos. A visão míope e limitada das coisas não nos permite entender a razão de nosso sofrimento.

– Diante das circunstâncias – continuou Frei Mateus –, o serrano nativo teve de enfrentar a fúria dos americanos, pois todos aqueles que ousaram ignorar o primeiro aviso para deixarem o local foram trucidados na visita seguinte, que em regra ocorria três dias depois da primeira advertência. Famílias inteiras foram assassinadas de forma brutal, a sangue frio: pais e mães degolados na frente de seus filhos; crianças covardemente pisoteadas por cavalos; casas queimadas e plantações destruídas. O medo instaurou-se em Taquaruçu.

– *Dio santo*!

– Os caboclos ainda tinham de enfrentar a fúria dos jagunços dos coronéis, que, em alguns casos, estavam mancomunados com os americanos e prestavam-se ao serviço daquilo que chamavam "limpeza da área". Entretanto, a maioria dos conflitos ocorridos com os estancieiros se dava também por questões envolvendo limites de terra. Fugindo dos capangas da empresa americana, os colonos fixavam moradias em terras abandonadas. Pouco tempo depois, descobriam, da pior maneira, que eram de propriedade dos coronéis, ao menos era isso que os mesmos alegavam. Todos esses fatos fomentaram a revolta no sofrido caboclo.

– O que nós, discípulos de Francisco de Assis, fizemos para ajudar este povo? – perguntou Frei Bernardo de forma pausada, em razão da dificuldade com a língua.

– O que poderíamos ter feito, irmão Bernardo? O senhor está chegando agora ao local, mas logo perceberá que aqui ninguém afronta os poderosos coronéis sem sofrer severas retaliações. Estes homens não respeitam a casa, tampouco os servos de Deus. Eles toleram nossa presença desde que ela seja obediente e silenciosa.

– Além disso – falou Frei Marcos, que estava em silêncio até então –, são eles quem financiam todos os nossos projetos sociais: nossa escola, nossa farmácia, nossa horta comunitária. Afrontá-los significaria perder o auxílio dos coronéis e abandonar esses projetos e, via de consequência, prejudicar todos aqueles que necessitam destes serviços. Estamos de mãos atadas, meu caro frei.

– O único que ousou levantar a voz contra os coronéis, principalmente contra Coronel Feliciano, foi Frei Rogério Neuhaus, um santo homem que vive numa cruzada incansável em prol dos pobres da região. Depois de acusar o Coronel em seu sermão, Frei Rogério foi transferido para Porto União a mando de influente político, compadre desse mesmo Coronel – falou Frei Mateus, desconsolado. Aliás, o senhor veio para esta paróquia justamente para substituir Frei Rogério, irmão Bernardo.

– Frei Rogério é insubstituível, irmão Mateus. Conheço as histórias envolvendo o irmão, e suas obras já chegaram à Santa Sé, aos ouvidos do Papa Pio X.

– Ele continua sua luta incansável pela pacificação da região, uma tarefa árdua, perigosa e que, até agora, tem se mostrado infrutífera – suspirou Frei Mateus.

Frei Bernardo deu um longo bocejo e pediu licença aos demais membros da congregação para se recolher. Justificou seu pedido alegando estar fustigado da viagem, precisando repor suas energias. Entretanto, no seu íntimo, algo lhe dizia que sua passagem pela *terra brasilis* seria muito conturbada.

Os acontecimentos futuros demonstrariam que seu pressentimento estava absolutamente correto. Aquele breve instante no tempo marcaria por séculos sua imortal existência, muito embora aquele Espírito encarnado não tivesse consciência da perenidade de sua jornada.

Capítulo 3

DA VIDA

VÂNIA ESTAVA INQUIETA E APREENSIVA. Precisava não apenas descobrir, mas, acima de tudo, compreender o real significado daqueles estranhos e recorrentes sonhos. No íntimo, acreditava estar diante de fenômeno bem mais complexo do que a mera atuação do subconsciente durante o sono. Necessitava urgentemente de respostas e decidiu procurá-las tão logo amanhecesse. O que não suspeitava, mas, em breve, descobriria, é que Espíritos amigos, valendo-se do repouso noturno, estavam despertando sua mente para novos conceitos e diretrizes de vida, quebrando velhas amarras e antigos paradigmas. Era emergencialmente importante que compreendesse que não existem sofrimentos eternos e que nossas dores, mesmo aquelas escondidas nos recônditos mais obscuros do ser, são passageiras e é preciso que nos mantenhamos resignados mesmo diante das provações mais difíceis, jamais abandonando a esperança e a fé em Deus e no futuro.

Estes sonhos e a busca por explicações conduziria Vânia a conhecer uma nova religião, uma nova ciência, uma nova filosofia: a Doutrina dos Espíritos, revelada ao mundo através da pena do dedicado educador francês Hippolyte Léon Denizard Rival, que ficou conhecido no mundo pelo pseudônimo, de origem druida, Allan Kardec.

Os primeiros sinais de luminosidade solar surgiam no horizonte, pintando o sopé da serra com um áureo inconfundível e trazendo luz aos cânions de Vila Sossego – beleza natural herdada no período Cretáceo, surgida há mais de cem milhões de anos por influência, dentre outras, de derramamentos vulcânicos –, quando Vânia, ainda impressionada pela experiência que tivera durante a madrugada, levantou-se e começou a vestir-se. Parou defronte ao espelho, deteve-se por um instante olhando a marca de nascimento em seu corpo: uma mancha escura em forma de cruz, situada logo acima do seio esquerdo – aquele sinal chamou-lhe a atenção quando ainda era criança devido ao formato peculiar – e foi até a cozinha preparar seu café.

Sozinha, pois seus pais ainda não haviam se levantado da cama, situação rara, pois normalmente era o inverso que ocorria. Abriu a janela e baixou os vidros, com isso deixava que a luz do dia e os ainda tímidos raios solares penetrassem no interior da cozinha, mas mantinha o ar gelado da manhã no lado de fora.

Da janela, podia avistar ao longe a fumaça que saía das chaminés das casas dos moradores da redondeza, um indicativo de que os fogões a lenha já estavam cumprindo sua dupla utilidade: ferver a água que servia de base para o café ou chimarrão e aquecer o cômodo, tornando-o ainda mais aconchegante. Nos dias frios, principalmente pela manhã e à noite, o fogão a lenha era companhia certa e ponto de encontro das famílias daquele lugarejo.

Com olhar estático e absorta em seus pensamentos, Vânia não percebeu que sua mãe encontrava-se atrás de si, estática, observando-a silenciosamente.

– Bom dia, Vaninha – Iracy costumava demonstrar carinho usando palavras no diminutivo –, já de pé? O que houve esta noite, não conseguiu dormir?

– Sim – respondeu a filha de forma monossilábica, porém meiga.

– Você estava tão distante em suas reflexões que sequer percebeu minha aproximação. Isso me fez imaginar que pudesse ter acontecido alguma coisa ou que algo a esteja afligindo, mas, se você diz que está tudo bem, eu acredito – ponderou sua mãe, desconfiada, enquanto colocava lenha e acendia o fogão para iniciar o preparo do café.

Vânia sabia que sua mãe percebera que algo a incomodava, mas, discreta como era, fez de conta que acreditou, esperando que a filha tomasse a iniciativa de relatar seu problema, o que não aconteceu, simplesmente porque não queria trazer preocupações a ela por algo que não tinha certeza se merecia a importância que estava dispensando.

No ar da cozinha, juntamente com o suave aroma de café fresco, pairava a sensação de que havia mais coisas a serem ditas, mas mãe e filha preferiram não as dizer. Elas optaram por não repercutir o assunto e tomaram seu café da manhã em silêncio, sem a presença de Belarmino. O patriarca da família mais uma vez acordou não se sentindo bem e a força das circunstâncias o obrigou a ficar na cama, algo que o desagradava e o debilitava mais que a própria doença.

Olhando para a mãe de canto de olho, Vânia percebia o sofrimento em seu cenho. Desde o diagnóstico da doença do pai que Iracy desdobrava-se para suprir a ausência do marido na fazenda, além dos necessários e inevitáveis cuidados que a situação de Belarmino, cada vez pior, requeria. Vânia sabia que, mesmo tendo que carregar o peso do mundo em suas costas – ainda que seu mundo fosse restrito aos limites da fazenda São João da Prosperidade –, a mãe sofria resignada, sem lamúrias. Raramente a via chorando.

Vânia então recordou-se daquele fatídico dia, há pouco mais de um ano, quando uma nuvem carregada estacionou sobre a família Davoglio, no dia em que seu pai conheceu a doença que lhe acompanharia até o fim de seus dias, quando foi apresentado a ELA.

***

Belarmino era o típico retrato do homem do campo. Acostumado ao trabalho duro da roça, desde pequeno seu pai ensinou-lhe as lidas da lavoura. Trabalhador incansável, iniciava suas tarefas antes mesmo do alvorecer e só dava por encerrado o expediente da roça ao pôr do sol.

Vangloriava-se de possuir uma saúde de ferro e de ser "forte como um touro".

– Tenho o corpo fechado, e doença, quando chega aqui, foge apavorada – bravateava aos amigos.

Um dia, enquanto trabalhava na eliminação do coração das bananeiras – manejo que proporciona o aumento do peso do cacho, a melhora da qualidade dos frutos, a aceleração da sua maturação, além de eficaz método de controle do *moko*, uma das principais doenças que atingem as bananeiras, responsável pelo amarelamento precoce da banana, com escurecimento da polpa, culminando com seu apodrecimento – sentiu o fôlego diminuir, seguido de asma repentina, algo que nunca sentira antes. Com a respiração pesada e um chiado incômodo no peito a cada inspiração, procurou por algum lugar aberto para tentar sorver uma maior quantidade de oxigênio que, como por encanto, parecia ter desaparecido do ar que inspirava. Estava prestes a desfalecer quando, para sua sorte, um dos peões que trabalhavam nas imediações notou sua dificuldade e prontamente prestou-lhe auxílio, levando-o de volta até a sede da fazenda.

Quando chegou em sua residência, Belarmino já estava completamente restabelecido, a ponto de dar início a uma litania sem fim pelo fato do empregado tê-lo arrancado de seus afazeres por conta de uma uma falta de ar tola. Vânia e Iracy, entretanto, não comungavam com aquele teimoso pensamento e, após ouvirem o relato do funcionário, tentaram, em vão, convencê-lo a ir ao hospital da cidade, que distava não mais que cinco minutos de carro da fazenda, para que um médico pudesse examiná-lo e fizesse um diagnóstico mais preciso.

Cada argumento de Vânia e Iracy para ir ao médico era rechaçado por Belarmino, que, teimosamente, repetia que estava bem e que havia sido vítima apenas de um mal-estar passageiro, sem importância. Diante da relutância e intransigência, mãe e filha não tiveram alternativa que não se curvarem, resignadas, à teimosia do patriarca da família.

Depois do episódio, Belarmino tentou levar uma vida normal, mas começou a perceber um cansaço fora do comum, além de constante perda do fôlego ao menor sinal de esforço. Não bastasse isso, dores na musculatura das pernas passaram a lhe fazer companhia diuturnamente. Quando percebeu que as dores e a falta de ar não estavam diminuindo com tratamento paliativo e que seus movimentos estavam cada vez mais limitados, impedindo que suas atividades diárias fossem desempenhadas de forma profícua, cedeu às insistências de todos a sua volta e, engolindo o orgulho, aceitou afastar-se do trabalho para investigar a causa dos problemas de saúde. Em seu âmago, por tudo que vinha sentindo, Belarmino sabia que algo estava desarrumado em seu organismo e que a bagunça deveria ser muito grande. A relutância em procurar um médico, que por vezes beirava à infantilidade, no fundo nada mais era do que o medo de descobrir a verdade.

Com essa decisão, sua rotina mudou completamente: o colorido do campo cedeu lugar aos monocromáticos consultórios médicos e laboratórios; o perfume das açucenas da fazenda foi substituído pelo odor ocre dos hospitais. Procurou a opinião de especialistas de diversas áreas, foram cinco médicos diferentes naquele ano. Submeteu-se a intermináveis baterias de exames, mas nada foi descoberto. Todos os tratamentos prescritos não surtiram o efeito desejado e sua capacidade respiratória reduzia a olhos vistos, a ponto de uma leve caminhada ser suficiente para desencadear uma terrível crise de asma. Sentia também a musculatura das pernas enrijecer-se, acentuando ainda mais as dores.

O mau humor acompanhava Belarmino o dia inteiro. Quando não era por conta das dores e da dependência crescente, a causa era o que chamava de "incompetência dos médicos". Com isso, Vânia tornou-se o alvo principal das críticas do pai, afinal era estudante de Medicina, o que a tornava uma médica na ótica do genitor. Na verdade, toda a família estava saturada com a indefinição e com as sucessivas e infrutíferas tentativas de encontrar a causa daquela estranha moléstia que, silenciosamente, vinha debilitando Belarmino.

Foi numa tarde chuvosa e carrancuda de inverno, da qual Vânia nunca mais esquecera, que finalmente o mistério foi desfeito. Junto com sua mãe, Vânia acompanhou o pai ao retorno da consulta com o sexto médico naquele ano, o primeiro neurologista. Levavam os resultados de mais uma série de novos exames laboratoriais, que, acompanhado dos antigos, formavam um calhamaço de papel para serem interpretados pelo médico.

Dr. João Pedro, neurologista com cerca de quinze anos de experiência, fora indicação do último pneumologista consultado pela família, quando este se deu por vencido por não descobrir a origem dos problemas respiratórios de Belarmino. O médico, após algum tempo combatendo apenas os sintomas, sugeriu que a família procurasse o neurologista, indicação recebida com ceticismo por todos, até mesmo por Vânia, que não via nenhuma relação dos sintomas apresentados pelo pai com a especialidade indicada. Dias mais tarde, a estudante de medicina constataria que ainda tinha muito o que aprender.

No consultório, com uma simpatia ímpar, o médico procurou acomodar e deixar todos à vontade, enquanto recebia de Vânia a pasta que continha todo o histórico de consultas e exames realizados em quase um ano de investigação, além daqueles por ele solicitados quando da consulta inicial, que ocorrera havia dez dias. Naquele primeiro encontro, após ouvir o extenso relato feito por Vânia, incluindo a romaria por consultórios, formou uma convicção prévia, mas preferiu guardar para si suas suspeitas até que chegassem os resultados dos exames solicitados.

De posse dos documentos, João Pedro analisou acuradamente cada laudo, cada imagem. As mulheres estavam tomadas pela expectativa e ansiedade, enquanto Belarmino mantinha uma expressão fechada de descontentamento. Para ele, aquele ritual mais uma vez não daria em nada ou, na melhor das hipóteses, renderia um diagnóstico genérico e inconclusivo.

Após longos e angustiantes minutos de silêncio e espera, o neurologista largou os papéis sobre a mesa, retirou os óculos, colocou-os no bolso do jaleco e deu a explicação que jamais seria esquecida e que mudaria a vida de todos para sempre.

– Senhor Belarmino, pelos resultados dos exames, minhas suspeitas foram confirmadas: o senhor é portador de uma doença rara e muito grave que provoca a degeneração progressiva do sistema nervoso, cuja origem vem de uma falha nos chamados neurônios motores do cérebro e da medula espinhal.

– Grave quanto, doutor João Pedro? – interrompeu Vânia abruptamente.

– Muito grave! Infelizmente estamos falando de algo incurável. Todo tratamento existente tem por finalidade única retardar os efeitos da doença, proporcionando melhor qualidade de vida ao paciente, mas não tem o condão de debelá-la.

Naquele momento, foi como se o chão tivesse se aberto sob os pés da família. Vânia respirou fundo, tentando manter a calma, e fez a pergunta mais óbvia para a ocasião; a pergunta que todos temiam, queriam fazer, mas não tinham a coragem necessária:

– Quanto tempo de vida?

– Veja bem, estamos falando de uma doença degenerativa cujo processo, depois de desencadeado, não pode ter sua marcha contida, mas tão somente retardada. Logo, o tempo dependerá unicamente da reação do paciente ao tratamento e aí falamos de muitas variáveis que influenciam diretamente na desaceleração do avanço gradual e inevitável da doença.

– Quanto tempo, uma estimativa apenas? – repetiu Vânia com impaciência.

– Tudo depende do marco inicial, do ponto de partida da doença. Considerando a situação específica do senhor Belarmino, em que, ao que tudo indica, a doença teve seu início pelos membros inferiores, estimo dois ou três anos de vida útil, seguida por um período de alguns meses, que pode transformar-se, em um ano, em estado semivegetativo, para ser bem objetivo.

– Qual o nome dessa doença? – prosseguiu Vânia em seu interrogatório, pois percebeu que o neurologista ainda não havia nominado o mal.

Enquanto o médico respondia a sua última pergunta, Vânia não conseguiu conter uma discreta lágrima, que desceu pelo rosto no momento das explicações. Durante a bombástica revelação, seus pais permaneceram imóveis, calados, quase catatônicos.

Vânia não estava acreditando naquilo que o médico relatara, que seu querido pai estava preso às garras de uma doença de nome pomposo e abreviatura doce, mas de efeitos devastadores e irreversíveis: Esclerose Lateral Amiotrófica, conhecida simplesmente pelo singelo apelido de ELA.

Belarmino, que, até então, ouvira a tudo calado, sem esboçar qualquer reação, tomou as rédeas da inquirição.

– O senhor tem certeza deste diagnóstico?

– Absoluta – respondeu o médico, acrescentando à resposta longos e inteligíveis esclarecimentos técnicos, todos baseados nos sintomas e exames apresentados.

Belarmino prosseguiu e foi ainda mais direto na formulação de seu questionamento:

– De que forma a morte virá?

Ouvindo a pergunta, de maneira tão incisiva, Vânia teve a certeza de quem herdara a imensa capacidade de racionalizar mesmo nos momentos mais difíceis.

– É difícil prever a causa exata, pois há incontáveis possibilidades – explicou o médico –, mas, se nenhum outro malefício agregar-se à doença, esta falha no sistema nervoso paralisará seu corpo gradativamente, de baixo para cima, a julgar pelos exames e da forma com que vem evoluindo neste primeiro estágio. Os membros inferiores serão os primeiros afetados pelo processo degenerativo e o senhor perderá a capacidade de andar e de permanecer de pé. Em seguida, a atrofia gradual dos músculos do tronco o impedirá de sentar-se, pois não conseguirá manter-se ereto.

– O senhor não respondeu a minha pergunta. Seja direto, homem! – falou Belarmino rispidamente, demonstrando que seu estado de espírito, que antes era de incredulidade, havia migrado para inquietação e irritabilidade.

Doutor João Pedro não deu importância à grosseria do paciente, que, apesar de tentar demonstrar racionalidade e força, estava claramente impactado pelo terrível diagnóstico.

– Quanto ao óbito, senhor Belarmino, chegará o momento em que a degeneração atingirá os pulmões, que já estão sendo afetados. Eles, os pulmões, emitirão os principais sinais de alerta. Neste caso, sendo direto como o senhor exigiu, o óbito virá, muito provavelmente, por insuficiência respiratória, caso a doença não atinja primeiro algum outro órgão vital, hipótese que não pode ser desconsiderada.

O senhor perceberá no dia a dia a perda gradual da capacidade pulmonar. Deverá habituar-se à realização das atividades de forma pausada, sob pena de ser acometido de crises de falta de ar. A forma mais simples de monitorar isso é prender a respiração e cronometrar. O relógio mostrará que sua capacidade de segurar a respiração cairá progressivamente. Quanto menor tempo sem respirar, maior o grau de avanço da doença nos pulmões.

– Quer dizer que essa ELA destruirá meus nervos e músculos bem devagar, como uma vela que se derrete pela chama no pavio?

– Simbolicamente é isso, a única diferença é que esse derretimento – movimentou a ponta dos dedos indicadores e médios das mãos para cima e para baixo, simbolizando expressão "entre aspas" – ocorrerá de baixo para cima. O pavio da vela, no seu caso, está embaixo.

Assim foi que, de repente, ali naquele consultório, a verdade apresentou-se rápida como um relâmpago. Uma sombra desceu sobre o rosto de todos, chocando-os. Sonhos, desejos, objetivos, esfacelaram-se em poucos segundos. O vazio e um silêncio morto tomou conta da sala; nela, apenas as palavras do médico pairavam no ar, solitárias, enquanto todas as outras se calaram, curvadas ante a força dos vocábulos fatalísticos do diagnóstico. A psicosfera do ambiente adensou diante da incômoda presença da lâmina ceifadora da morte, que se avizinhava.

56

– Senhor Belarmino – complementou doutor João Pedro –, minha profissão obriga-me, diariamente, a transmitir notícias cujos efeitos são devastadores na vida das pessoas, implodindo ambientes familiares. Vejo diariamente dramas tão ou mais graves que o seu e o convívio com estes pacientes transformaram-se numa verdadeira escola para mim. Gostaria de lhes contar, rapidamente, a lição que recebi de uma paciente.

Certa vez, uma menina de onze anos, Eduarda, portadora de um raro tumor no cérebro, com estimativa de vida útil não superior a dois anos, surpreendeu os pais aos prantos exatamente no momento em que eu tentava explicar-lhes quais medidas seriam tomadas com vista a proporcionar uma melhor qualidade de vida à filha. Ela estava em outra sala com minha secretária e, ao ver os pais naquela tristeza, disse-nos algo que guardei para minha vida e transmito a todos os meus pacientes que estejam em situação semelhante: *"Papai, mamãe, sei que estou morrendo e isso é muito triste, mas não quero ser infeliz no pouco tempo de vida que me resta"*. Aquela filosofia de vida calou fundo e foi de uma eloquência ensurdecedora.

Em resumo, o que a pequena Eduarda ensinou foi que não há como mudar as circunstâncias, mas é preciso aprender a reagir e impor-se a elas, por piores que sejam. Quando você aceita passivamente o papel do homem que está morrendo, tudo o que conseguirá é antecipar o seu fim, nada mais. Lembre-se de que sua expectativa de vida é variável, de acordo com a sua postura daqui por diante.

Na hora seguinte, doutor João Pedro prestou à família todo tipo de esclarecimentos e tentou sanar as dúvidas de Vânia e Iracy, enquanto o mutismo tomou conta de Belarmino. Por fim, reafirmou que todos os esforços médicos não teriam por objetivo salvar a vida de Belarmino, mas prorrogá-la com a melhor qualidade possível.

– Posso ajudá-lo em mais alguma coisa neste momento, senhor Belarmino? – perguntou João Pedro gentilmente, enquanto se levantava para acompanhar a família até a porta.

– Pode fazer o tempo andar para trás? – resmungou Belarmino, dando as costas para o médico e deixando a sala sem cumprimentá-lo.

"A realidade é mesmo paradoxal: por cerca de um ano, buscamos, incansavelmente, sem sucesso, o diagnóstico do problema do papai e, depois de muitos erros e frustrações, quando finalmente a causa foi descoberta, não recebemos receita da cura, mas, sim, uma inapelável sentença de morte" – pensou Vânia, enquanto saía do consultório médico.

O sinal sonoro soou, anunciando que o elevador chegara ao subsolo do centro médico, local onde ficava o estacionamento. As portas abriram-se, e todos se dirigiram silenciosamente até o carro. O pesar nos semblantes era indisfarçável. A alguns passos do automóvel, cruzaram olhares por um átimo e, instintivamente, abraçaram-se, chorando copiosamente.

Nas semanas seguintes, a tristeza tomou conta da fazenda São João da Prosperidade e passou a reger a vida de Belarmino, taciturno desde o diagnóstico que prenunciou sua morte. Indiretamente, aquela tristeza afetava todos os membros da família, que tinham de administrar os problemas do doente, além de suas próprias angústias e temores.

O tempo seguiu seu curso natural, impulsionando, inclementemente, o rio da vida. A família Davoglio percebeu que, independentemente do tamanho de seus problemas, o mundo não interrompe seu movimento para que possa reagrupar as forças e retomar, revigorada, o curso da jornada. Todos na casa viram-se compelidos a prosseguir com a rotina, não obstante as mazelas que a vida lhes impunha.

Com o passar das semanas, Belarmino tornava-se cada vez mais dependente da família, em especial da esposa. Necessitava de auxílio para a realização de tarefas simples como vestir-se, tomar banho, controlar os remédios, que agora eram muitos; um duro golpe no seu orgulho, ampliado pela consciência de que a situação pioraria cada vez mais, na mesma proporção em que aumentaria sua dependência.

A vida na fazenda precisou adequar-se à rotina de tratamento de Belarmino, que recusara a contratação de um profissional de enfermagem para auxiliá-lo. Com isso, Iracy obrigou-se a aprender, inclusive, as séries de exercícios de fisioterapia para as pernas, cuja força muscular reduzira-se sobremaneira, dando lugar a crescente flacidez. Caminhava apenas com o auxílio de um andador, e a lentidão dos movimentos irritava-o.

Belarmino enfurecia-se quando não conseguia executar uma tarefa simples. Vânia recordava-se do dia em que seu pai despedaçou, atirando contra a parede, tudo aquilo que conseguiu alcançar – a força nos braços permanecia inalterada –, tudo porque percebeu que não conseguia mais calçar as meias. O estrago só não foi maior porque, depois do ataque de fúria, precisou ser socorrido devido a potente ataque de asma.

A família acostumou-se com os rompantes de ira do chefe da casa. Compreendiam que esta era a forma que encontrara para desabafar e fazer a sua catarse, expelindo toda a angústia concentrada. Comentavam entre si que, se a doença não o levasse, a inatividade certamente o faria. Não era homem de ficar preso em um quarto ou a uma cama. Um dia confessou à esposa que seu maior medo era tornar-se um prisioneiro sem grades, uma consciência presa num corpo sem movimento e sem vitalidade. Esta perspectiva o apavorava, mais até que a morte certa e iminente.

Muitas vezes, Belarmino poupava a família, mas direcionava sua revolta a Deus. Nesses momentos, cada vez mais constantes, perguntava em tom de súplica os motivos pelos quais estava sendo castigado com aquele sofrimento que qualificava de injusto.

– Sempre fui um cristão temente a Deus, cumpridor de minhas obrigações para com a Igreja. Nunca fiz mal a ninguém. Por que Deus está fazendo isso comigo? Que tipo de pai é esse que trata Seus filhos com imparcialidade? A alguns, confere uma boa vida, livre de tentações, doenças, enquanto a outros presenteia com a miséria, a dor, o sofrimento. De um lado, criaturas morrendo de velhice, sem maiores preocupações, e eu aqui sofrendo com esta doença maldita. Que sádico é esse que sai pelo mundo a distribuir sorrisos para uns e lágrimas para outros? – parlamentava, revoltado.

Quando era a escolhida para ouvir as lamúrias, com toda a calma e paciência, Vânia tentava fazer o pai entender que a ninguém é dado compreender os desígnios de Deus, muito embora aquele clichê argumentativo sequer tinha o poder de convencer a si própria. No fundo, Vânia alimentava as mesmas dúvidas e, em alguns momentos, a mesma revolta do pai.

Qual a razão de nossos sofrimentos? Destino, acaso, azar, carma? Perguntava-se, mesmo sabendo que não tinha uma resposta plausível para estas indagações.

✳ ✳ ✳

– O café vai esfriar! – repetiu Iracy pela terceira vez, até que conseguiu trazer Vânia, completamente distante em seus pensamentos, de volta à realidade.

– Estava fazendo, mentalmente, uma retrospectiva das mudanças em nossas vidas neste último ano, das dificuldades enfrentadas e das que virão – suspirou a moça.

– A vida não é um mar de rosas, mas devemos aceitar o quinhão de sofrimento que nos toca e carregar nossa cruz com resignação. É preciso que nos mantenhamos unidos. Juntos, nosso jugo será leve, como disse o Cristo.

– A senhora tem toda razão. Toda razão! – repetiu Vânia com forte inflexão.

Depois de terminar seu frugal desjejum, Vânia pegou o material e seguiu para a faculdade. Tinha aula de microbiologia e imunologia naquele dia e previa complicações, pois eram matérias que solicitavam total atenção dos acadêmicos, dado o conteúdo das disciplinas e o rigor de professor Vitório, mas, justamente naquele dia, seus pensamentos permaneciam fixos no sonho da noite anterior. Ela mesma reconhecia que estes sonhos não deveriam merecer tanta atenção da sua parte, mas estava impotente. Aquele episódio, mesmo contra a sua vontade consciente, teimava em permanecer na sua cabeça.

Queria agora poder ficar em silêncio e pensar. Precisava de esclarecimentos, urgentemente, não de um professor disciplinador.

CAPÍTULO 4

DA HISTÓRIA

A MADRUGADA AINDA SOBREPUJAVA A ALVOrada quando Frei Bernardo deixou seu quarto para se juntar aos demais irmãos nas matinas e laudes. Sentiu falta das habituais sessões de canto gregoriano – gênero do qual era admirador incondicional – das quais participava todas as manhãs em sua igreja na Itália.

Seu corpo clamava por mais descanso e seus músculos doíam. A longa viagem sobre o lombo de um cavalo causou a formação de escaras – que estavam em carne viva, principalmente na parte interna das coxas. – Assim que acordou, por um instante cogitou permanecer no quarto, deitado na cama, mas a imagem do Cristo insculpida no crucifixo pendurado na parede do quarto deixou-o envergonhado, dissipando imediatamente aquele pensamento que taxou de egoísta.

Manteve-se em atividade com os demais freis por cerca de uma hora e, após um rápido café da manhã –

madrugar e comer em introspectivo silêncio eram hábitos rigorosamente observados pelos frades –, saiu para uma caminhada.

Além de aproveitar o ar fresco do alvorecer dos campos de cima da serra, queria conhecer melhor o cenário nas redondezas da igreja. No dia anterior, quando chegara à cidade, não conseguira prestar a devida atenção ao local que seria sua moradia pelos próximos anos. Amanhecia quando deu os primeiros passos. O Sol surgia lentamente no horizonte, pintando com tons amarelados a grama verde do pátio da igreja. As araucárias e as árvores mais frondosas, observadas contra a luz do sol que despontava, apresentavam-se na paisagem com uma imponente silhueta negra. Frei Bernardo admirava a beleza da natureza, presente em seu estado bruto na região. Também ficou maravilhado com a multiplicidade de cores que os raios solares descortinavam. A cada novo cenário, não deixava de agradecer ao Criador por aquele espetáculo de rara beleza, um lenitivo que compensava a saudade da sua terra natal, que dificilmente veria novamente.

A área de terras onde a igreja fora construída era ampla – mais tarde veio a saber que havia sido fruto de doação de Coronel Feliciano – e os monges aproveitavam-na integralmente. Além da igreja e da casa que servia de alojamento para os padres, foi construída uma escola, frequentada basicamente pelas crianças mais pobres da região, ou seja, pela maioria. Ao lado da escola, havia uma pequena casa de dois cômodos, onde funcionava o que os padres chamavam de hospital-farmácia. Naquele local, Frei Lucas – conhecedor do poder medicinal das plantas – atendia os caboclos e suas famílias. Embora destinado a todos, o

64

hospital não recebia as famílias mais abastadas. Não raras vezes, Frei Lucas precisava interromper um atendimento e correr para medicar, em casa, algum membro da família dos coronéis. Achava isso uma arbitrariedade, mas auxiliava, ainda que a contragosto. Sabia que eventual objeção importaria na perda das doações dos poderosos, dinheiro responsável pela manutenção das obras assistenciais da congregação. Em nome do bem da coletividade, submetia-se – não só ele, mas todos os seus irmãos – a toda a sorte de abusos por parte das famílias ricas de Arraial de Bom Jesus do Taquaruçu.

Nos fundos da escola e do hospital, os monges mantinham uma horta onde cultivavam mandioca, feijão, verduras, legumes e alguns temperos. Uma fração da área de plantação era reservada para as ervas medicinais de Frei Lucas, que complementava seu estoque com incursões periódicas na mata, que lhe fornecia uma variedade considerável de plantas, frutos, musgos e cascas.

Exceto pelos galos, que já iniciavam a sua cantoria anunciando a chegada do novo dia, e de esporádicos transeuntes, a cidade permanecia adormecida enquanto Frei Bernardo caminhava pelo meio da rua observando a arquitetura simples das casas que, em sua grande maioria, seguia o mesmo padrão arquitetônico, a ponto de parecerem duplicatas umas das outras. Eram todas casas de madeira, sem pintura, com uma água e um sótão. Possuíam uma porta e dois janelões retangulares dispostos verticalmente. Todas as aberturas situavam-se na face frontal da casa. Naquela área central, contou mentalmente dezessete casas de moradia. Não avistou, porém, nenhuma das residências dos mais ricos da região, pois estes, com suas grandes casas e porções de terras – vigiadas por jagunços – moravam a algumas léguas de distância da região central.

A cidade respirava uma paz aparente. Frei Marcos havia comentado, na noite anterior, que após a morte do coronel do exército, João Gualberto, e do monge José Maria, em outubro de 1912, numa afoita e desastrada tentativa de prender os fanáticos revoltosos que estavam escondidos nos campos de Irani, após fugirem da guarda municipal enviada pelo intendente de Curitibanos, Coronel Feliciano, a região transformara-se num verdadeiro barril de pólvora, pronto para explodir ante a menor faísca. Este confronto entre os caboclos e as tropas federais – batizado de Batalha do Irani – marcou oficialmente o início da Guerra do Contestado.

Aquela calmaria temporária que envolvia a região não trazia sossego a seus moradores, pois todos esperavam pelo acirramento das contendas. Já se falava à boca pequena de uma "nova Canudos", dadas as semelhanças com a revolta ocorrida no sertão da Bahia, no século XIX, inclusive pela presença de uma figura emblemática na liderança dos sertanejos, o monge José Maria, que lembrava – propositadamente ou não – a figura de Antônio Conselheiro, líder da revolta baiana.

O frade seguiu caminhando. O Sol já havia deixado totalmente seu esconderijo noturno e iniciado seu turno naquele dia de domingo. Nas casas, já podiam ser vistos os primeiros sinais de vida e a rua ganhara maior movimento de pessoas. Frei Bernardo cumprimentava os primeiros transeuntes com um leve inclinar de cabeça, além de abençoar os passantes com o tradicional sinal da cruz feito com a palma da mão direita, os quais respondiam ao cumprimento com um leve toque na aba do chapéu de palha. Apenas um senhor, com seus quarenta anos – calculou o Frei –, mas que, devido à pele sulcada e curtida pelo Sol, aparentava pelo menos uma década a mais de idade, parou diante do padre e protagonizou um meteórico diálogo:

– "A bença", seu vigário!

– Deus o abençoe!

Quando Bernardo pensou em seguir adiante com a conversa, o caboclo pediu licença e seguiu seu caminho apressadamente.

"Seriam todos assim, arredios?" – perguntou-se o Frei. Mais adiante, avistou uma mercearia, para onde rumou. O local era pequeno, simples, mas, pelo que pôde observar, bem sortido com víveres de toda natureza. Assim que deu os primeiros passos no interior do estabelecimento, um senhor de meia-idade, alto, esguio, aproximou-se estampando um sorriso acolhedor e saudou-o:

– Bom dia, seu padre. O senhor é novo por aqui?

– *Buongiorno*! Sou Frei Bernardo. Sim cheguei *ieri*... digo, ontem. Sou o substituto de Frei Rogério.

– Chamo-me Praxedes Gomes Damaceno, seu criado. Sou o proprietário deste humilde estabelecimento. Acaso o padre precise de algo, é só me procurar.

– *Grazie!* – sorriu o Frade, com uma leve reverência de cabeça.

– Então, o senhor veio para ficar? – perguntou o comerciante, tentando ser amável.

– Sim, enquanto este for o desejo da Santa Madre Igreja.

Frei Bernardo seguiu conversando distraidamente com o comerciante Praxedes, perguntando mais detalhes sobre a região e seu povo. Comentou que achou os moradores um tanto quanto desconfiados com sua presença.

Praxedes esclareceu:

– Olha, padre, o povo aqui sempre foi cordial, ordeiro e acolhedor, mas depois de todas essas barbaridades que vêm ocorrendo de uns anos para cá, as pessoas realmente ficaram mais desconfiadas. Cada forasteiro que chega na cidade, com ou sem batina, desperta temor e desconfiança nos moradores, afinal pode ser um informante dos coronéis assuntando por aí para descobrir quem é contra as suas ordens ou pode ser também um bombeiro disfarçado.

– Bombeiro? – perguntou o frei franzindo o cenho, demonstrando certo espanto com o termo.

– Bombeiro, não me pergunte a razão do nome, é como são chamados os espiões dos discípulos de José Maria, do exército encantado de São Sebastião, que se infiltram na vila para tentar descobrir os próximos passos dos coronéis e das tropas federais – explicou Praxedes.

– Mas não se assuste – prosseguiu o comerciante –, pois, em breve, assim que conhecer melhor o senhor, o povo começará a despir-se da desconfiança, que nada mais é do que um método natural de defesa, e ficará mais falante. Isso acontece o tempo todo com os forasteiros que chegam à região. Garanto-lhe que não é nada pessoal.

– E como são esses coronéis de quem tenho ouvido falar desde que cheguei? – indagou Frei Bernardo.

Praxedes ficou em silêncio por alguns segundos,

olhou desconfiado para todos os lados e, só depois de assegurar-se de que não havia mais ninguém por perto, respondeu:

– Sugiro que o senhor nem pense em se meter com os coronéis, Frei Bernardo, principalmente com os mandatários da cidade, Coronel Feliciano e Coronel Venâncio. Aqueles dois são a própria figura do cão e todos aqueles que um dia ousaram contrariar essa gente estão a pelo menos sete palmos abaixo do lugar em que qualquer vivente gostaria de estar.

Frei Bernardo nada disse, apenas assentiu com a cabeça, tentando mascarar sua indignação.

– Não será a sua batina ou a sua Igreja que o protegerá – complementou Praxedes.

– *Grazie* pelo conselho – sorriu Frei Bernardo.

– Padre, padre, o senhor não está me levando a sério. O senhor é novo por aqui e não tem ideia do que estes coronéis são capazes de fazer, principalmente porque têm a impunidade a seu serviço. Veja lá, quem avisa amigo é.

Depois da advertência, ambos mudaram de assunto e ficaram conversando sobre amenidades por mais algum tempo, até que Frei Bernardo despediu-se do comerciante, alegando que precisava retornar à igreja para auxiliar seus confrades na missa da manhã, pois fora informado de que, tradicionalmente aos domingos, a celebração era acompanhada pelos coronéis e suas famílias. Essa seria uma excelente oportunidade para ser apresentado aos poderosos da cidade.

Antes de sair, convidou o comerciante e toda a sua família para comparecerem à celebração na igreja.

– Obrigado pelo convite, padre. Aparecerei, se for possível – respondeu Praxedes, mesmo sabendo que tinha outros planos para o domingo: ficar onde estava.

Ao sair, Frei Bernardo voltou-se para o comerciante e perguntou:

– O senhor é católico?

– Acredito em Deus, padre. Isso me basta.

– Percebo que terei muito trabalho por aqui – sorriu Bernardo.

Depois disso, despediu-se do simpático comerciante, girou nos calcanhares e tomou o caminho da rua.

Apressou o passo na volta, mas não pôde deixar de notar os olhares desconfiados dos moradores ao cruzarem com aquela figura até então desconhecida. Alguns até o saudavam, retirando o chapéu da cabeça, gentileza que Frei Bernardo retribuía, acenando com as mãos e ofertando um largo sorriso no rosto.

Quando chegou à igreja, faltavam pouco mais de três quartos de hora para o início da celebração e seus pares ultimavam os preparativos. Aprontou-se rapidamente e uniu-se aos demais, não sem antes justificar o atraso e pedir desculpas por ele.

Rumaram todos até a parte frontal e permaneceram na entrada, atendendo ao costume de aguardar, na porta do templo, a chegada dos fiéis.

Não demorou muito e as pessoas começaram a chegar. Um a um, Frei Marcos e Frei Mateus cumprimentavam afetuosamente, desejando boas-vindas. Naquele dia, foi acrescentado um novo ato ao ritual de chegada dos fiéis: a apresentação formal de Frei Bernardo como substituto de Frei Rogério, recentemente transferido.

Quando o próximo casal aproximou-se da entrada da igreja, Frei Marcos e Frei Mateus entreolharam-se e lançaram um olhar discreto para Frei Bernardo. O frei recém-chegado percebeu a mudança da linguagem corporal dos colegas, que demonstrava a importância do casal que chegava.

– Bom dia, Coronel Feliciano! Como tem passado, senhora Madalena? – saudou Frei Mateus cordialmente, gesto que foi acompanhado por Frei Marcos, enquanto Frei Bernardo limitou-se a fazer uma ligeira reverência.

"Então este é o famoso Coronel Feliciano Ferreira de Albuquerque, de quem tanto tenho ouvido falar neste curto período em que aqui me encontro" – pensou Frei Bernardo.

Na sua visão, Coronel Feliciano não era tão imponente quanto o seu nome: altura mediana, rosto ligeiramente arredondado, bigodes fartos, mas de caminhar altivo, sempre lançando seus olhos negros de cima para baixo.

Ignorando os frades que o cumprimentaram e dirigindo sua atenção para aquela figura desconhecida, Coronel Feliciano despejou um interrogatório sobre o novo frei, impostando a voz de forma tonitruante:

– Você é novo por aqui? Quando chegou? Por que não fui comunicado da sua chegada? Não gosto de surpresas e os senhores sabem disso, padres – perguntou sem tirar os olhos do novo membro da congregação.

Frei Marcos e Frei Mateus estavam preocupados com a reação de Frei Bernardo àquela abrupta abordagem de Coronel Feliciano, já tão conhecida pelos locais. Sabiam que uma frase mal empregada já seria suficiente para gerar um incidente de proporções bíblicas, tão comuns nos encontros com o coronel, eventos que não raras vezes tornavam-se perigosamente ameaçadores às relações supostamente amistosas entre o intendente e os membros da mitra local. A manutenção da paz entre os políticos e os religiosos naquele feudo era tarefa árdua, obtida, via de regra, à custa da vergonha dos segundos.

Ignorando a grosseria, o frade fixou seus olhos verdes, que contrastavam com os cabelos escuros, no interlocutor e, com olhar sereno e respeitoso, obtemperou calmamente:

– Sou Bernardo Quintavalle, *piacere*.

– Vejo que é novo por aqui, mas trate logo de aprender corretamente nossa língua, não gosto dessa fala de carcamano. Não fica bem num padre – respondeu Coronel Feliciano sem estender a mão para retribuir o cumprimento do padre.

– Nossos idiomas, italiano e português, têm em comum a mesma língua mãe – respondeu Frei Bernardo, sem tirar os olhos do Coronel e sem perder a calma. Naquela breve frase, esforçou-se para encontrar as palavras corretas em português, mas sem disfarçar o forte sotaque italiano.

– Então, deixe-me refazer minha frase, padre: não gosto dessa estrangeirada que está tomando conta da nossa região. Compreendeu agora?

– Estrangeiros são bons apenas para trabalharem como escravos brancos dos grandes donos de terras, talvez para isso os carcamanos sirvam. Não é mesmo, Coronel?

– Espero que ensinem como as coisas funcionam ao forasteiro – falou Coronel Feliciano, lançando um olhar furioso para Frei Marcos e Frei Mateus –, se não quiserem que este aí tenha o mesmo destino do padreco anterior, que teve o topete de me afrontar.

Aprenda uma coisa, sua função aqui é rezar e entreter este povo – falou apontando para os bancos da igreja que já estavam ocupados –, nada mais do que isso. Cuide das leis do seu Deus que do resto cuido eu. Por estas bandas, carregar Bíblia e usar saia não é garantia de imunidade contra bala. Não se esqueça disso.

– Vou lembrar do conselho, Coronel. *Gracie!* – despediu-se de maneira petulante e provocativa.

Coronel Feliciano nada mais disse e seguiu para o interior da igreja junto com sua esposa Madalena, que permaneceu o tempo todo em silêncio e com os olhos baixos.

– Você mexeu num vespeiro, Frei Bernardo – advertiu Frei Marcos.

– Eu sou um servo de Deus e, estando a serviço Dele, não tenho... como chama... *paura*.

– Medo! – atalhou Frei Marcos.

– Isso! Não tenho medo. Ajoelho-me apenas diante de Deus – completou.

– Não é uma questão de ter ou não medo, meu irmão. Nosso trabalho aqui depende muito do dinheiro de pessoas como Coronel Feliciano. Além disso, um servo de Deus morto não pode ajudar a melhorar a vida deste povo sofrido da região. Reflita sofre isso e defina quais foram suas verdadeiras prioridades quando resolveu aceitar a ordem de vir para esta terra de ninguém, e acima de tudo, sem lei.

Frei Bernardo nada respondeu.

– Além disso, você não pode olvidar do dever de obediência. Obediência à vontade da Santa Madre Igreja – advertiu Frei Marcos.

A aproximação de outra família importante da região interrompeu a conversa dos frades. Frei Mateus foi quem chamou a atenção dos irmãos. Os três franciscanos observaram silenciosos, enquanto Coronel Venâncio Pereira auxiliava a esposa Ana e a filha única do casal, Elvira Pereira, a descerem da carruagem.

Coronel Venâncio Pereira, um dos maiores proprietários de terras da região, homem baixo, atarracado, ligeiramente obeso, trajado com pilcha gaúcha composta por uma bombacha preta presa com uma faixa da mesma cor, camisa branca de manga longa, lenço vermelho – com a finalidade de ostentar sua simpatia pelos ideais federalistas dos maragatos gaúchos – atado ao largo pescoço, onde foi dado um nó quadrado, e chapéu barbicacho, que servia ao duplo propósito de compor a indumentária e esconder a calva.

O Coronel aproximou-se dos frades pisando firme, cabeça erguida denotando arrogância, sempre um passo à frente das mulheres, que seguiam atrás, esbanjando recato, tanto no modo de se portar quanto na maneira de se vestir. A esposa Ana usava saia vermelha com detalhes em bege, com barra até a altura do peito do pé e casaquinho na cor bege combinando com os detalhes da saia. A filha Elvira, por sua vez, trajava um vestido inteiro de mangas longas, cor verde-claro, com detalhes em azul-marinho e branco, franzido e sem babado, cuja barra da saia, seguindo o exemplo da mãe, também terminava no peito do pé. O decote era discreto e não expunha os ombros, tampouco o colo.

Aproximando-se dos franciscanos, Coronel Venâncio tomou a iniciativa e cumprimentou a todos, sem deixar de fazer referência ao novo membro da igreja.

– Gente nova na querência, padres?

– Frei Bernardo Quintavalle, *piacere* – adiantou-se o recém-chegado frei, enquanto estudava discretamente o rosto da filha do coronel.

– Sou Coronel Venâncio Pereira – disse o estancieiro, enquanto apertava a mão do frade como um torniquete e balançava-a escandalosamente.

– Que ventos o trouxeram para cá, homem de Deus?

– Frei Bernardo veio em substituição a Frei Rogério Neuhaus – esclareceu Frei Marcos.

– Pois foi tarde aquele polaco intrometido. E quanto a você, meu caro Frei Bernardo, um conselho: pato novo só dá voo raso. Não se esqueça disso.

Frei Bernardo, desta vez, preferiu não responder à provocação, fazendo uma leve reverência com a cabeça, em sinal de agradecimento pelo conselho, gesto que soou como ironia.

– Não sei para que tanto padre neste raio de lugar. Haja erro para dar serviço para esta padralhada toda.

– Somos ministros de Deus – falou Frei Marcos calmamente.

- Pois, para mim, padre não serve para nada. Com o Patrão da querência celestial eu prefiro me entender diretamente, sem ajuda de intermediários. Venho na igreja para contentar minha mulher e minha filha, que ficam mais faceiras que mosca em rolha de xarope quando vêm para cá acender uma vela para a Virgem Maria, a primeira prenda do céu. Falando nelas, estas são minha esposa Ana e minha filha Elvira – apresentou as moças a Frei Bernardo com um apontar de dedos, enquanto as mulheres permaneciam cabisbaixas, sem dizer uma única palavra.

Elvira Pereira era dona de grandes olhos escuros e olhar melancólico. Seus fartos cabelos negros desciam ondulantes até os ombros. A timidez e o recato servil que exibia diante de seu pai escondia seu porte esbelto e grave. Frei Bernardo cumprimentou as mulheres com movimentos de cabeça, mas, quando cruzou olhares com a filha do Coronel Venâncio, manteve-o fixo na moça, estudando seu rosto por alguns segundos que mais pareceram longos minutos.

Frei Bernardo ficou hipnotizado pela beleza da jovem que, para sua alegria, retribuiu o olhar, ainda que por curtíssimo espaço de tempo, baixando a cabeça logo em seguida.

A ingênua troca de olhares entre o frade franciscano e a filha de Coronel Venâncio, que passou despercebida por todos ali presentes, desencadearia uma reação em cadeia, cujas consequências mudaria radicalmente a trajetória destes dois Espíritos imortais, com repercussões que se perpetuariam pelos séculos vindouros e necessitariam de sucessivas reencarnações para a reparação do erro que estariam prestes a perpetrar.

– Sejam bem-vindas – pronunciou Frei Bernardo, depois de sair do transe causado pelo rosto angelical da jovem filha do coronel.

O mágico momento foi abruptamente quebrado pelos gritos de Coronel Venâncio, que, do interior da igreja, chamava pelas mulheres sem a menor cerimônia.

– Vamos, mulheres. Vão ficar aí paradas? Vocês são mais lentas que enterro a pé.

– Obrigada! – falou dona Ana, gentilmente, enquanto despedia-se rapidamente dos padres e seguia na direção do marido.

Quando a família estava fora do raio de visão dos frades, Frei Marcos explicou a Frei Bernardo que, apesar deste jeito bonachão, Coronel Venâncio era aliado e amigo pessoal de Coronel Feliciano e que ambos eram responsáveis por grande parte dos desmandos cometidos contra o povo da região. Dizem por aí que o comerciante Praxedes foi jurado de morte pelo Coronel Venâncio por ter descumprido a ordem de não vender mantimentos aos caboclos seguidores do monge José Maria, que vinham travando batalhas contra os soldados do exército brasileiro e também contra os jagunços contratados pelos coronéis.

– Onde está a lei deste lugar? – perguntou Frei Bernardo, indignado.

– Você acabou de apertar as mãos dela, meu irmão. Os coronéis, principalmente estes dois que acabaram de entrar, são as leis, os juízes e os executores, meu jovem colega – asseverou Frei Marcos.

Os franciscanos permaneceram na frente da igreja até que o último dos fiéis adentrou na nave. Seguindo a tradição das missas dominicais matutinas, a igreja mais uma vez estava lotada.

Faltando alguns minutos para iniciar a celebração, os padres deixaram seu posto e dirigiram-se à sacristia para ultimar os preparativos protocolares.

Os bancos da pequena casa de oração foram ocupados na sua totalidade. Alguns fiéis, os retardatários, tiveram de ficar em pé no fundo da igreja, nas proximidades da porta, ao lado da pia batismal.

Na nave, podia-se identificar uma velada e não planejada divisão de classes. Os mais ricos e suas famílias sempre ocupavam os primeiros assentos, enquanto os mais humildes acomodavam-se nos bancos restantes, que via de regra significava sentar-se do centro até o fundo da igreja.

A missa seria presidida por Frei Marcos, o mais antigo da congregação, enquanto Frei Mateus e Frei Bernardo o auxiliariam nos trabalhos.

Frei Bernardo lutava para manter a concentração no ofício, mas não conseguia desviar o olhar da primeira fila, onde estava sentada toda a família Pereira, mais precisamente em Elvira Pereira.

A celebração, que prendia a atenção de todos apesar do latinório, seguiu seu curso normal, sem qualquer acontecimento digno de registro, situação que estaria prestes a mudar.

Chegado o momento do sacramento da eucaristia, Frei Mateus e Frei Bernardo postaram-se em frente aos corredores laterais da igreja, enquanto o celebrante permaneceu no corredor central, todos prontos para a distribuição da hóstia.

Lentamente as pessoas levantaram-se de seus assentos, organizando-se em três fileiras. Concentrado, Frei Bernardo entregava a hóstia aos compenetrados fiéis, que recebiam o sacramento e retornavam imediatamente aos seus lugares.

O ritual seguia com movimentos autômatos de ambos os envolvidos. Frei Bernardo baixou lentamente os olhos para retirar uma nova hóstia do recipiente que segurava e, ao levantá-los, seu coração disparou, batendo de forma descompassada. Elvira Pereira havia se postado justamente na fila em que ele se encontrava ofertando o sacramento da eucaristia e distava cinco corpos de distância. Um leve tremor tomou conta de seu corpo e uma gota de suor escorreu-lhe pela face. Algo acontecia dentro de si que o impedia de se concentrar no trabalho que estava executando. Ministrou os sacramentos às quatro pessoas que o separavam de Elvira, sem desviar os olhos da moça.

Bernardo sequer notou a fisionomia, o sexo, idade ou qualquer outra característica daqueles quatro desafortunados fiéis que tiveram a infelicidade de se postarem pouco antes da moça. Ao turbilhão de emoções que passavam pela mente, somou-se a vergonha de que alguém notasse sua súbita perda de controle – que para si era evidente – e que aquela bela jovem era o motivo disso.

A fila seguiu seu curso. Chegara a vez de Elvira receber a eucaristia. A moça postou-se frente a frente com Frei Bernardo. Os olhos do frei brilharam quando se cruzaram com os olhos negros penetrantes da filha do Coronel Venâncio. O tremor de seu corpo aumentou quando percebeu que a moça também estava desconfortável com a situação.

"Você está sentindo o mesmo aperto no peito, o mesmo tremor e este calor sufocante?" – fantasiou Frei Bernardo um diálogo com Elvira. Na sua imaginação, a moça respondia afirmativamente, deixando claro que o sentimento era recíproco.

Frei Bernardo foi arrancado de seu surto imaginativo pela própria personagem central de seus devaneios, pois Elvira permanecia parada a sua frente. Bernardo não fazia ideia de quanto tempo havia se passado, o que o fez enrubescer. Por fim, pronunciou a frase ritualística de forma automática:

– Corpus Christi!

– Amém – respondeu a jovem, sem se desviar dos olhos do padre.

E foi no momento em que a moça fez o movimento para receber o sacramento representado pela hóstia que, por uma fração de segundo, suas mãos se tocaram. Apesar de breve, foi tempo suficiente para que uma corrente de energia percorresse todo o seu corpo, produzindo uma sensação que Frei Bernado jamais imaginou que sentiria. Uma sensação que levava à certeza de que queria tocá-la mais vezes, com maior intensidade. Que estranho sentimento era aquele?

Subitamente, uma onda de remorso tomou conta de sua mente. Como um representante da Igreja poderia manifestar desejos por uma mulher durante o ministério do sacramento da eucaristia? Aquele era o maior de todos os pecados e Deus o castigaria por isso – sentenciava-se intimamente.

Elvira tomou a hóstia da mão do padre e virou-se

com destino ao seu assento. Frei Bernardo não teve tempo para segui-la com o olhar, pois a próxima pessoa da fila era seu pai, Coronel Venâncio. Seu corpo gelou, a garganta secou diante da mera possibilidade de o coronel ter percebido algo de estranho em seu comportamento. Mal conseguiu pronunciar as palavras sacramentais. Reflexos da culpa.

Findo o momento da eucaristia, a celebração prosseguiu à revelia de Frei Bernardo, que mantinha-se absorto em sua luta interna. Não ouviu uma única palavra do que disse o celebrante. Sua cabeça estava em outro mundo, um mundo em que coexistiam ele, Elvira e seus votos de franciscano.

Encerrada a missa, informou aos colegas que precisava descansar e trancou-se no quarto. Queria ficar sozinho, ruminando seus desejos e culpas. Precisava encontrar uma forma de tirar aquele sentimento platônico da cabeça. O restante do dia foi dedicado a reflexões e orações, nas quais pedia a Deus que o livrasse das tentações do demônio, que obrava para desviá-lo do sacerdócio.

O que Frei Bernardo não sabia é que, não muito longe dali, na solidão de seu quarto, Elvira Pereira também lutava contra uma crise de consciência por ter cometido aquilo que sua moral católica apostólica romana qualificava como pecado mortal, para o qual não havia perdão: nutrir desejos por um padre.

Os dias se seguiram, mas o tempo, que normalmente é o melhor e mais eficaz elixir curativo para toda sorte de problemas, no drama de Frei Bernardo Quintavalle e Elvira Pereira serviu apenas para armazenar e encubar aquele sentimento, que ficaria apenas aguardando o momento propício para eclodir e contaminar suas vítimas com o maior e mais poderoso dos vírus: a paixão.

O tempo também trouxe a tensão e o medo na região do Taquaruçu. Na mata, os conflitos entre caboclos e as forças nacionais acirraram-se, tornando-se cada vez mais violentos e espalhando sangue inocente sobre o verde dos campos de cima da serra.

Na cidade, medo e desolação. Em uma viagem para buscar víveres, no intuito de abastecer sua mercearia, o comerciante Praxedes foi encontrado no meio da rua com a cabeça mergulhada em uma poça formada pelo seu próprio sangue, morto com cinco tiros. Cumpria-se assim a ameça de Coronel Venâncio.

A revolta da população pela morte do comerciante não era maior que o temor de transformar-se na próxima vítima. A prudência e o histórico do local aconselhava engolir a indignação e seguir a vida em silêncio.

Na igreja, os sacerdotes seguiam fazendo casamentos, batizados, ministrando extrema-unção e recebendo as polpudas doações dos coronéis para manter suas obras sociais, que beneficiavam a parcela mais carente da população.

E assim a roda do tempo seguia girando na região do contestado. Suas engrenagens eram movidas por paixões, lágrimas, desejos, equívocos, dinheiro, sangue, lutas, mortes e muito sofrimento. O povo de Arraial do Bom Jesus do Taquaruçu testemunhava o avesso da história.

CAPÍTULO 5

Procurando
RESPOSTAS

EM UMA PEQUENA COLÔNIA ESPIRITUAL SI-
tuada sobre a região de Vila Sossego, sentados em frente
a uma casa simples, rigorosamente idêntica às outras que
existiam na vizinhança, individualizada tão somente pela
cor e pelas flores do jardim, dois Espíritos, que, na última
encarnação, assumiram o papel de avós maternos de Vânia,
discutiam os próximos passos de sua missão que, naquele
momento, tinha como prioridade direcionar a neta para o
aprendizado das questões relativas ao mundo espiritual, de
valores inerentes ao Espírito.

Catarina e Ângelo desencarnaram quando Vânia
contava cinco anos de idade. Espíritos com longa folha de bons serviços prestados na seara do bem, logo
após terem deixado a experiência na matéria, retomaram suas atividades no Departamento do Auxílio, cujas
atribuições principais gravitavam em torno do resgate,
tratamento e recolocação de Espíritos recém-chegados

83

na colônia. Paralelamente, assumiram o compromisso de auxiliar Vânia em sua breve jornada na Terra, além da recepção e amparo quando da sua volta ao plano espiritual.

A ideia do simpático casal de Espíritos, naquele instante, era intuir a neta a buscar conselhos sobre seus sonhos com uma colega de faculdade, Cecília, adepta do Espiritismo e frequentadora assídua de uma casa espírita da região. Seria desta maneira que Vânia iniciaria sua caminhada na Doutrina Espírita desde que, obviamente, seu livre-arbítrio não a guiasse no sentido oposto.

Que Vânia não atendesse as suas sugestões era uma possibilidade que seus avós consideravam, pois toda criatura tem o direito de optar pelas trilhas que deseja seguir em sua caminhada rumo aos mundos felizes e, dentro desta premissa, pode atender ou não as sugestões prestadas pelos bons Espíritos.

– Se os seres humanos soubessem o quanto os Espíritos influenciam suas vidas, na maioria das vezes através de discretas sugestões, que acabam sendo interpretadas como "intuição" ou como produto da "voz da consciência", talvez elevassem o nível de seus pensamentos, tornando-se mais acessíveis às nossas sugestões. Certamente, muitos seriam poupados de muitas agruras – observou o avô de Vânia.

– Verdade, Ângelo. Os bons Espíritos vêm tentando abrir os olhos dos encarnados para essa influência positiva, inclusive Allan Kardec dedicou um capítulo específico no O Livro dos Espíritos no intuito de alertar a todos acerca da intervenção da Espiritualidade no mundo corporal, mas é uma pena que somente uma minoria volte suas atenções para essa realidade – completou Catarina, resignada.

– Através de aconselhamentos que ressoam no íntimo dos encarnados, nós bem que tentamos abrir seus olhos para determinadas circunstâncias de sua vida, sem, contudo, interferir diretamente em suas decisões para não nos sobrepormos ao livre-arbítrio, um dos dons mais sagrados que Deus nos concedeu. Entretanto, nem sempre, ou melhor, quase nunca, recebemos a devida atenção, o que nos obriga, muitas vezes, a utilizar de meios mais diretos, quando nos servimos até mesmo das pessoas mais próximas para alertar acerca de situações que podem levar a criatura a tomar decisões das quais arrepender-se-á pelo resto desta e de outras existências – completou o avô de Vânia.

Prosseguindo com suas ponderações, continuou Ângelo:

– Deus criou a todos de maneira igualitária, simples e ignorantes, dando-nos uma única diretriz obrigatória: a evolução! Vivemos, morremos e renascemos com o objetivo de crescer. Evoluir, portanto, não é opcional, e todos devemos caminhar em sentido ascensional. O livre- arbítrio, por sua vez, permite-nos escolher se atingiremos a meta Divina amparados pelo dulçor das asas da felicidade ou presos e chicoteados pelas algemas da dor. Eis a grande decisão de nossas vidas. Jesus nos alertou para as ilusões do caminho, fala que foi registrada por Levi, ou Mateus, como ficou conhecido o publicano filho de Alfeu, no capítulo 7, versículos 13 e 14 de seu Evangelho: *"Entrai pela porta estreita, porque larga é a porta e espaçoso o caminho que conduz à destruição, e muitos são os que entram por ela".*

Catarina, aprofundando ainda mais a conversa, falou ao companheiro:

– Enquanto encarnados, desconhecemos o nível das relações dos Espíritos para com os seres humanos que, na prática, são praticamente ininterruptas. Os bons Espíritos tentam nos mostrar o caminho do amor, da benevolência, da indulgência, do perdão, pois esta é a verdadeira caridade, aquela idealizada por Cristo.

Nossos mentores – prosseguiu a avó de Vânia –, sempre atentos, amparam-nos durante as provas da vida, auxiliando-nos a suportá-las com resignação e sem qualquer espécie de revolta contra o Criador. Por outro lado, os maus lutam para nos encaminhar para as passagens mais obscuras, a fim de nos afastar da luz redentora do bem, empurrando-nos no abismo do sofrimento e atando-nos ao mal.

Em nossa jornada, tudo é uma questão de sintonia e de conduta mental. Como disse Jesus, fala que foi anotada pelo médico evangelista Lucas, no capítulo 12, versículo 34 do livro que leva seu nome: *"onde estiver o teu tesouro, ali estará o teu coração".*

O que o médico grego, que descreveu com doçura e amor a vida do Nazareno, quis dizer foi que todo aquele que sintoniza seus pensamentos na mesma frequência dos Espíritos menos evoluídos abrirá seu coração para estes. O inverso, obviamente, também é verdadeiro.

Na carne, esquecidos das coisas espirituais, relutamos em admitir essa influência dos Espíritos por acreditarmos, erroneamente, que todas as manifestações dos irmãos que nos antecederam no retorno à pátria espiritual devem ocorrer de maneira extraordinária, espetaculosa e cercada de muita pirotecnia. Não é assim que acontece: na prática, a esmagadora maioria das interferências do plano espiritual ocorre de forma sutil, oculta, discreta e quase secreta. Compete aos encarnados desenvolver, ao longo da sua existência, a sensibilidade para perceber estas sugestões.

O ser humano prefere o espetáculo à discrição. É por isso que, das pessoas que procuram uma Casa Espírita pela primeira vez, normalmente movidas pela dor da perda e pelo desejo urgente de obter notícias de seu ente querido no mundo dos Espíritos, grande parte não retorna após constatar que, naquele local, não ocorrem fenômenos visuais ostensivos ou manifestações espetaculares. O imediatismo, que move a maioria dos seres humanos, muitas vezes os conduz a caminhos obscuros.

A explanação de Catarina foi interrompida por Ângelo, que a alertava para a chegada de Vânia à Universidade.

***

Pontual, como de hábito, Vânia cruzou o longo corredor que dava acesso à escadaria que conduzia ao segundo andar do prédio, setor onde ficava a sua sala de aula.

Em silêncio, sentou-se no lugar de costume, na penúltima carteira da primeira fila da esquerda, do ponto de visão dos alunos, e começou a espalhar sobre a mesa o caderno de anotações, os livros e demais papéis relacionados à matéria.

Esvaziar sua bolsa de aula constituía-se num verdadeiro ritual, pois seus materiais eram dispostos rigorosamente na mesma posição, todos os dias, independentemente da aula ministrada. Caderno ao centro com inclinação de cerca de noventa graus para que a escrita, com a mão esquerda, ficasse mais confortável. Livros sempre no canto superior direito e, quando a disciplina exigia mais de um exemplar, o livro maior permanecia na posição usual e o menor era acomodado sobre este. Por fim, a caneta, obrigatoriamente, deveria ficar acomodada bem ao centro, acima do caderno.

Alguns colegas de curso chamavam aquela estranha, e por que não dizer, cômica, rotina de transtorno obsessivo-compulsivo, mas Vânia a qualificava simplesmente de "organização", muito embora soubesse – mas jamais admitiria – que os amigos tinham razão.

O sinal soou anunciando o início das aulas, mas, surpreendentemente, o professor não apareceu, algo raro de se ver nas aulas do professor Vitório, que se orgulhava da pontualidade que causaria inveja aos britânicos.

Minutos depois, o coordenador do curso adentrou na sala de aula e informou que o professor sofrera um acidente de trânsito, sem grandes consequências, exceto danos materiais de pequena monta, suficientes apenas para impedi-lo de chegar a tempo para ministrar sua aula. A turma, segundo orientou o professor, estaria dispensada com a única recomendação da releitura da matéria estudada na aula anterior. Vânia imediatamente fez uma observação em seu caderno para estudar com mais atenção a matéria cuja releitura foi recomendada, pois, se conhecia bem o professor, a próxima prova estaria recheada de questões extraídas daquele ponto específico, justamente para testar se os alunos seguiram sua recomendação.

– Somente danos materiais? E o abalo no imenso ego por ter de cancelar a aula? – pensou Vânia, maldosamente. – Professor Vitório orgulhava-se de dois títulos, os quais ostentava sem o menor pudor: o de ser conhecido no meio acadêmico como "o carcereiro", apelido que recebeu por deixar seus alunos presos a sua disciplina, dado o alto índice de reprovação; o segundo rótulo de que se vangloriava era o de jamais ter faltado a uma única aula na sua carreira, mas este atributo teria de ser abandonado a partir de hoje.

– Há sempre uma primeira vez para tudo nesta vida – falou baixinho.

Com a dispensa da aula do dia, Vânia deu início ao processo de acondicionamento dos materiais, cujo cuidado era o mesmo dispensado ao ato de retirá-los da bolsa. Encerrado o ritual, com tudo guardado em seu devido lugar, resolveu procurar Cecília, sua melhor amiga, para lhe falar sobre os sonhos da noite anterior.

Não era muito de seu feitio expor suas inquietações, mas, neste caso, a intuição martelava em sua mente, com a força e a renitência do canto de um pássaro ferreiro, cujo som assemelha-se a um martelo castigando uma bigorna. A voz na sua consciência dizia para Vânia aproveitar-se das características mais marcantes de Cecília, aquelas que eram sua marca registrada: a praticidade e a sensatez.

Conhecera Cecília ali mesmo, na própria faculdade. Desde o momento em que mantiveram a primeira conversa, a empatia foi instantânea e mútua, marcando sua vida de forma indelével.

Pressentindo a necessidade da amiga, ainda no interior da sala de aula Cecília aproximou-se de Vânia e perguntou se tinha alguma sugestão para aproveitarem o tempo que vagara, inesperadamente.

– Uma falta do professor Vitório é um evento que não pode passar em branco, merece uma comemoração – falou Cecília, rindo da própria brincadeira.

– Preciso conversar algo muito importante com você.

Pelas feições e o tom de voz da amiga, normalmente sempre muito reservada, Cecília percebeu que o assunto era realmente sério e por isso convidou Vânia para irem até a cantina da faculdade, onde poderiam conversar enquanto tomavam café, sugestão que foi prontamente aceita.

Chegando ao estabelecimento, escolheram uma das mesas que tinha vista para um bem cuidado bosque, que ficava localizado nos fundos da Universidade. Aquela era a mesa mais agradável e mais disputada do estabelecimento, pois agregava a beleza da vista com a privacidade que a localização proporcionava. Nas horas de pico, era quase impossível encontrar aquele setor vago, mas como era início da manhã e as outras turmas permaneciam em aula, a cantina estava praticamente vazia.

Devidamente acomodadas, logo aproximou-se a atendente que, exibindo um sorriso sardônico, perguntou mecanicamente:

– Em que posso ajudá-las?

– Dois cafés pretos, puros e sem açúcar – falou Cecília, já conhecendo os hábitos da amiga.

Registrada a vontade das clientes, a garçonete pediu licença e desapareceu rapidamente. Neste momento, sem muito rodeio, mas com a calma que lhe era peculiar, Vânia passou a relatar à amiga, com todos os detalhes, os sonhos que vinham monopolizando seus pensamentos.

Com olhar fixo, Cecília ouvia a tudo atentamente, sem pronunciar uma única palavra ou esboçar qualquer expressão facial que pudesse dar pistas do que estava se passando em sua mente. Encerrado o relato, Vânia ficou quieta, aguardando o veredito da amiga.

Quando se preparava para falar, Cecília calou-se, pois avistou a aproximação da garçonete, trazendo os cafés solicitados, que fumegavam na bandeja. A moça colocou a xícara em frente a cada uma das estudantes e perguntou se desejavam mais alguma coisa, recebendo uma resposta negativa da dupla, seguida de um agradecimento em coro, que gerou risos das três personagens.

Cecília aguardou alguns segundos para que a atendente se afastasse a uma distância conveniente, sorveu um pequeno gole de café, elogiou-o e falou:

– Você sabe que não creio em obra do acaso ou coincidências. Nossa existência é sempre acompanhada e, por que não dizer, auxiliada por forças superiores que ainda desconhecemos. Olvidando os conceitos científicos, acredito que nossos sonhos não se restringem a meras reproduções de imagens ou fatos aleatórios de responsabilidade exclusiva do cérebro ou do subconsciente. Fosse assim, não sonharíamos com lugares nunca antes visitados; com pessoas desconhecidas que produzem um sentimento de familiaridade; com fatos e situações que, no futuro, acabam acontecendo. É claro e óbvio que, muitas vezes, na maioria delas, os sonhos não passam de... sonhos, de uma produção independente de nossa mente. Entretanto, existem sonhos diferentes e sabemos muito bem quando estamos diante de um destes. São aqueles sonhos que nos apresentam uma realidade quase palpável, na qual podemos visualizar cores em tonalidades mais nítidas, sentir cheiros, enfim... sensações que movimentam os cinco sentidos, como se estivéssemos num desses filmes em três dimensões, cuja imagem dá uma ilusão de profundidade. É uma comparação tosca, mas ilustra o que estou dizendo. Nestas situações específicas, amiga, não me parece que estamos diante de mero episódio de imaginação inconsciente ou de um *"despertar do subconsciente que libera nossos desejos frustrados, emoções e pensamentos que não foram liberados durante o dia"* como definiu nosso amigo Freud.

Vânia ouvia a tudo em silêncio, tentando digerir a teoria da amiga, que prosseguiu:

– Pelo que você contou, sua experiência transcendeu a tudo isso, pois conheceu uma cidade, como se chamava mesmo?

– Recanto da Paz e era uma colônia, não uma cidade. Ao menos era o que dizia a placa – atalhou Vânia.

– Exatamente, Recanto da Paz! Não bastasse isso – continuou Cecília –, você passeou por cenários desconhecidos. Deslumbrou-se com flores e árvores antes nunca vistas, sentindo e retendo na memória até mesmo os odores das espécies da flora, sem contar aquele vale sinistro que você me descreveu. Sinceramente, acredito que isso não pode ter sido um simples sonho. Creio que você viveu uma experiência espiritual durante o sono, como se sua alma tivesse se libertado e se deslocado para lugares desconhecidos ou esquecidos, a tal ponto que foi possível descrevê-los com tanta riqueza de detalhes, situação incomum em um sonho regular, produzido pelo cérebro, onde os pormenores vão desaparecendo da memória gradativamente, a contar do momento em que despertamos, até sumirem quase que por completo após o curso de algumas horas.

– Experiência espiritual? Você está me dizendo que é possível que os lugares que conheci ou visitei durante os sonhos possam realmente existir de verdade e que de alguma maneira transportei-me até eles, tudo durante o sono?

– Basicamente é nisso que acredito – respondeu Cecília, calmamente, enquanto tomava mais um gole do café, fazendo uma careta ao perceber que havia esfriado.

– Nasci, cresci numa família católica e segui os passos de meus pais. Apesar de minha crença, não tenho a mente cristalizada nos dogmas da Igreja, tampouco sou impermeável a aceitação de novas realidades e conceitos. Defendo a ideia de que o juiz mais implacável não é Deus, mas nossa própria consciência. Ela é quem determina o que é certo ou errado e não as regras que os homens colocam na boca de Deus. Entretanto, apesar de ter a cabeça aberta para questões espirituais, em momento algum cheguei a cogitar, mesmo que somente no campo das hipóteses, esta possibilidade. O que você sabe sobre experiências fora do corpo durante o sono?

– O que sei é muito pouco, pois estou iniciando os estudos nesta área e não quero responder as suas dúvidas com achismos – ponderou Cecília.

– Correto! Então, vamos encontrar um lugar ou alguém que possa nos prestar maiores esclarecimentos e dirimir as minhas dúvidas que, confesso, aumentaram.

✳✳✳

As amigas não podiam imaginar que, ao seu lado, Catarina e Ângelo acompanhavam atentamente toda a conversa, intuindo Cecília a dar as respostas adequadas. O passo seguinte seria incentivar a neta a procurar esclarecimentos em um Centro Espírita.

Catarina pousava as mãos sobre a cabeça de Cecília, de onde partia uma luz levemente azulada. A moça, instintivamente, sentiu um arrepio, como se uma corrente elétrica de baixíssima voltagem tivesse percorrido toda a extensão do seu corpo, usando a coluna cervical como caminho principal. Por sua vez, Ângelo permanecia ao lado da neta, direcionando boas energias e vibrações e, assim, tornando-a mais suscetível ao recebimento dos conselhos emitidos pela amiga.

Aquele era um típico exemplo da interferência da Espiritualidade em nossas vidas, intuindo-nos e auxiliando-nos a tomar decisões que nos levem a seguir o caminho ascensional na direção do bem e a galgar os degraus rumo à evolução do Espírito, aproximando-nos cada vez mais de Deus.

***

Como estudantes de Medicina, Vânia e Cecília não teriam dificuldades para encontrar informações e conceitos médicos, científicos, relacionados ao tema sono e sonho, mas não eram teorias de cunho científico que buscavam, pois estas se mostravam insuficientes e inaplicáveis àquele caso ímpar. Tinham convicção de que estavam diante de uma experiência que transcendia aos textos e exemplos encontrados nos livros acadêmicos.

– O que você acha de conversarmos com Padre Herval? Apesar de ser um hábito culturalmente comum e muito presente nas pequenas cidades do interior, onde o pároco participa ativamente da vida dos membros da sua congregação, ele é meu amigo e talvez possa nos ajudar a encontrar as respostas que buscamos – propôs Vânia.

Cecília, apesar de balançar a cabeça anuindo com a

ideia de Vânia de visitar o padre da cidade, tinha algo diferente em mente e, sem perda de tempo, de maneira direta e objetiva, revelou seus planos:

– Amiga, tenho alguns assuntos que requerem minha atenção especial hoje e que não posso me dar ao luxo de adiar. Em razão disso, não posso acompanhá-la nessa entrevista com Padre Herval, que imagino não será conclusiva, mas se a conversa lhe fará bem, vá em frente. Por outro lado, em minha opinião, repito: você participou de uma experiência de natureza espiritual, ou seja qual for o nome que queira dar a isso. O melhor caminho a seguir, na minha opinião, é buscar ajuda em locais que trabalhem justamente as questões relacionadas ao mundo espiritual, sempre com muita cautela para não cair nas garras de charlatães ou mistificadores. Por isso, considere a possibilidade de me acompanhar ao Centro Espírita que frequento, aqui mesmo nesta cidade. Faz pouco tempo que conheci a Doutrina Espírita e, desde então, venho participando dos grupos de estudos e das reuniões públicas daquela casa. Tenho certeza de que, no Espiritismo, encontraremos uma resposta lógica para nossas dúvidas, totalmente livres de dogmas ou misticismos.

Vânia ouviu a proposta da amiga sem dizer uma palavra, mas achava-a interessantíssima.

– Na última semana – continuou Cecília –, ouvi do expositor que uma das premissas básicas do Espiritismo é a fé raciocinada, isto é, a fé consorciada com os princípios da lógica e da razão e que não se deixa subjugar pela influência de dogmas ou de interesses puramente humanos.

– Fé raciocinada – repetiu Vânia, fazendo uma pausa reflexiva. – Nunca imaginaria que houvesse subdivisões ou categorias de fé. Na minha visão, fé era uma só: você tem ou não tem.

Percebendo que conseguiu despertar o interesse da amiga pelo assunto, Cecília prosseguiu com as explicações:

– A fé raciocinada exige muito mais do que o tradicional ver para crer, é necessário, acima de tudo, compreender aquilo em que se crê. A fé cega, por sua vez, esvai-se na sua própria fragilidade, produzindo, com isso, uma legião de incrédulos. A fé cega exige que a criatura abra mão do raciocínio para se entregar a uma crença ou dogma, que sequer aceitam oposições, muito diferente da fé raciocinada que, por apoiar-se na lógica, não deixa margens para incertezas ou dúvidas.

– Belíssima explicação, Cecília. Nada mal para quem conheceu essa doutrina há tão pouco tempo – disse Vânia sorrindo. – Confesso que nunca havia pensado dessa maneira. Realmente, este conceito de fé raciocinada parece fazer sentido, e você sabe que procuro por respostas que dissipem minhas dúvidas e acalentem meu coração, mas não quero, em hipótese alguma, afastar-me da lógica.

– Nem eu mesma sei como consegui reter esses conceitos na mente – Cecília deu de ombros, impressionada com a desenvoltura com que discorreu acerca do tema. – Então, amiga, aceita a minha sugestão de visitar o Centro Espírita que frequento? Considere a ideia, que mal fará?

– Prometo que vou pensar com carinho no assunto – respondeu Vânia com um suspiro resignado.

Cecília sabia que a frase "vou pensar", pronunciada pela amiga, significava, na verdade, "tudo bem, eu me rendo". Tinha certeza de que a ideia fora aceita.

– Agora, quero aproveitar esta folga providencial, surgida pela ausência inesperada de professor Vitório, para ir até a igreja conversar com Padre Herval e, logo após, decidirei se aceito ou não o seu convite. À tarde, continuaremos esta conversa, pode ser?

– E tenho alternativa?

– Não! – respondeu Vânia, sorrindo.

– Conversamos à tarde, então – assentiu Cecília.

Como não tinha dúvida de que convencera a amiga a visitar o Centro Espírita, Cecília já esquematizava mentalmente sua rotina para aquele dia: pela manhã, aproveitaria o tempo livre para resolver alguns problemas particulares, ficando livre para se dedicar ao problema de Vânia no período da tarde.

Decidida, Vânia despediu-se da melhor amiga e saiu rapidamente.

Distante com seus pensamentos, alcançou o estacionamento da Universidade. No carro, largou a bolsa no banco traseiro, afivelou o cinto de segurança, ajustou o pequeno terço no espelho retrovisor interno do carro, de forma que o crucifixo ficasse balançando, ligou o aparelho de som, aumentou o volume e iniciou o percurso de volta a Vila Sossego.

Habituada com o trajeto entre a Faculdade e Vila Sossego, conhecia cada milímetro do caminho, a ponto de perceber qualquer mudança na paisagem ao longo do percurso, por menor que fosse. Certa vez, enquanto levava sua mãe para fazer compras, notou o desaparecimento de uma pequena castanheira que existia pouco antes da entrada da primeira das duas pontes existentes no caminho. Dias depois, veio saber que a árvore fora quebrada por um motorista que, em alta velocidade, perdeu o controle do veículo, saiu da pista e foi com o carro dentro do rio. Felizmente, conseguiu sair antes que o automóvel fosse tragado pelas águas.

A rota para casa era relativamente simples, pois a Universidade estava sediada nas proximidades da saída para a BR-101, poupando-lhe o trabalho de trafegar na região central da cidade, cujo trânsito era caótico durante os horários de pico. Depois, bastava atravessar a rodovia federal e pegar a via estadual, por onde se concentrava o restante do caminho.

Apesar de conhecer muito bem a região, sempre que por ali transitava, Vânia era tomada por inexplicável aflição. Um temor instintivo surgia sem qualquer motivo aparente. Todas as viagens eram a mesma coisa. A tensão em dirigir por aquele familiar caminho era tanta que, não raras vezes, chegava em casa com dores musculares. Motivos reais não lhe faltavam para justificar tanto medo, afinal a estrada possuía peculiaridades que a tornavam extremamente perigosa. Em primeiro lugar, a pista era bastante sinuosa e esburacada, ladeada quase na totalidade por vegetação cerrada. A junção de árvores às margens da pista, com curvas acentuadas, por si só seria suficiente para qualificar qualquer estrada com o adjetivo "perigosa", pois estes dois fatores potencializavam em muito os riscos, principalmente porque a vegetação fechada dificultava sobremaneira a visibilidade do fluxo de veículos em sentido contrário. Não bastasse isso, a pista asfáltica, não duplicada, cortava municípios com maciça atividade agrícola, tornando-a rota de muitos caminhões. Veículos lentos e pista não duplicada transformavam-se num poderoso convite a ultrapassagens forçadas por parte de motoristas incautos e impacientes.

A rodovia era reconhecidamente uma das mais perigosas da região e todos os fatores de risco eram convertidos em números, pois a estrada detinha o triste título de ser uma das mais mortais de todo o Estado de Santa Catarina. O risco, portanto, sempre fora um companheiro silencioso, traiçoeiro e presente em todas as viagens, não só de Vânia, mas de todos os desafortunados motoristas que não podiam se dar ao luxo de desviar ou evitar aquele perigoso caminho. Não obstante todo o risco, não era o medo do perigo real que alimentava a aflição de Vânia cada vez que por ali transitava, mas, sim, um temor desconhecido que nascia das profundezas de sua alma, uma fobia inata.

Naquele dia, porém, contrariando a regra, algo diferente estava acontecendo, pois Vânia seguia tranquila e alegre no trajeto de volta a Vila Sossego. A filha de dona Iracy e de seu Belarmino chegou a indagar-se a razão da calma nunca antes sentida naquele ponto da viagem.

Diante da escassez de conclusões e da fartura de dú-

100

vidas, resolveu relaxar. Religiosa e contumaz leitora do Livro Sagrado, relembrou uma frase de Jesus registrada no Evangelho de Mateus: *"Não vos inquieteis com o amanhã, pois o amanhã se inquietará consigo mesmo! Basta a cada dia o seu mal".*

Deu de ombros para suas dúvidas, aumentou o volume do som do carro e seguiu viagem cantando alto junto com a música.

***

No plano invisível, Catarina e Ângelo, acompanhando tudo bem de perto, comentavam entre si:

– Vânia não sabe, mas, em pouco tempo, Deus lhe concederá o maior de todos os presentes: a oportunidade de reencontrar-se consigo mesma, com seu verdadeiro eu. No fundo, sua busca incontida por respostas aos estranhos sonhos são os primeiros passos de uma longa preparação para o retorno à verdadeira casa, e aquela perigosa estrada faz parte de seu destino.

***

Embalada pela música e pela cantoria solitária, Vânia venceu rapidamente o percurso até Vila Sossego e sem quaisquer percalços ou sobressaltos. Decidiu que seguiria direto para a igreja para tentar falar com o sacerdote.

Como acontece na maioria das pequenas cidades do interior do Brasil, a Igreja Matriz de Vila Sossego foi erguida no ponto mais central da cidade, em local nobre, consequência lógica do sistema de povoamento adotado pelos fundadores da cidade, que ergueram suas residências a partir e em torno do templo católico, determinando, assim, a ordem e a direção da expansão do povoado.

Em Vila Sossego, a paróquia foi batizada como "Menino Jesus", nome originado de uma divergência ocorrida entre seus fundadores. Parte dos locais queria que a igreja tivesse como padroeira Maria de Nazaré, enquanto outra corrente defendia que a paróquia recebesse o nome de "São José". Os grupos estavam irredutíveis quanto as suas proposições e, durante mais uma das muitas acirradas discussões, um agricultor que observava tudo a distância, aproveitando-se de uma rápida pausa no falatório, intrometeu-se:

– Nem o pai, nem a mãe, batizem a igreja com o nome do filho.

Os contendores aplaudiram a sugestão do homem, e, a partir de então, "Menino Jesus" foi adotado como nome oficial da Paróquia do então vilarejo que, na época, era chamado apenas de "Sossego".

O prédio da igreja era circundado por um jardim formado por árvores de diversas espécies, todas de médio porte, além de alguns poucos exemplares de flores onde a cor branca predominava. No centro do jardim, uma passagem calçada com pedras de paralelepípedo marcava o caminho até a entrada do pequeno templo, pintado em bege com contornos marrons. Na lateral esquerda, uma construção anexa servia de sede para a parte administrativa da paróquia, além da chamada "casa do padre", para onde Vânia se dirigiu.

Participante ativa das missas, cursos e demais trabalhos da paróquia, era conhecedora da rotina daquela casa de oração e, por isso, tinha certeza de que Padre Herval estaria ali naquele horário.

Chegando até a casa paroquial, logo avistou Isaltina, funcionária antiga e responsável pelo atendimento, encaminhamento, protocolo e agendamento de solicitações de batismos, casamentos, dentre outras atividades relacionadas ao ministério dos sacramentos católicos. Até mesmo o agendamento de missas de corpo presente e a extrema-unção tinham que, obrigatoriamente, passar pelo seu crivo e ser registrados no seu livro negro, como era conhecido pelos paroquianos.

Após saudar a idosa atendente, Vânia perguntou se poderia conversar com Padre Herval, informando que tinha um assunto muito importante que solicitava a sua intervenção. Acostumada às confidências dos membros da congregação, Isaltina disse a Vânia que o Padre poderia ser encontrado em seu escritório de trabalho e que estava sozinho naquele momento.

Conhecedora do caminho, Vânia encontrou sem grandes dificuldades o escritório onde o padre se encontrava, confirmando a informação prestada pela gentil funcionária.

A sala de trabalho do padre resumia-se a um pequeno cômodo nos fundos da casa paroquial. Era mobiliada com uma escrivaninha, sobre a qual Padre Herval encontrava-se debruçado, apoiando o cotovelo esquerdo que sustentava o queixo, mergulhado na leitura e análise de alguns papéis, aproveitando a claridade proveniente de uma grande janela – desproporcional em relação ao tamanho do cômodo – voltada para o norte, por onde a luz do sol penetrava em profusão, iluminando completamente o ambiente.

Além da mesa, havia uma dupla estante de madeira, ambas doadas por um fabricante de móveis da cidade. Completavam a franciscana decoração um simples tapete marrom colocado no centro da sala, um quadro com uma reprodução de qualidade duvidosa da Santa Ceia de Leonardo Da Vinci e um vaso com flores brancas, cujos exemplares foram colhidos do próprio jardim da igreja.

Vânia, amiga de Padre Herval, conhecia seu gosto pelo estudo das traduções do Evangelho e os livros expostos nas estantes confirmavam esta preferência: em destaque na prateleira, via-se uma versão atualizada da francesa Bíblia de Jerusalém; um exemplar encadernado da TEB – Tradução Ecumênica da Bíblia; a tradução inglesa conhecida como King James; a espanhola Bíblia do Peregrino; uma edição da Bíblia de João Ferreira de Almeida e a tradução do Novo Testamento do brasileiro Haroldo Dutra Dias. Em outra prateleira, abaixo daquela onde ficavam as traduções bíblicas, alguns livros de estudos de teologia e muitos exemplares relacionados à vida de Jesus de Nazaré complementavam a interessante biblioteca.

O pároco analisava atentamente alguns formulários preenchidos por noivos que desejavam agendar casamento na sua paróquia. No documento, os nubentes informavam seus dados pessoais, a filiação, a data prevista para o casamento, além de um campo, ao qual o Padre Herval dedicava maior atenção, em que o futuro casal respondia, isoladamente, a seguinte pergunta: "Qual o verdadeiro sentido do matrimônio?".

Padre Herval, cinquenta e cinco anos, vinte e sete como sacerdote, fora designado para a Paróquia Menino Jesus de Vila Sossego havia dois anos e, desde então, ganhou a simpatia dos moradores da cidade devido a seu modo de vida simples, totalmente avesso a qualquer tipo de ostentação, além da conhecida dedicação às famílias pobres da cidade, características certamente inspiradas em Francisco de Assis, de quem era devoto fervoroso. Para ilustrar seu grau de comprometimento, certa vez um casal o procurou à noite, pedindo auxílio para sua filha de três anos, portadora de uma doença grave, cujo tratamento, embora realizado através do sistema único de saúde, era prestado somente na capital do Estado. Os pais buscavam auxílio para custear as despesas com alimentação e hospedagem pelo período necessário ao tratamento da filha. Sem possuir recursos, Padre Herval pediu ao casal que voltasse para casa, mas que lhe concedesse o prazo de um dia, suficiente para arregimentar os valores de que necessitavam. Na manhã seguinte, o pároco mobilizou os comerciantes da cidade e não retornou à igreja enquanto não conseguiu a quantia suficiente para as despesas do casal, inclusive para os medicamentos. Eram atitudes como estas que o tornavam tão querido pela população, principalmente pela casta mais desfavorecida.

Quando percebeu a aproximação de Vânia, Padre Herval guardou os papéis que analisava em uma gaveta da escrivaninha. Vânia aguardou enquanto o amigo enfrentava ligeira dificuldade com a gaveta do móvel que, teimosamente, recusava-se a fechar. Resignado, o padre deixou o receptáculo semiaberto, levantou-se, circulou o móvel e foi em direção da moça, abraçando-a com um sorriso largo.

– Vânia, que surpresa você por aqui tão cedo, pensei que estivesse na faculdade.

– E estava, mas a aula foi cancelada em razão de um contratempo ocorrido com o professor da matéria de hoje, e, como tenho um assunto que anda tirando meu sono, literalmente, gostaria, se possível, de conversar com o senhor.

– Claro que sim, estou sempre à disposição – respondeu o pároco, captando a preocupação no tom de voz de Vânia.

A moça sorriu diante da amabilidade do amigo, que puxou a cadeira cavalheirescamente para que ela pudesse melhor acomodar-se.

– Então, minha filha, conte-me o problema que está atrapalhando o seu sono e causando esta ruga de preocupação?

Sem perder tempo, Vânia narrou com riqueza de detalhes os sonhos e os estranhos acontecimentos que eles retratavam. Descreveu ainda a sua impressão pessoal de que estava diante de uma situação que ia muito além de um simples sonho. Por fim, encerrou o relato com uma pergunta:

– O senhor acha que tudo o que lhe contei é coisa da minha cabeça ou é realmente possível que eu tenha participado, durante o sono, de alguma experiência sobrenatural, espiritual ou algo do gênero?

Padre Herval ficou em silêncio por alguns instantes. Organizou seus pensamentos para tentar encontrar as palavras certas, pois notara que a moça estava realmente impressionada com as experiências noturnas. Depois de alguns segundos, emitiu sua opinião falando de forma suave e cadenciada, porém sem rodeios:

– Não sou psicanalista, a psicanálise trabalha bem essa perspectiva dos sonhos, mas acredito que toda a carga de informações recebida durante o dia seja produto de noticiários, de uma conversa que você ouviu de alguém, de uma cena que presenciou e que a marcou ou até mesmo um fato corriqueiro, aparentemente sem grande importância, é levado para a cama pelo seu subconsciente, retornando sob a forma de sonhos. Portanto, os sonhos não passam de uma representação simbólica das informações recebidas durante o período de vigília. Você não precisa ficar impressionada com o conteúdo deles, supondo estar diante 'de situações sobrenaturais ou de alertas de natureza premonitórios, pois eles não têm esta característica. Todas as imagens produzidas durante os sonhos são subprodutos de nossa consciência ou de nossa subconsciência, cuja matéria-prima para a fabricação são as informações recebidas enquanto estamos acordados.

Não se impressione com isso. Quando estes sonhos voltarem a visitá-la, se é que voltarão, faça uma oração pedindo proteção contra maus pensamentos e, acima de tudo, tranquilidade para o seu repouso. Agindo assim, tenho certeza de que a paz retornará às suas noites.

Vânia ficou pensativa, absorvendo a explicação do sacerdote. Chegou a abrir a boca para pronunciar uma frase, mas abortou abruptamente o comentário, pois tinha receio de qual seria a reação de Padre Herval diante da sua crítica travestida de dúvida.

Percebendo a reação da moça, Padre Herval incentivou-a a dizer o que estava pensando, orientando-a para não sair daquela sala carregando mais dúvidas do que quando entrou.

Desta feita, foi Vânia quem fez uma pausa para organizar e ajustar as palavras que pronunciaria a seguir, mas, encorajada pelas palavras do pároco, falou com sinceridade:

– Quando no Evangelho, e o senhor mesmo já citou estes textos nas missas, Mateus menciona dois sonhos de José: o primeiro quando este desejava repudiar Maria secretamente por estar grávida de um filho que supostamente não era seu, e um anjo visitou-o durante o sono, alertando-o sobre a procedência Divina da criança; no segundo, após o nascimento do Cristo, o mesmo anjo aconselha José a fugir com sua família para o Egito, escapando da fúria de Herodes, que ordenara a matança das crianças. Nestes dois casos, o Evangelista mente? Sendo os sonhos produtos de nossa imaginação, simbolismos de fragmentos de situações, circunstâncias, palavras recebidas enquanto estamos acordados, José não poderia ter recebido tais alertas, ao menos, não em sonho, pois em ambos os casos as experiências foram premonitórias e reais supostamente. Citei José como exemplo por conter uma das histórias mais conhecidas, mas a Bíblia está recheada de narrativas de sonhos que predizem o futuro.

Confesso que sua explicação me deixou confusa. Com todo respeito, Padre: ou o senhor ou Mateus está enganado acerca da natureza dos sonhos – falou Vânia de forma convicta.

A ponderação tinha sua lógica. Da maneira como foram apresentadas, as duas assertivas realmente não se coadunavam, eram incompatíveis entre si, motivo pelo qual Padre Herval tomou a decisão de acrescentar novos elementos à problemática.

– A situação não é tão simplória assim, minha filha. Sua teoria, apesar de coerente, esbarra em uma questão que talvez esteja lhe escapando: quem disse que as narrativas dos Evangelistas Mateus e Lucas sobre a concepção, anunciação e nascimento de Jesus é um dado histórico? É necessário tomar muito cuidado ao interpretar as passagens do Evangelho, pois nem todas são consideradas relatos históricos, tendo por parâmetro a nossa definição moderna de história. O intérprete que adota a literalidade como método interpretativo dos textos bíblicos tem grande probabilidade, quase cem por cento, de cometer sérios deslizes. Em grande parte dos livros da Bíblia, seus autores não tinham a menor intenção de produzir um tratado de história, mas tão somente de contar um fato importante, utilizando-se de estilos literários que facilitassem sua retenção na memória. Lembremo-nos de que, naquela época, os ensinamentos eram passados de gerações a gerações de forma oral, dada a grande dificuldade de se produzir material escrito.

– Agora complicou de vez – disse Vânia, atônita. – O senhor está dizendo que a história mais conhecida da humanidade, o nascimento de Jesus, não passa de uma história?

– Calma, vamos por partes: a leitura, o estudo e a interpretação da Bíblia requerem a adoção de alguns critérios básicos: inicialmente, é necessário situar a passagem no tempo e no espaço, contextualizando-a de acordo com o local, a época e as personagens envolvidas. Um erro comum é trazer a citação para a nossa realidade moderna, quando o correto é que o leitor se desloque até o momento temporal em que o texto foi escrito, considerando aspectos históricos, geográficos, profissionais, enfim, todas as características das personagens, particularizando acontecimentos e circunstâncias. Um segundo critério é descobrir qual é o estilo literário adotado na escrita daquela passagem. Isso faz toda a diferença, pois a leitura de um poema é diferente da leitura de cartas ou epístolas. Veja que os diversos livros que formam a Bíblia foram escritos em estilos literários distintos, que não podem ser lidos e interpretados sempre da mesma maneira.

Vânia ouvia a tudo atentamente. Percebia lógica nas explicações do Padre que, dirigindo-se até sua estante, retirou um livro com o título "Um Judeu Marginal, Repensando o Jesus Histórico, de John P. Meier"[1], folheou-o por um instante, até chegar nas páginas 208 e 209, onde havia um texto sublinhado com caneta marca texto na cor verde limão, e, entregando-o para Vânia, solicitou que a moça lesse o trecho destacado. Tinha certeza de que a brilhante análise produzida pelo autor da obra começaria a dissipar a névoa de dúvidas que tomava conta da curiosa e contestadora jovem:

"Pouco ou nada se pode dizer com certeza ou alto grau de probabilidade sobre o nascimento, a infância e os primeiros anos da vasta maioria das figuras históricas do antigo mundo mediterrâneo. Em casos excepcionais de personagens proeminentes, como Alexandre, o Grande, ou o Imperador Otávio Augusto, alguns fatos foram preservados, embora frequentemente entremeados de elementos míticos e lendários. O mesmo padrão é encontrado no Antigo Testamento, onde também faltam narrativas detalhadas sobre a concepção, nascimento e infância de um grande número de heróis e vilões. Ainda assim, algumas grandes figuras, como Isaac, Jacó, os doze patriarcas, Sansão, Samuel, Davi e, principalmente, Moisés são privilegiados com histórias sobre seus nascimentos ou juventude. Essas narrativas em geral apresentam temas comuns, como a anunciação por um anjo ou um sonho, a esterilidade da esposa antes da intervenção divina, profecias ou presságios sobre o futuro da criança e palavras ou atos

---

1 No Brasil, o livro "Um Judeu Marginal" é editado pela Editora Imago, Rio de Janeiro, e a terceira edição, de 1992, citada nesta obra, foi traduzida por Laura Rumchinsky (Nota do Autor).

*precoces do jovem (...) Considerando-se este fenôme-
no de histórias de nascimentos ou infâncias prodigio-
sas, compostas para celebrar antigos heróis, judeus e
pagãos igualmente, devemos encarar com cautela as
Narrativas da Infância incluídas nos Capítulos 1 e 2
de Mateus e Lucas (...) Podemos aceitar teoricamente
a existência de milagres e, ao mesmo tempo, demonstrar cautela com relação a alegações isoladas. Especialmente quando em certo tipo de literatura (ou seja,
narrativas de infância do antigo mediterrâneo) onde
anunciações angélicas e nascimentos miraculosos são
temas repetitivos."*

– Como você pode perceber pela leitura, a narrativa
da anunciação do nascimento de Jesus nos Evangelhos é
produzida com base em um estilo literário bem comum
na região do Mediterrâneo daquela época, cujo modelo
normalmente traz anjos fazendo revelações durante os
sonhos. Simplificando a explicação, já que meu desejo é
esclarecer e não produzir mais dúvidas, naquela época,
para facilitar a transmissão dos ensinamentos que, repito,
eram eminentemente orais, existiam formas preestabeleci-
das para contá-los ou modelos padronizados que o autor
utilizava e tinha o trabalho apenas de preencher algumas
lacunas, com poucas variações. Assim, quando a narrativa
descrevia o aparecimento de uma pessoa cujo nascimento
foi anunciado por anjos em sonhos e cuja concepção fora
milagrosa – de mãe estéril, em idade avançada ou virgem
– os ouvintes da época já sabiam que se falava de alguém
muito importante, com uma história relevante.

Não é por acaso que a história relata várias crianças com nascimento semelhante ao de Jesus, como o egípcio Hórus; os romanos Mitra e Attis; o indu Krishna; o grego Dionísio, etc. Da mesma forma, encontramos outros nascimentos que se assemelham muito com a história de Moisés. Portanto, nascimentos assim não devem, a princípio, ser interpretados como fatos históricos, mas como teologúmenos, ou seja, uma proposição teológica que visa apresentar, entender a fé em determinada crença, que, no caso específico, era da chegada do messias.

A contradição aparente que você suscitou entre a minha explicação sobre a natureza dos seus sonhos e os de José, descritos nos Evangelhos, desaparece, porque os segundos são simbólicos. Sendo assim, mantenho minha opinião de que um sonho não pode prever ou informar sobre o futuro e não passa de um trabalho bem feito de nosso cérebro. Compreendeu?

– Creio que sim – respondeu Vânia, pensativa.

Vânia esforçou-se ao máximo para disfarçar a decepção quanto à opinião do Padre acerca dos seus sonhos, achou-a um tanto quanto evasiva. Não obstante, a interessante visão do pároco quanto à interpretação dos textos dos Evangelhos abriu-lhe a mente neste aspecto e por si só já fez valer a visita.

No que se refere aos sonhos, estava cada vez mais convencida de que tudo o que viu e sentiu não fora mera criação do seu subconsciente.

Após se despedir de Padre Herval, Vânia agradeceu-lhe a presteza e o tempo despendido e saiu da igreja com a intenção de ir para casa descansar um pouco. Precisava organizar as ideias.

Deixou o templo decidida a aceitar a sugestão de Cecília para visitar o Centro Espírita e ver que respostas o Espiritismo lhe apresentaria, mas deixaria para fazer contato com a amiga e o acerto dos detalhes para o período da tarde. No fundo, não estava convencida de que aquela incursão na casa espírita produziria algum efeito, mas estava disposta a ouvir esta ou qualquer outra pessoa, independentemente do seguimento religioso.

Neste momento, dissipar suas dúvidas era seu objetivo mais premente, pois as elucubrações se sucediam e a falta de conclusões era decepcionante.

Certeza mesmo, Vânia só tinha uma, e vivia repetindo-a: aquilo não fora um sonho comum.

CAPÍTULO 6

Dúvidas
E PROMESSAS

MERGULHADO EM SUAS REFLEXÕES, FREI Bernardo revirava-se na cama e não conseguia conciliar o sono. Eram muitas incógnitas, havia semanas que não via Elvira Pereira. A moça desaparecera da igreja desde o dia em que fora apresentado a seu pai, após a sua chegada a Taquaruçu. Inutilmente tentou reprimir o sentimento despertado pela bela jovem naquela fatídica manhã. Desde aquele momento, apesar de toda a movimentação produzida pelos acontecimentos políticos e bélicos na região, Frei Bernardo vivia taciturno, falando apenas quando a obrigação de seu hábito exigia.

Naquela noite, apesar da temperatura outonal apresentar os primeiros indícios da aproximação do inverno, seu corpo queimava de calor; precisava dos ares da noite para refletir. Deixou seu quarto silenciosamente, para não perturbar os demais frades, e saiu a caminhar ao redor da igreja, como uma alma penada a vaguear sem rumo.

A madrugava seguia alta, e a Lua nova apresentava seu halo de luz, mostrando ao observador a face que ocultava do Sol, acentuando ainda mais a penumbra. Em contrapartida, o céu estava limpo, destacando o cintilar das estrelas. Frei Bernardo caminhava pelo jardim da igreja, observando com inveja as flores que dormiam recolhidas, aguardando apenas que o astro-rei anunciasse a chegada do novo dia para exibirem alegremente suas pétalas coloridas, cumprindo com maestria a singela tarefa que o Criador lhes confiara.

Diversamente das flores, chegara à conclusão de que não estava conseguindo desempenhar a contento a obrigação que Deus havia lhe conferido: o sacerdócio.

Desejava com todas as suas forças ver Elvira Pereira. Fantasiava encontros, carícias e momentos de intimidade com a filha do Coronel Venâncio, desejos que contrariavam todos os deveres monásticos que se comprometera a observar.

Tentava afastar a culpa que o açoitava elaborando a tese de que o homem, a mulher e o amor são todos criações de Deus, portanto, a união destes três elementos não poderia, jamais, desagradar ao Criador.

– O chamado pecado é uma fantasia criada pelos homens – justificava inutilmente para sua consciência.

O futuro mostraria que sua obediência e devoção às leis da Santa Madre Igreja Católica eram mais fortes do que supunha, e despertariam um lado sombrio, que nem em seus piores e mais cruéis pesadelos imaginava ser possuidor.

116

Depois de longa reflexão, Frei Bernardo decidiu que precisava reencontrar Elvira Pereira mais uma vez, mas precisava pensar numa maneira de revê-la sem despertar a desconfiança de seus irmãos de hábito, dos paroquianos e, principalmente, do poderoso coronel. Sua intenção era confirmar a impressão que ficara da primeira vez que a vira na igreja, ou seja, de que o sentimento, a dúvida e até mesmo a culpa eram mútuos. Decidiu que encontraria um pretexto qualquer para visitar a casa de Coronel Venâncio.

Caminhou pelas ruas da cidade adormecida, cujas construções antigas emanavam uma vibração pesada e fantasmagórica, como se as almas dos chacinados naquela guerra cruel, sem sentido, permanecessem ancoradas no local, presas por suas correntes de ódio e vingança, a clamar por justiça.

Seguiu sua incursão noturna em passos lentos e cadenciados até deter-se em frente à residência dos Silveira, lacrada desde a semana anterior, quando o varão, a mulher e os dois filhos adolescentes foram mortos, vítimas inocentes de uma batalha entre o Exército Federal e o Exército de São Sebastião, formado pelos caboclos seguidores do monge José Maria. A família retornava de carroça de Curitibanos quando se viu no meio do fogo cruzado das duas frentes. Não houve tempo para se abrigarem das balas, que partiam de ambos os lados. Em poucos segundos, a família e o animal que os levava tombaram sem vida.

Frei Bernardo dirigia uma oração àquelas pobres criaturas quando dois olhos brilhantes surgiram no escuro e seguiram em sua direção, rapidamente. Desejou correr, mas não houve tempo para que as pernas pudessem cumprir a ordem dada pelo cérebro, pois a criatura estava próxima demais. Paralisado, acompanhou assustado a aproximação daquele par de olhos sinistros, cujo brilho destacava-se na penumbra. À medida que se avizinhavam, os olhos foram ganhando um corpo, que seguia em marcha rápida na sua direção. Foi somente à distância de um metro que Frei Bernardo viu com clareza o dono daquele olhar intimidador... o cachorro da família Silveira, que permanecia no local aguardando o retorno dos donos, saltou sobre o assustado padre e desatou a latir ante a presença daquele estranho que, enganado pelo breu, imaginou ser algum dos donos que retornara.

A barulheira quebrou o silêncio, provocando uma reação em cadeia de latidos de cachorros, propagando-se a longa distância. O frade agachou-se e acariciou o animal, acalmando-o. Depois de alguns minutos, o cão perdeu o interesse pelo visitante noturno e desapareceu na escuridão da noite, retomando sua posição de espera. Dias mais tarde, depois de muita paciência e insistência, conseguiram retirá-lo da casa desabitada e levá-lo a um novo lar.

Depois da grande bulha provocada pelo cão solitário, Frei Bernardo julgou por bem retornar à casa paroquial. De volta aos domínios da igreja, sentou-se em um banco de madeira existente embaixo de um velho cinamomo. Acomodado, suspirou aliviado, não em razão do incidente envolvendo o cachorro, mas pelo fato de ter decidido tomar uma atitude em relação a Elvira Pereira. A simples elaboração de um plano, ainda que não tivesse a certeza de sua eficácia, acalmou-lhe a ansiedade, regularizou os batimentos cardíacos e reduziu sua temperatura corporal, mas não lhe trouxe o sono. Resolveu que permaneceria ali, a sonhar acordado, contemplando a paisagem noturna de Taquaruçu até a hora de iniciar suas liturgias e tarefas matinais – havia se oferecido para auxiliar Frei Lucas na farmácia do hospital, reservando todo o período matutino para o início do aprendizado desta nova atividade.

Mergulhado em seus fantasmas, intercalava pensamentos entre planos e maquinações para falar com Elvira, com pausas para fervorosas preces, através das quais clamava por discernimento, coragem e soluções para seu dilema. Absorto, não percebeu o caminhar do tempo: num minuto, a madrugada desfraldava seu manto negro, encobrindo-lhe a visão do mundo à sua volta; no outro, a claridade suave do alvorecer, que começava a varrer as trevas da noite, acariciava-lhe a face preocupada.

À luz do dia, o plano de abrir seu coração para a filha de Coronel Venâncio já não lhe parecia tão sensato, mas a decisão já estava tomada. Faltava-lhe apenas um pretexto para visitar a fazenda do pai de Elvira, obstáculo que a ousadia da moça e a sorte, que lhe sorriu, entretida com seu dilema, encarregar-se-iam de transpor.

Na fazenda Monte Alegre, no refúgio de seu quarto, Elvira confidenciava à Amália seus sentimentos e temores.

Amália, empregada antiga da fazenda, foi a ama responsável pela criação de Elvira, que a tinha como uma segunda mãe. Filha de escravos, nascida na propriedade, a ama servia na fazenda havia quatro décadas. Fora recrutada, desde a infância, para auxiliar nos serviços da casa grande e, com o tempo, adquiriu a confiança da família e foi alçada à condição de ama. Responsável pela alimentação, higiene, vestimenta, além de contar histórias para quebrar o tédio na fazenda, os anos criaram laços de cumplicidade entre Amália e Elvira, a ponto de a filha do coronel sentir-se mais à vontade para confidenciar seus problemas e angústias com a ama do que com a própria mãe, a quem amava, mas não tinha a abertura que possuía com Amália, talvez consequência de uma educação conservadora imposta pelos pais.

– A sinhá tem noção do que está me dizendo? Um padre? – perguntou, fazendo o sinal da cruz.

– Desde o insólito encontro na porta da igreja, cada vez que penso em Frei Bernardo, meu coração acelera e começo sentir tremores nervosos. Nunca senti isso antes, Amália. No início, não compreendia a razão da fixação que passei a nutrir por aquele homem, mas achei que o tempo se encarregaria da cura do mal que me acometia. Mas agora, muitos dias depois, vejo que o tempo só piorou a situação e temo estar enfeitiçada, perdidamente apaixonada por um homem com quem mal troquei duas palavras e, ainda por cima, comprometido, pois contraiu matrimônio com a Igreja.

– Isso é coisa do demo, sinhá.

– Preciso da sua ajuda, Amália, e não que fique me amolando com suas superstições. Quem dera tivesse o poder de entender os arcanos mais obscuros do meu coração e pudesse escolher o alvo das minhas paixões – suspirou Elvira.

Amália não podia acreditar no que Elvira lhe dizia. A menininha, que até bem pouco tempo atrás cheirava a cueiro, estava ali a confessar desejos por um homem. Pior, por um padre.

– A sinhá tem certeza de que esse tal Frei Bernardo sente a mesma coisa?

– Esta é a dúvida que me consome. Percebi que, durante a missa, Bernardo mantinha seu olhar fixo em mim, chegando a me embaraçar. No momento da comunhão, quando nossas mãos tocaram-se levemente, fui invadida por sentimentos indefiníveis, incompreensíveis, que acredito serem recíprocos.

– Pois eu acho que a sinhá deve desistir de levar isso adiante. Mesmo que o padre esteja sentindo a mesma coisa, uma história assim não tem como acabar bem.

– É mais forte que eu, Amália.

– Pense na reação do seu pai, sinhá. Capaz dessa história terminar em morte.

– Deixe de mau agouro, mulher.

– Todo mundo na cidade comenta que foram os Coronéis Venâncio e Feliciano os responsáveis por mandarem embora aquele padre alemão, só porque descumpriu uma ordem do intendente da cidade. Imagina o que não aconteceria com um que se engraçasse com você?

– Você está enganada, Amália. No caso de Frei Rogério, meu pai não teve participação na sua transferência. Ali foi briga pessoal do padre com o Coronel Feliciano.

– Eu não teria tanta certeza, sinhá.

– Gostaria de encontrá-lo a sós para descobrir se os sentimentos são mútuos.

– Como a sinhá pretende fazer para ficar a sós com o padre?

– Você irá me ajudar com isso, Amália.

– Eu? Como?

– Preciso que você deixe a fazenda sem ser notada. Invente uma desculpa qualquer para não chamar a atenção – você é boa nisso –, vá até a igreja e diga a Frei Bernardo que gostaria de lhe falar. Avise-o que hoje à tarde, por volta das três horas, farei um passeio lá pelos lados do riacho do Pinheiro Bravo e que poderá encontrar-me na sombra do velho cedro.

– Meu Deus! Tô sentindo que vai sobrar para mim. Deve estar escrito em algum lugar da Bíblia que arranjar encontro de mulher com padre é algo condenável.

– É uma ordem! Pronto, você não tem mais culpa nenhuma nessa história, estará apenas cumprindo com suas obrigações e isso não é ruim. Está mais calma? Fará o favor que pedi?

Meses mais tarde, depois de acontecer o que aconteceu, foi que Elvira, remoendo arrependimento em suas reflexões, compreendeu que deveria ter dado ouvidos aos sábios conselhos da ama.

Mesmo sem tirar Elvira de seus pensamentos, Frei Bernardo mergulhou de cabeça nos trabalhos da congregação, dando início ao aprendizado teórico e prático no ambulatório, que os padres apelidaram de hospital-farmácia. No final daquela manhã, encontrava-se nos fundos da igreja, colhendo algumas ervas que Frei Lucas solicitara. O professor estava realmente engajado na tarefa de ensinar as propriedades terapêuticas das plantas da região para o novo membro da congregação, pois precisava de auxílio no atendimento dos doentes, cujo número crescia diariamente, principalmente depois do recrudescimento das batalhas da Guerra do Contestado, não em decorrência de ferimentos à bala ou à faca, mas devido às consequências indiretas da guerra, como o aumento da miséria nas famílias que tiveram seus provedores ceifados pelas batalhas, e miséria, naquela "região de meu Deus", como diziam os caboclos, não significava apenas precariedade de alimentação, mas também de condições sanitárias, gerando um aumento exponencial de doenças.

Frei Bernardo colhia alguns ramos de marcela do campo – uma flor de coloração amarelada conhecida entre os caboclos como marcela-galega –, depositando-as em uma cesta. Segundo Frei Lucas havia lhe explicado, o chá de marcela é eficaz no combate de diversos males, como a asma, diarreia, cólicas, dores musculares, dor de cabeça, dor de estômago. Como a planta podia ser encontrada em abundância na região, algumas pessoas enchiam os travesseiros e acolchoados com flores de marcela seca para melhorar a respiração durante o sono.

Frei Bernardo aprendeu que a época da floração da marcela ocorre entre os meses de março e abril, coincidindo com os festejos da páscoa, por isso os mais supersticiosos diziam que, para atingir a plenitude de seus efeitos, a flor de marcela deveria ser colhida somente na sexta-feira da paixão, dia em que havia uma verdadeira romaria pelos campos para colheita da flor que, devido as suas amplas aplicações, era conhecida como milagrosa.

O próximo item de sua lista era maçanilha, uma flor que mais parecia uma margarida em miniatura. Frei Lucas receitava maçanilha para aplacar as cólicas dos bebês. Além disso, a planta é um ótimo calmante – dizia. Agachado e distraído com um pulhado das pequenas flores, Frei Bernardo não percebeu a rápida aproximação de Amália, a empregada da fazenda de Coronel Venâncio Pereira.

– O senhor é o padre Bernardo?

Frei Bernardo, num sobressalto, virou-se rapidamente para ver quem era a dona daquela voz esganiçada, que mais parecia o cantar de uma gralha azul – ave da região que o frade aprendeu a admirar por ser responsável pela semeadura natural dos frutos das araucárias, mas cujo canto, a seu ver, não condizia com a magnitude do papel que desempenhava na natureza.

– Sim, sou Bernardo – respondeu gentilmente.

124

– Meu nome é Amália e trabalho na fazenda Monte Alegre, de Coronel Venâncio.

Mal terminou de pronunciar aquele nome, Frei Bernardo sentiu o sangue fugir-lhe da face enquanto um frio percorria-lhe a espinha. Será que o Coronel percebeu meu interesse na filha? Como? – pensou numa fração de segundo.

Percebendo o súbito mal-estar do padre, a ama constatou imediatamente que ele sofria do mesmo problema de Elvira: estavam apaixonados.

– Meu Deus! – exclamou, fazendo o sinal da cruz.

– Que Ele te proteja – sorriu, tentando disfarçar o espanto diante do estranho gesto da senhora.

– Preciso falar com o senhor em particular, sem que ninguém nos ouça – sussurrou pleonasticamente a ama.

O tom emergencial presente na voz daquela desconhecida acrescentou apreensão e curiosidade às inquietudes do pároco que, de improviso, convidou-a para caminhar por entre os canteiros de ervas, pois ali teriam privacidade e não despertariam suspeitas, já que era uma cena bastante comum ver padres acompanhados por algum doente por entre as plantas medicinais, escolhendo o melhor ramo, folha ou flor para o preparo de uma infusão curativa.

– O que a trouxe aqui, minha senhora?

– Trago um recado de sinhá Elvira.

O simples pronunciar do nome Elvira causou-lhe

um frêmito no corpo. Por instantes, teve a sensação de que, ao seu redor, o tempo havia parado.

Percebendo a abstração e a feição apalermada do padre, Amália despertou-o dos devaneios com um tom rude, perguntando se o padre a ouvia. Obtendo resposta somente após o terceiro chamado, que fora quase um grito.

Frei Bernardo desculpou-se com a empregada de Coronel Venâncio. Realmente não ouvira uma palavra que ela havia dito.

– Preste atenção no que tenho para lhe contar porque preciso retornar rapidamente, antes que alguém sinta a minha falta na fazenda. Deus que me livre de ter que dar explicações de minha saída para Coronel Venâncio – falou Amália, fazendo o sinal da cruz novamente.

O frei sorriu com os trejeitos da velha empregada, mas pediu que revelasse o motivo de sua visita.

A ama da família Pereira, então, relatou ao frei o desejo de Elvira, ensinando-o a encontrar o local em que a patroa o esperaria.

– O que digo para a Sinhá? O senhor vai? – Amália perguntou por mera formalidade, pois, pela reação do frei, tinha certeza de que compareceria ao encontro, o que a deixou ainda mais apavorada.

– Mas por que neste lugar tão afastado? A jovem Elvira poderia visitar-me na igreja – perguntou Frei Bernardo, tentando disfarçar seu interesse.

– Ah, tá! O senhor largue a mão de ser besta, padre, e não se faça de desentendido. O senhor sabe muito bem por que a sinhá não quer que vocês sejam vistos juntos.

Frei Bernardo corou diante da admoestação.

– Vou dizer para o senhor a mesma coisa que disse para sinhá Elvira: isso não vai acabar bem. Tomem tento vocês dois porque isso é obra do coisa ruim – benzeu-se Amália.

– Diga à senhorita Elvira que irei ao seu encontro mais tarde.

– Virgem Nossa Senhora! Que nosso Senhor os proteja – resmungou Amália, unindo discretamente as mãos e elevando-as ao alto num gesto teatral, tentando denotar piedade.

Frei Bernardo não se conteve e deixou rolar enorme gargalhada, ao mesmo tempo em que deu um abraço na ama em sinal de agradecimento. Começava a afeiçoar-se com o jeito singelo e espontâneo da velha senhora, que nos gestos exagerados lembrava muito sua mãe, impressão que fez questão de compartilhar com Amália enquanto a acompanhava à carroça que usara para chegar à igreja.

– Então, obedeça-me, já que a sinhá Elvira não me ouve, e trate de esquecer essa história ou eu volto com uma vara de marmelo para colocar juízo nessa sua cabeça oca – sorriu.

Assim que Amália tomou o rumo da fazenda e desapareceu de sua vista, a dúvida tomou conta dos pensamentos do padre. Passado o momento de euforia pela certeza de que Elvira Pereira o desejava tanto quanto ele a queria, sozinho com seus pensamentos, Frei Bernardo questionava-se acerca do passo que estava prestes a dar. O destino colocara diante de si uma encruzilhada e tinha apenas algumas horas para decidir por qual caminho seguir. Faltando ao encontro com Elvira, prosseguiria com a tranquila vida monástica e encerraria, antes mesmo de começar, uma possível história de amor, que anunciava no horizonte nuvens carregadas de humilhações, julgamentos e muito sofrimento. Por outro lado, comparecer ao encontro e entregar-se ao amor que renegara, quando da opção pelo sacerdócio, redundaria no enfrentamento de incontáveis barreiras de caráter moral, espiritual, social e também material. Não era uma escolha fácil.

Mesmo com o impasse a pesar-lhe a consciência, o padre conseguiu finalizar com proficiência suas obrigações matutinas. Com a dúvida a confranger-lhe o peito, mal tocou na frugal refeição franciscana, despertando a preocupação de alguns dos irmãos de credo, que chegaram a lhe indagar sobre sua saúde. Com olhar distante, Bernardo justificava o mutismo como fruto de ligeira indisposição, decorrente das horas em que ficara exposto ao Sol durante a manhã. Foi este mesmo motivo que utilizou para deixar o refeitório e recolher-se ao silêncio de seu quarto, onde não permaneceu por muito tempo, pois o claustrofóbico cômodo só fazia aumentar sua angústia.

Caminhando pela lateral da igreja, notou que o Sol já havia cruzado totalmente a banda oriental de onde nascera, dando seus primeiros passos rumo ao ocaso, na porção ocidental do planeta, anunciando, assim, a chegada da tarde.

Aquela imagem o fez se lembrar das histórias que seu professor de astrologia contava: desde os tempos mais remotos, o Sol serve de orientação para o ser humano. Orientar-se significa procurar o Oriente, ou seja, procurar a direção em que o Sol nasce – dizia o mestre. Foi com esta bucólica referência que julgou ter encontrado a orientação para seu dilema pessoal. A rosa dos ventos de sua consciência dizia-lhe que o rumo correto a tomar era na direção do riacho do Pinheiro Bravo, ao pé do centenário cedro, onde Elvira Pereira o esperava. Acreditava que aquele primeiro passo não o levaria a um caminho sem volta. Haveria – iludia-se – oportunidades para desistir daquela loucura e de retomar os antigos passos.

Decidido, Frei Bernardo encilhou um dos cavalos que os fazendeiros haviam doado para os trabalhos da Igreja e rumou ao encontro de seu destino. O local escolhido por Elvira para a realização do encontro ficava a pelo menos três quartos de hora de cavalgada, por entre planícies, carreiros que serpenteavam à beira de abismos e coxilhas de pequena elevação cobertas de pedras e folhagem rasteira. Era a primeira vez que Bernardo aventurava-se por aqueles caminhos.

O padre seguiu cavalgando em passos lentos por uma planície verdejante, cortada em toda a sua extensão por imensa fenda que formava um belíssimo vale, cujo fundo era contornado por um rio de pedras com águas cristalinas.

Seguia viagem boquiaberto, pois não encontrava palavras adequadas para descrever o esmero com que o Criador desenhara aquele estonteante cenário. Aliás, naquele paraíso da mãe natureza, palavras eram desnecessárias, bastava-lhe a contemplação. Em dado momento, quando trilhava a poucos metros da borda do penhasco, as nuvens emergiram do interior da garganta dos cânion, ocultando o caminho a sua frente com uma névoa espessa, fenômeno climático que os caboclos chamavam de viração. A falta de visibilidade forçou-o a apear do cavalo e seguir a pé. Não tinha experiência, tampouco conhecimento do terreno para arriscar-se a seguir na montaria. A neblina que lhe encobria parcialmente a visão não diminuía em nada a beleza da paisagem, muito pelo contrário, acrescentava-lhe contornos de liberdade e poder, pois caminhava no mesmo nível do voo dos pássaros e acima de algumas nuvens. Pouco tempo depois, com a mesma velocidade com que havia tomado conta da paisagem, a bruma desapareceu no interior dos desfiladeiros e o céu azul e límpido voltou a reinar soberano sobre o cenário serrano.

Percorreu o restante do caminho tranquilamente, sentindo o agradável Sol daquela tarde outonal a lhe acariciar o rosto. Seguindo por uma estradinha que cortava a extensa planície de pastagens, por onde avistou veados-campeiros em disparada com seus filhotes, certamente treinando suas técnicas naturais de defesa contra seus predadores. Em alguns momentos, a terra plana dava lugar a aclives pedregosos que dificultavam a marcha. Dos pontos mais altos, podia avistar as taipas de pedra, que serviam de marco divisório entre fazendas e serpenteavam a perder-se de vista no horizonte.

O conflito armado, que havia tomado conta da região, também deixara suas marcas na paisagem. No casario incrustado ao longe, era possível avistar fortificações e trincheiras construídas de tábuas de pinho. Os imensos domínios territoriais das gigantescas fazendas, devido a sua proximidade com a mata fechada, era palco de pesadas contendas entre as tropas do exército nacional e os revoltosos do Frei José Maria. A região testemunhava constantes ações de guerrilha, nas quais os caboclos atacavam os acampamentos dos soldados, desaparecendo logo em seguida na camuflagem da densa floresta. Estas pequenas ações eram o prenúncio de movimentos mais sérios e de consequências funestas. No futuro, com o recrudescimento dos conflitos, o pacato povo daquele paraíso de cima da serra constataria que não haveria mais lugares seguros e que até mesmo suas casas seriam alvos de ataques, saques e abusos de ambos os lados.

Quando Frei Bernardo chegou ao lugar indicado por Elvira Pereira, não viu sinal da moça. Prostrou-se frente ao riacho, que recebera o nome de Pinheiro Bravo em homenagem à árvore nativa da Europa, cultivada em abundância na região serrana.

Por alguns minutos, tentou imaginar as razões para a ausência de Elvira. Teria desistido do encontro que ela mesma marcara? Enquanto aguardava, ficou contemplando as águas límpidas do córrego, que seguiam seu curso, apressadas, por entre as pedras de tamanhos diversos, totalmente despreocupadas com os dramas humanos.

Mil teorias vieram-lhe à mente, e, em todas elas, Coronel Venâncio estava presente, mas seus fantasmas desapareceram segundos depois, quando, pelo caminho existente entre as centenárias araucárias, viu surgir aquela que, nas últimas semanas, monopolizara o enredo de seus pensamentos, despertando desejos que hibernavam nos recônditos da mente.

Elvira Pereira puxava o cavalo pela rédea e caminhava lentamente na direção do padre. Trajava um vestido bege de algodão, de formato cilíndrico, que lhe cobria até a altura dos joelhos e uma bota atada às pernas. Aproximou-se, soltou as rédeas do cavalo, que se afastou uns poucos passos e banqueteou-se da farta pastagem. Elvira parou em frente a Frei Bernardo e, como no dia em que se conheceram, seus olhos encontraram-se, mas, desta vez, mantiveram-se fixos uns nos outros, pois não havia motivos para dissimulações. Imediatamente, descobriram-se prisioneiros de um sentimento avassalador e, sem pronunciar uma sílaba sequer, Bernardo aproximou-se de Elvira e ofereceu-lhe carinhoso ósculo no rosto, que a moça recebeu de olhos fechados, desejando que os lábios daquele homem tocassem os seus. Palavras não eram necessárias naquele instante, e, no silêncio dos olhares, o jovem casal descerrava o véu da paixão, que surgiu inesperadamente no coração daquelas duas criaturas, como um raio em dia de céu azul.

O momento seguinte marcou a perda definitiva do último resquício de sensatez, tão necessária diante da condição pessoal de cada um dos apaixonados e, possuídos por insólita sofreguidão, Frei Bernado Quintavalle, sacerdote franciscano e Elvira Pereira, filha do temido Coronel Venâncio Pereira, perderam-se num longo e apaixonado beijo. Como na história do homem de Queriote, cuja encarnação começou a se perder através de um beijo no rosto do amigo, aquele instante no tempo desencadeará, com a força e a inevitabilidade de uma tempestade nos dias quentes de verão, uma série de eventos que ditarão as nuances dos caminhos a serem trilhados por seus Espíritos imortais nos séculos vindouros.

Na hora seguinte, por entre carícias e beijos repetidos, deitados sobre a relva daquele recanto ignorado e tendo apenas a mãe natureza por testemunha, deixaram-se conduzir pelas rédeas dos instintos e entregaram-se ao cálido sabor do prazer, saciando com avidez os desejos do corpo.

Enlevados pelo momento, sentindo suave brisa a bafejar-lhe os corpos suados, salpicados com fragmentos de capim – vítimas inocentes do amor do apaixonado casal –, deleitaram-se com as sensações produzidas por cada beijo, cada carícia, cada olhar, para, em seguida, retraírem-se na cumplicidade do silêncio, até que Frei Bernardo resolveu sair do mutismo:

– Sentia meu corpo calcinar de desejos desde o primeiro instante em que a vi. Tentava, inutilmente, resistir a essa força que me empurrava na sua direção. Desejei ardentemente estar com você. Vivo cercado de pensamentos ambíguos. Penitenciei-me com a mesma intensidade por ter alimentado este desejo, mas sonhei com o instante em que a teria em meus braços, da mesma maneira que terríveis pesadelos perturbaram-me o sono por dar vazão ao desejo de envolvê-la num abraço. O sentimento de amor que me abre os portões iluminados do céu é o mesmo que destranca as caldeiras do fogo do inferno. Não se assuste com meu desabafo e não se decepcione com minhas dúvidas. Eu a amo desde o instante em que a vi caminhando em minha direção quando fui apresentado a sua família, mas, ao mesmo tempo, penitencio-me pela quebra dos juramentos sacerdotais. Aqui, neste verdadeiro jardim do Éden, ao lado da mulher amada, tenho receio da ira Divina e dos homens diante do nosso pecado original – dizia o padre no costumeiro linguajar de sua crença.

Elvira, por sua vez, ansiava por aquele encontro e, quando sentiu o contato de seus lábios com os de Bernardo, num beijo apaixonado, foi como se o coração tivesse parado de funcionar por alguns segundos, tamanha a felicidade. Nem mesmo a sinceridade do frade ao revelar seus medos e dúvidas foi capaz de abalar as dulçorosas emoções que lhe inundavam o ser e o imenso sentimento afetivo que lhe penetrava os refolhos da alma. Compreendia, entretanto, que o dilema do padre era também o seu dilema e que ambos compartilhavam os mesmos receios e angústias. Temia principalmente pela reação do pai, que jamais aceitaria aquela inusitada união, que ofendia seus conceitos conservadores. Dúvida e medo pululavam em seu pensamento.

Depois de um tempo, passada a euforia dos primeiros momentos, a moça foi despertada por um choque de realidade. Um sentimento intenso tomou conta de si, e Elvira entregou-se ao choro compulsivo. Felicidade e culpa impulsionavam suas lágrimas que, em contrapartida, libertavam-na de sentimentos angustiantes.

Afagando-lhe os cabelos e abraçando-a com o carinho de um pai que protege seu filho dos perigos do mundo, Frei Bernardo jurou-lhe amor incondicional e fez promessas de que, juntos, enfrentariam todas as consequências que aquele sentimento certamente traria.

A partir daquele instante, o silêncio que, até então, predominara cedeu lugar às palavras, às juras de amor e aos planos.

– Só um verdadeiro amor será capaz de sobreviver à fúria da Igreja e de meu pai – suspirou Elvira com a voz entrecortada, deixando cair nívea lágrima. – Precisaremos de muita força para enfrentar o julgamento e a hipocrisia da sociedade, conservadora apenas quando as circunstâncias lhe são convenientes.

– É vital para a sobrevivência de nosso relacionamento que ele permaneça em segredo até que, juntos, consigamos elaborar e executar um plano eficiente para recomeçar nossas vidas bem longe daqui – sentenciou Bernardo.

Elvira nada disse, apenas assentiu com um gesto de cabeça. Subitamente, uma sombra tomou conta de seu rosto, aprofundando a tristeza no olhar. Previa dificuldades no recomeço em terras distantes, mas, no íntimo, sabia que aquela era a única forma de ficarem juntos. Restava saber se teriam forças para enfrentar os hercúleos obstáculos que teriam pela frente. O futuro, inclemente, mostraria que não.

O tempo escoou rapidamente, e o casal decidiu que Elvira seguiria primeiro, enquanto Frei Bernardo aguardaria mais algum tempo antes de retornar, para não correrem o risco de serem vistos juntos.

Tudo seguiu conforme o planejado. Frei Bernardo permaneceu sentado à beira do riacho, pensando no futuro enquanto atirava pedras na água.

Decorrido o tempo combinado, retornou, pensativo. Na garupa de seu cavalo, trazia o peso da culpa a confranger-lhe o peito.

Chegando à igreja, seguiu direto para o seu quarto, sem falar com ninguém. Sentando na cama, olhou fixamente para o crucifixo na parede, mas logo desviou o olhar, pois tinha a sensação de que a imagem do Nazareno o recriminava. Envergonhado, baixou a cabeça.

CAPÍTULO 7

Visitando a
CASA ESPÍRITA

JÁ PASSAVAM DAS ONZE HORAS DA MANHÃ
quando Vânia manobrou o carro na direção da saída do
estacionamento da igreja. O caminho até sua casa era rápido. Seguindo pela rua principal, andou alguns metros e
já avistou a ponte que dava acesso ao bairro onde morava.
A ponte era uma das construções mais antigas da cidade e
ainda mantinha formato original de quando fora erguida
pelos primeiros moradores de Vila Sossego. Seu pai sempre contava com orgulho que o avô Genaro participara da
construção daquela ponte quando a anterior, de madeira,
fora totalmente destruída numa das incontáveis e rotineiras cheias do rio Pedreiras. Eram tempos de muitas dificuldades – contava Belarmino, repetindo as palavras de seu
avô –, pois as comunidades da margem oposta do rio, incluindo ele, ficaram isoladas até que um acesso provisório
pudesse ser construído para travessia de carroças e carros
de boi, já que as pessoas podiam cruzar a pé através de

137

uma velha ponte de arame, que recebia este nome devido a forma de sustentação, com cabos de aço. Atravessá-la era uma aventura: divertida para uns e amedrontadora para outros.

A ponte não tinha mais que um metro de largura e seu assoalho de madeira era de confiabilidade duvidosa. O passadouro balançava não só com o movimento gerado pelas passadas das pessoas, mas também com a força do vento, presença constante naquele local. Para chegar até a ponte de arame, as pessoas precisavam caminhar pelas margens do rio Pedreiras, por cerca de dez minutos, desviando-se em muito do trajeto original onde a ponte maior fora arrancada pelo rio. Em razão desse forçado desvio, a região ficou conhecida como "Volta Grande", denominação que foi incorporada pelos moradores, que assim passaram a chamar o bairro localizado naquela margem do rio. Anos mais tarde, após mudança legislativa motivada pelo uso e costume dos moradores, transformou-se no nome oficial do bairro.

Na época, a população da cidade formou um grande mutirão e trabalhou ativamente na construção da nova ponte de concreto, que permanece de pé até os dias atuais, para orgulho dos descendentes dos membros que participaram da obra, embora a mesma já tenha sofrido algumas reformas para reforço de suas estruturas e recuperação de algumas partes maltratadas pela ação do tempo.

Seguindo seu caminho, após vencer a extensão da ponte, Vânia prosseguiu em linha reta por cerca de dois quilômetros, através de uma estrada de pavimentação asfáltica que cortava o bairro Ponte Alta, área eminentemente residencial, exceto por uma mercearia, um bar e um minimercado. No fim do trecho asfaltado, virou à direita, acessando uma estrada de chão recoberta com seixo rolado. Naquele ponto, a paisagem modificava-se completamente: a estrada de chão demarcava o início da zona rural de Vila Sossego, e as construções, antes abundantes, cediam lugar para morros totalmente cobertos por bananeiras, o principal produto de cultivo da região. Em alguns trechos do caminho, formava-se um hiato entre dois morros e ali a estrada de chão serpenteava por entre a vegetação nativa, predominantemente baixa, onde o olhar se perdia pela paisagem pintada com diversas tonalidades de verde que, no crepúsculo, assumia contornos negros, contrastando com o alaranjado da linha do horizonte, produzindo uma cena de beleza ímpar.

Após cinco quilômetros em linha reta pelo seixo, exatamente no ponto de convergência da primeira curva, já se podia avistar a porteira da entrada da Fazenda São João da Prosperidade, de propriedade da família. Para cruzar os limites da fazenda, era necessária a realização de um breve ritual: descer do carro, desatar o arame que mantinha a porteira fechada e abri-la. Transpor a linha do portal de entrada, descer do carro novamente e fechar a porteira, passos que Vânia executava mecanicamente. Mais um pouco, e uma ponte de madeira, com cerca de três metros de comprimento, sem parapeito, construída·sobre um pequeno córrego, surgia como o último obstáculo a ser vencido antes de chegar na casa que servia de sede para a fazenda.

Vânia morou toda a sua vida naquela fazenda e era apaixonada pelo lugar. Ali a paz e a tranquilidade imperavam. Adorava o contato permanente com a natureza. Quando menina, sua brincadeira preferida era encontrar lugares secretos por entre as árvores e pedras, deixando-se contagiar pelo silêncio daquele recanto verde, que só era quebrado pelos sons dos pássaros e dos insetos. Achava muito engraçado o estranho cantar dos anus-pretos, intérpretes de uma sinfonia pausada e longa que contrastava com o toque de alarme dos quero-queros – conhecido na região como "o sentinela" – produzidos diante do menor sinal da presença de intrusos em seus domínios.

Quando criança, Vânia sentia muita compaixão pelos quero-queros, pois ouvia sua mãe contar a história de que, quando José e Maria fugiam dos soldados do Rei Herodes, muitas vezes precisavam ocultar-se no meio da mata. Maria, então, pediu a todos os animais para fazerem silêncio enquanto estavam escondidos, tendo sido prontamente atendida, exceto por um pássaro alegre que, por gostar tanto de cantar, repetia insistentemente à Senhora: "quero... quero... cantar". Assim, mesmo diante do pedido da Sagrada Família, o pássaro continuou cantando, desobediente. Por sorte, os soldados não deram atenção à teimosa ave. Passado o perigo, a desobediente ave recebeu como punição a sina de sempre cantar a mesma canção "quero... quero... quero", principalmente quando alguém se aproxima de seu território. Para a menina Vânia, Deus havia sido muito rigoroso com o pobre pássaro que só queria cantar. Hoje, ria-se da sua ingenuidade infantil por acreditar piamente nas folclóricas histórias da região, mas no fundo, bem lá no fundo, sua alma ainda sentia pena da pobre ave.

Naquelas paragens, os sons dos fenômenos climáticos ganhavam uma acústica toda especial: o ribombar dos trovões e o zunido dos ventos eram amplificados

140

pelos morros, encostas e cânions, que compunham a estonteante paisagem daqueles vales. Ali as tempestades ganhavam contornos apocalípticos. Sempre que o céu escurecia, anunciando a chegada de mais uma "tormenta de verão" – como dizem os moradores da região –, sua mãe logo corria para colocar fogo em uma folha de palma ou ramo de oliveira, benzidos pelo padre no "domingo de ramos" – se não fosse nesta data, não funcionaria –, uma antiga simpatia usada para afastar e proteger de tempestades que, segundo os mais antigos, era "tiro e queda".

Durante a borrasca, era terminantemente proibido pronunciar a palavra "raio", o vocábulo, segundo Iracy, atraía ainda mais os relâmpagos. Assim, em caso de necessidade, os locais substituíam o termo proibido por "corisco" – um sinônimo na cultura local –, palavra totalmente isenta de propriedades atrativas. Mesmo assim, apesar da queima da planta benta, amuleto fornecido pela natureza, e das precauções com o vocabulário, para garantir a proteção completa, a cada relâmpago seguido de trovão, Iracy rogava, assustada: Santa Bárbara!

Vânia não acreditava minimamente naquelas crendices e simpatias, mas não polemizava, preferia render-se ao melhor argumento apresentado pela mãe, as estatísticas. Preferia o silêncio por consideração, respeito, e também para evitar longos debates com a matrona da família.

– Nunca alguém foi ferido por raios em nossa família – dizia Iracy com ares de quem apresentara a prova definitiva e irrefutável da eficácia do seu ritual.

Tão logo estacionou o carro na garagem, Iracy foi

141

recebê-la com cara de espanto, pois não era comum a presença da filha em casa naquele horário.

– Mas que milagre, o que houve para chegar tão cedo? – perguntou a mãe, despretensiosamente.

– Não tivemos aula, o professor não compareceu devido a um problema particular.

– Como está Padre Herval? Isaltina me ligou dizendo que você o procurou hoje pela manhã. Há algo que queira me contar?

– Dona Isaltina não consegue manter a boca fechada mesmo, hein?

– Não a culpe. Ela é minha amiga, esqueceu? Quando você esteve procurando pelo padre, Isaltina percebeu a nuvem de preocupação no seu rosto, a mesma que avistei hoje, durante o café da manhã, mas preferi aguardar que você tomasse a iniciativa de contar o que estava acontecendo.

Crescida na zona rural de Vila Sossego, onde a distância entre as propriedades reduzem consideravelmente o contato com outras pessoas, na maioria do tempo Vânia não tinha com quem conversar e habituou-se à introspecção e a conversar com seus botões, tornando-se sua própria e maior confidente. A partir do momento em que conheceu Cecília, esta foi quem assumiu o papel de emprestar os ouvidos para seus desabafos, que só ocorriam em situações extremas.

Apesar da ligação estreita que tinha com os pais, quando o assunto era algum problema pessoal, preferia o diálogo silencioso com seus pensamentos, sem mais sombras humanas por perto, além daquela que seu corpo projetava. Agora, entretanto, o caso era outro, pois a mãe a colocara contra a parede, praticamente exigindo uma confissão, externando suas desconfianças.

– Mais uma vez, não dormi bem. Minhas noites têm sido povoadas com sonhos que me têm feito despertar.

– E quer falar comigo sobre eles?

– Não há nada com que se preocupar, mãe – falou Vânia, dando-lhe um abraço –, foram sonhos, nada demais. A senhora sabe que, depois que acordo, tenho dificuldade para voltar a dormir.

– E a conversa com o Padre?

– Entrevistei Padre Herval para um trabalho da faculdade – tentou despistar.

– Compreendo – resmungou Iracy, percebendo que a filha insistia com o expediente de ocultar a verdade.

Vânia sabia que não havia convencido a mãe com aquela história, mas mantinha-se convicta da decisão de poupá-la de seus problemas. Para encerrar e não dar margem a mais questionamentos, pediu licença e foi direto para o seu quarto.

Desfrutando do gosto acre da mentira, fechou a janela e deitou-se na cama para refletir. Apesar de não ter o hábito de se abrir com os pais em relação a seus problemas pessoais, também não lhe agradava a ideia de mentir diante de uma pergunta direta, mas, naquele momento, a omissão era um problema secundário, efeito colateral de um problema maior: o mau pressentimento que crescia em relação ao significado da recorrência dos sonhos.

Lembrou-se novamente das explicações de Padre Herval, convencendo-se cada vez mais de que foram insuficientes, frustrando suas expectativas. No fundo, até desejava que a experiência fosse fruto da sua fértil imaginação e que estava preocupando-se à toa, mas aquela colônia ou cidade do sonho tinha contornos de realidade, e isso a intrigava. Algo lhe dizia que conhecia o lugar, só não sabia, apesar dos esforços, dizer como. Esta sensação também tinha o seu lado tenebroso: a possível existência do misterioso vale de sofrimento. Sentia arrepios de medo só de recordar do horror das criaturas que habitavam aquele lugar macabro. Neste instante, lembrou-se das palavras de Cecília, que acreditava piamente na teoria de que fizera parte de uma experiência espiritual, materializada através dos sonhos.

Levantou-se rapidamente da cama, apanhou o telefone celular na bolsa e ligou para a amiga.

O telefone chamou por três vezes, e, antes de tocar o quarto sinal, Cecília atendeu a chamada:

– Oi, amiga, estava quase ligando, pois estou curiosa para saber como foi a conversa de hoje pela manhã, com Padre Herval.

– Nada produtiva, mas não gostaria de falar sobre isso por telefone.

– Tudo bem, conversamos depois.

– E então, sua proposta de visitar o Centro Espírita ainda está de pé?

– Com certeza! Inclusive já conversei com alguns trabalhadores da casa, membros do grupo de estudos de que faço parte, e agendei um atendimento fraterno para você.

– Atendimento fraterno? O que é isso?

– Nada demais, não se assuste. Atendimento fraterno é apenas uma conversa na qual os trabalhadores da casa ouvirão sua história, receberão suas dúvidas e inquietações e tentarão, na medida do possível, esclarecê-las sob a ótica da Doutrina Espírita. Você topa?

– O que tenho a perder? – perguntou Vânia, dando de ombros ao telefone.

– Cerca de quinze ou vinte minutos do seu tempo, é tudo que perderá.

– Não é muito, vale o risco – brincou.

– Sendo assim, o atendimento será às dezenove horas e trinta minutos, e, depois, permaneceremos na casa para assistir à reunião pública.

– O que acontece durante esta reunião pública? – perguntou Vânia, curiosa.

– Basicamente haverá uma exposição com duração média de quarenta a cinquenta minutos, e, depois, se você quiser, poderá tomar um passe.

– Em que consiste este passe?

– Passe, na Doutrina Espírita, é a transmissão de fluidos magnéticos ou espirituais através da imposição de mãos sobre os centros energéticos ou centros vitais da pessoa, também conhecidos como "chakras", a fim de promover o equilíbrio orgânico, perispiritual e psíquico do assistido. Em resumo, minha amiga, usando as palavras do médium Divaldo Pereira Franco, um dos expoentes do espiritismo no Brasil, *"o passe é, antes de tudo, uma transfusão de amor"*.

– Interessante – respondeu Vânia, não conseguindo esconder o descrédito.

– Como o Centro Espírita fica próximo à Universidade, podemos nos encontrar em frente ao estacionamento, por volta das dezenove horas? – propôs Cecília.

– Combinado! – respondeu rapidamente.

– Até mais tarde, então.

Vânia desligou o telefone e ligou o computador para pesquisar acerca das atividades do Centro Espírita descritas por Cecília, além da natureza dos sonhos.

Quanto aos trabalhos da casa espírita, os sítios virtuais pesquisados confirmaram as explicações de Cecília. Com relação aos sonhos, após digitar os termos para filtro da pesquisa, surgiu na tela uma quantidade absurda de teorias relacionadas ao tema. Percebendo que aquela pesquisa bagunçaria ainda mais sua mente, pois não tinha como avaliar a confiabilidade dos sites e suas fontes, resolveu abortar esta tática, ao menos até a noite, após a visita ao Centro Espírita.

Na hora marcada, Vânia encontrava-se em frente ao estacionamento da Universidade, conforme combinado com Cecília. Assim que desligou o carro e baixou o vidro, avistou a amiga do outro lado da rua, a lhe acenar freneticamente. Desceu do carro e dirigiu-se até ela.

– Está pronta? – perguntou Cecília, enquanto cumprimentava a amiga com beijo no rosto.

– Certamente, foi para isso que vim até aqui – falou Vânia com convicção.

Como Cecília morava nas proximidades e deixara o carro em casa, decidiram seguir no carro de Vânia.

No caminho, Cecília interrogou a amiga sobre o resultado da conversa que tivera com Padre Herval e da sua impressão diante da opinião emitida pelo pároco.

Vânia relatou à amiga todas as explicações do pároco de sua cidade, sem omitir qualquer detalhe significativo, enquanto Cecília ouvia a tudo atentamente, sem interrompê-la. Encerrado o relato, emitiu sua opinião:

– Desde o princípio, suspeitei que essa conversa não seria muito produtiva, mas não quis intrometer-me na sua busca, por respeito a você e às suas crenças. Não entenda isso como uma crítica ao padre ou à Igreja Católica, muito pelo contrário, mas tudo é uma questão de lógica. O catolicismo não aceita princípios básicos do Espiritismo, como a reencarnação, a pluralidade de mundos habitados e, principalmente, a comunicabilidade com o mundo dos Espíritos ou coisas do gênero. Ficaria surpresa se o padre apresentasse ou viesse com uma teoria diferente, pois, para isso, teria que contradizer alguns dos dogmas professados pelo seu próprio credo, pois não há como você admitir uma experiência espiritual durante o sonho se você nega a existência de intercâmbio dos encarnados com os desencarnados, é tudo uma questão de coerência.

Não tenho dúvidas de que grande parte dos sonhos sejam mesmo produzidos por nosso subconsciente, com base em elementos coletados enquanto estamos acordados. Entretanto, há experiências noturnas que ultrapassam os limites da matéria, os limites impostos pelo frágil corpo físico que envergamos nesta encarnação, não há como negar isso. Reafirmo minha teoria da possibilidade de realização de atividades espirituais durante o sono com a mesma convicção de que reconheço a procedência, em algumas situações, da tese de Padre Herval, mas depois voltamos a conversar sobre isso.

Cecília interrompeu o discurso para avisar a amiga que o Centro Espírita encontrava-se logo adiante.

Logo na entrada, Vânia surpreendeu-se com a singeleza do local. A sede do Centro Espírita, na verdade, era uma simples casa de moradia, adaptada para se transformar em templo de oração. A pintura branca das paredes, com janelas em tons de amarelo-claro, dava ao local uma sensação de sobriedade. Ao redor da área construída, avistou um jardim de rosas e begônias, visivelmente bem cuidado e que enchia os olhos dos visitantes com suas cores vibrantes. Em seu íntimo, Vânia esperava outro tipo de ambiente, embora não soubesse descrever exatamente o quê.

– Decepcionada? – perguntou Cecília ao perceber o espanto da amiga.

– Decepcionada não é bem o termo, eu diria surpresa, pois confesso que esperava encontrar algo mais místico e não apenas uma... uma casa.

Cecília sorriu largamente e, aproveitando a confissão da amiga, esclareceu:

– O que nossos olhos avistam é tão somente o lado material da casa espírita, mas saiba que este é apenas a ponta a iceberg, pois a construção, do ponto de vista do mundo espiritual, certamente é bem mais ampla.

– Realidade paralela? – perguntou Vânia.

– Qual, a nossa? – sorriu Cecília.

– Estou falando sério!

– Mas eu também, amiga. Saiba que a nossa verdadeira casa é o plano espiritual, e este mundo físico em que vivemos é a cópia daquele, aliás, uma cópia imperfeita, diga-se de passagem. Assim, a realidade paralela que você citou – desconheço se esta seria a melhor definição – é o nosso mundo material e não o espiritual. De lá viemos e para lá voltaremos: esse é o itinerário.

Ao chegarem na entrada da casa, foram recepcionadas por um jovial senhor, que cumprimentou Cecília efusivamente.

– Esta é Vânia, minha melhor amiga. É a primeira vez que vem a um Centro Espírita – apresentou Cecília.

– Seja bem-vinda, irmã. Meu nome é Ênio, muito prazer em conhecê-la.

– O prazer é meu.

– Vânia passará pelo atendimento fraterno, Ênio – informou Cecília.

– Pelo que vejo aqui, Vânia será a próxima a ser atendida – falou após conferir a agenda de atendimento –, e você pode acompanhá-la até a entrada da sala, onde será atendida tão logo encerre o atendimento que está em andamento.

Cecília caminhou com a amiga por um estreito corredor, passando por algumas portas fechadas, nas quais havia uma placa de identificação com a inscrição "grupo de estudos". Atravessando o corredor, chegaram até a sala de espera. Vânia observava a tudo atentamente e seguia espantada com a simplicidade dos cômodos. Na antessala em que se encontravam, um cômodo quadrado totalmente pintado de branco, não se via nada além de algumas cadeiras. Não havia quadros, livros, crucifixos, bustos, imagens de santos ou entidades. Apenas paredes e cadeiras. Definitivamente, a imagem que fazia de um Centro Espírita era completamente oposta do quadro que presenciava.

Poucos minutos depois, a porta que ficava em frente às cadeiras abriu-se e de lá saiu uma senhora de cabelos grisalhos, aparentando pouco mais de sessenta anos, com os olhos vermelhos e o rosto inchado, dando mostra de que havia chorado bastante. Um casal de meia-idade acompanhou-a até a porta, recomendando que permanecesse na casa a fim de assistir à palestra pública. Agradecida, a senhora despediu-se dos atendentes e deixou o local, não sem antes cumprimentar Vânia e Cecília.

Tão logo a mulher desapareceu do raio de visão, Cecília adiantou-se e apresentou Vânia aos atendentes, Carlos e Antônia. Ato contínuo, virou-se para a amiga e orientou:

– De agora em diante, não posso acompanhá-la. O atendimento é individual.

Vânia sorriu, agradeceu a amiga e entrou na sala de atendimento. Sentou-se no local indicado por Carlos – uma cadeira disposta bem à frente de uma antiga mesa de madeira – enquanto o casal tomou assento em duas outras cadeiras que ficavam do lado oposto da mesa.

– É a primeira vez que você vem a uma Casa Espírita? – perguntou Carlos, gentilmente.

– Exatamente! Estou aqui por indicação de Cecília.

– Irmã – continuou Carlos –, o que estamos fazendo aqui se chama atendimento fraterno e...

– Cecília explicou-me a natureza do atendimento – falou Vânia, interrompendo o interlocutor educadamente.

– Muito bem, vamos pular esta parte então, ganharemos tempo – sorriu. – Que motivos a trouxeram à casa espírita? – perguntou o atendente.

Já no princípio do atendimento, Vânia notou que Carlos era o único que falava, enquanto sua companheira de trabalho permanecia em silêncio, compenetrada, muitas vezes com os olhos fechados, em atitude que levou Vânia a deduzir que se encontrava em oração.

Respondendo ao questionamento de Carlos, Vânia narrou todos os pormenores dos sonhos que tivera nas últimas noites. Desconfiada, entretanto, achou melhor omitir a explicação recebida de Padre Herval para não influenciar a resposta que receberia.

Encerrada a narrativa, Carlos retomou a palavra:

– O Espiritismo aborda esse tema de maneira simples e objetiva. Sugiro, caso seja de seu interesse, que complemente esta conversa com a leitura de O Livro dos Espíritos, de Allan Kardec. Nele há um capítulo que trata especificamente deste tema.

Carlos folheou um exemplar da obra indicada, que estava sobre a mesa juntamente com outras obras do mesmo autor. Depois de alguns segundos, encontrou o que procurava:

– Aqui está! Livro II, Capítulo VIII, com o título "Emancipação da Alma". Ao ler a obra, você perceberá que há outras questões relativas ao tópico, mas o tema sono e sonhos é abordado tão somente nas questões 400 a 412.

A moça manteve-se calada, apenas assentindo com a cabeça.

Experiente, Carlos compreendeu que o silêncio de Vânia significava que a moça aguardava maiores explicações.

– Como disse anteriormente, a leitura é um complemento, caso haja interesse em se aprofundar no assunto.

Apenas a título de esclarecimento, já que é a primeira vez que você tem contato com a Doutrina Espírita – continuou Carlos –, saiba que alma e Espírito, em linhas gerais, são sinônimos. Há entre eles apenas uma diferenciação conceitual e técnica: quando estamos encarnados, chamamos nosso Espírito de alma e, após a morte do corpo físico, a alma passa a chamar-se Espírito. Então, sempre que eu lançar mão de algum desses termos, interprete-os como sinônimos. Não usarei de tecnicismos com você.

– Entendi – balbuciou, Vânia.

– Outro aspecto cuja contextualização é necessária para uma melhor compreensão do tema é nossa posição enquanto Espíritos encarnados. Para uma correta abordagem do tema "emancipação da alma", precisamos compreender que, em essência, não somos seres humanos vivendo uma experiência de caráter espiritual. Ao contrário, somos Espíritos vivendo, temporariamente, uma experiência física, regida por leis condizentes com a nossa composição material. Perceba que, ao visualizarmos nossa condição por este ângulo, a compreensão acerca das chamadas manifestações espirituais durante o sono ganha outros contornos.

– Desculpe interromper – atalhou Vânia –, mas isso significa dizer que nossa verdadeira vida não é essa, mas, sim, aquela que temos na dimensão dos Espíritos?

– Simplificadamente, é isso mesmo. O Espiritismo defende a ideia da imortalidade do Espírito e a ocorrência de reencarnações sucessivas como instrumento evolutivo deste. Além disso, a Doutrina Espírita prega a possibilidade de comunicabilidade com os chamados – impropriamente – mortos. Nossa vida real, portanto, é aquela que temos no plano espiritual. Nossa incursão na matéria é um dos estágios evolutivos a que o Espírito é submetido. Quando o corpo físico morre, retomamos nossa essência e voltamos à verdadeira pátria. Compreende?

– Minha primeira impressão é a de que esta teoria de evolução gradual e sistemática tem sua lógica – avaliou Vânia.

– A partir do momento em que você tem esta percepção, fica mais fácil assimilar a importância do sono físico para o corpo e, principalmente, para o Espírito. Veja que o corpo físico é apenas o instrumento de que o Espírito se serve para ultrapassar esta encarnação. Este corpo obedece a padrões do local onde o Espírito encarnou. No nosso caso, a Terra.

– E onde fica o Espírito ou a alma?

– A questão é um pouco complexa e nosso tempo curto impossibilita a dissecação do assunto. Resumidamente, o Espírito é unido ao corpo físico por uma espécie de envoltório semimaterial, um corpo fluídico denominado perispírito. Esse corpo perispiritual é moldado pelo corpo físico e é responsável pela ligação deste ao Espírito. Não se esqueça de que estou apresentando a questão de forma simples, resumindo um tema que guarda relativa complexidade.

– Então, se eu entendi direito, somos corpo físico, perispírito e Espírito? – indagou Vânia.

– Em linhas gerais, é isso mesmo – confirmou Carlos.

– E qual o papel do sonho neste processo?

– O fato de estar ligado ao corpo denso não retira do Espírito suas capacidades espirituais, ainda que parcialmente limitadas em razão da sua ligação com o corpo físico, através do perispírito. Durante o sono, com o adormecimento do corpo físico e a redução das atividades cerebrais, afrouxam-se as amarras fluídicas que ligam o perispírito ao corpo. Esse fenômeno proporciona uma espécie de desligamento temporário do Espírito, também conhecido como projeção de consciência ou viagem astral. Desprendido, o Espírito readquire a capacidade de transitar pelo plano espiritual, ampliando inclusive os sentidos que, durante a vigília, encontram-se limitados pelo corpo. Chamamos esse processo de emancipação da alma.

– Sendo assim, poderíamos dizer que os sonhos, então, seriam lembranças desse desprendimento? – atalhou Vânia num rompante de ansiedade.

154

– Já chego lá – sorriu o trabalhador, percebendo a ansiedade da atendida.

– Pois chegue logo, isto está ficando interessante – falou Vânia, sorrindo e esfregando as mãos.

– Quando a ciência analisa os sonhos, leva em consideração tão somente os aspectos fisiológicos das atividades do sono. É uma análise incompleta do processo na medida em que despreza, por razões elementares, a existência do perispírito e do fenômeno da emancipação da alma. Estamos, portanto, diante de uma questão em que a ciência limita-se por seus próprios métodos.

– Então, o conhecido conceito de sonho apresentado pela ciência não está correto?

– Incompleto, seria o melhor termo. O que acontece é que a ciência e algumas religiões que não aceitam a teoria da sobrevivência do Espírito trabalham com apenas uma das espécies de sonho, os chamados sonhos comuns ou fisiológicos. Estes sonhos caracterizam-se pela produção mental de situações, circunstâncias, locais e pessoas relacionadas às preocupações ou assuntos do nosso cotidiano. Refletem nossas vivências diárias, principalmente aquelas que se fixam em nossa mente durante o estado de vigília. São manifestações puramente cerebrais, meras repercussões de nossas disposições morais e físicas armazenadas em nossos arquivos mentais. Nesses casos, o cérebro encontra-se a tal ponto sobrecarregado que cria um ambiente fictício que dá continuidade aos assuntos vividos quando estamos acordados. Esta modalidade de sonhos não guarda nenhuma relação com experiências envolvendo o Espírito. Na maioria das vezes, o Espírito sequer deixa o corpo ou apenas permanece muito próximo dele, flutuando ligeiramente acima do local onde o corpo físico repousa.

Portanto, o conceito tradicional de sonhos refere-se a uma de suas espécies, por isso afirmo que determinados seguimentos abordam o tema de forma incompleta, produzindo uma meia verdade. Esta abordagem seria inofensiva não fosse a tentativa de generalizar e rotular todos os sonhos a partir de uma definição parcial. Muitas vezes, uma meia verdade produz efeitos mais devastadores do que uma mentira completa.

Neste momento, Vânia associava aquela informação com a explicação recebida de Padre Herval. Ficava nítido, em sua mente, que o pároco apresentou-lhe o conceito de sonho fisiológico.

– Quais seriam, então, as outras espécies de sonhos?

– Na literatura espírita, encontramos diversas categorizações de sonhos, mas isso requer um estudo mais aprofundado. Particularmente, prefiro trabalhar apenas com duas categorias: fisiológicos e espirituais. As demais classificações, discutidas por diversos autores espíritas, na verdade são subdivisões dos chamados sonhos espirituais. Logo, não há necessidade de nos aprofundarmos em assuntos que, em sua essência, são superficiais.

– E o que seriam estes sonhos espirituais? – perguntou Vânia, muito embora pudesse supor o rumo que a explicação tomaria, dada a própria nomenclatura: "sonhos espirituais".

– Sonhos espirituais são aqueles em que a emancipação da alma se verifica com maior amplitude, de forma mais acentuada. Nesta categoria, a alma desprende-se do corpo de maneira mais completa, sendo capaz de realizar atividades reais com maior efetividade. Esta espécie de sonho é de vital importância para o cumprimento do planejamento reencarnatório de cada indivíduo. Nossos mentores espirituais ou Espíritos superiores aproveitam-se destas ocasiões para nos esclarecer, instruir e advertir em assuntos de nosso interesse. Nesses desprendimentos, o Espírito pode ser levado a visitar parentes já desencarnados, Espíritos afins, lugares que conhecemos em outras encarnações, como cidades ou colônias espirituais, etc.

– Colônias espirituais, você disse? – interrompeu Vânia mais uma vez. – No sonho, havia uma colônia chamada "Recanto da Paz". Este foi um dos pontos que mais me deixou intrigada, pois sentia que aquele lugar era familiar, muito embora não o conhecesse. O que seria uma colônia espiritual?

– Raciocine comigo: anteriormente, falei que nossa verdadeira vida não é esta, mas, sim, no mundo espiritual. Sendo assim, você pode supor que na Espiritualidade existem cidades ou colônias habitadas por Espíritos, correto?

– Como as nossas cidades? – perguntou a moça, espantada.

– Reitero aquilo que lhe disse anteriormente, nosso mundo é uma cópia inacabada do plano espiritual, não o inverso. Assim sendo, nossas cidades são o espelho das construções existentes na região dos Espíritos.

Vânia mantinha o olhar fixo no trabalhador da casa. Aquelas palavras, por razões que desconhecia, mexiam consigo e despertavam sentimentos conflitantes, descortinavam uma realidade conhecida, porém há muito esqueci-da nos porões da alma.

– Nosso grau evolutivo – prosseguiu Carlos – é o que determinará a qualidade dos sonhos. Da mesma forma que os Espíritos superiores utilizam-se desse período para nos auxiliar, a lei da atração e o livre-arbítrio podem nos levar a manter contato com Espíritos menos evoluídos, movidos por intenções não muito nobres ou até mesmo com inimigos de outras eras. Por vezes, nós mesmo optamos por frequentar lugares de baixíssima vibração durante o sono. Tudo é uma questão de interesse, preferência e padrão vibratório. Muitos de nossos pesadelos são formados por fragmentos de lembranças deformadas e desconexas de situações presenciadas no plano espiritual durante o fenômeno de emancipação da alma.

Há muita realidade contida nos sonhos. As possibilidades e as variáveis são incontáveis. Podemos encontrar outros Espíritos, sejam eles desencarnados ou não, durante o sono. Obviamente que as almas dos encarnados também estarão em atividade de desprendimento do corpo.

– De que forma posso interpretar meus sonhos? – interpelou Vânia.

– A correta análise dos sonhos pode trazer grandes benefícios para nosso autoconhecimento. Entretanto, não há uma fórmula de precisão matemática que possa ser aplicada como instrumento de interpretação dos sonhos. Seria leviandade da minha parte cravar qualquer tipo de certeza, pois cada caso é um caso. É um clichê? Sim, é! Mas um clichê que reflete a mais pura realidade desta situação. Pela sua narrativa, é plausível acreditar que você venha tendo sonhos espirituais e que seu Espírito, liberto das amarras fluídicas que o prendem ao corpo físico, transportou-se até uma colônia espiritual que, muito provavelmente, você conheceu enquanto estava na erraticidade ou conhecerá futuramente. Há sempre um forte conteúdo simbólico em nossas percepções pós-sonhos, as quais normalmente chegam acompanhadas de emoções e sentimentos. É preciso muito critério e uma boa dose de autoconhecimento para interpretá-las corretamente. Talvez só o tempo apresentará o real significado destes sonhos.

– O que é erraticidade?

– Erraticidade é o intervalo entre uma encarnação e outra, o período em que permanecemos na Espiritualidade enquanto nos preparamos para uma nova oportunidade de nos matricularmos na escola da vida, a que chamamos de reencarnação.

– Então, o lugar que conheci no sonho existe?

– Minha irmã, posso afirmar-lhe que a existência de colônias e cidades espirituais é um fato que não se discute na Doutrina Espírita, afirmativa esta corroborada por várias obras de cunho mediúnico, dentre elas "Nosso Lar", ditada pelo Espírito André Luiz e psicografada pelo médium Francisco Cândido Xavier. Quanto à Colônia Recanto da Paz, mencionada no seu sonho, é muito provável que exista, dada a nitidez de suas lembranças, uma raridade neste tipo de experiências, já que, na esmagadora maioria dos casos, as lembranças dos sonhos esvaem-se assim que acordamos. Isso ocorre porque a experiência espiritual ficou gravada apenas no cérebro do perispírito, sem repercussão alguma no cérebro físico.

As explicações até aquele ponto estavam deixando Vânia bastante satisfeita, pois encontrava lógica nas teorias apresentadas, mas havia um ponto no qual o trabalhador não havia tocado: a natureza do vale de sofrimento, que tanto a assustou no sonho. Esta foi a linha de raciocínio da próxima indagação.

– Carlos, admitindo a hipótese de eu ter vivenciado um sonho de natureza espiritual e que, em desdobramento, conheci uma colônia ou cidade espiritual, significa dizer que também visitei aquele local de dor e sofrimento? Posso acreditar que ele também exista no mundo dos Espíritos?

– Veja bem – iniciou escolhendo as palavras –, a Doutrina Espírita não acredita na existência de um local físico onde Espíritos permaneçam estacionados, gozando da felicidade eterna, tampouco um outro em que as criaturas sofram eternamente. Céu e inferno, para o Espiritismo, não são locais físicos, mas estados de consciência. Cada indivíduo é responsável pela criação do Céu ou do seu inferno íntimo. Além disso, durante nossa existência, é comum alternarmos momentos de Céu e inferno, às vezes até no mesmo dia. Na Espiritualidade, existem lugares onde Espíritos distanciados do bem permanecem estacionados, presos por seus próprios atos e pensamentos até o dia em que tomarem consciência e desejarem verdadeiramente mudar o procedimento, alinhando sua conduta e, consequentemente, seu nível vibracional, aos interesses do criador. Estes locais são denominados "umbral".

– Mas isso não poderia ser considerado uma espécie de inferno?

– Nem de longe, minha irmã. Apesar da semelhança

quanto aos sofrimentos, existem muitas diferenças entre as zonas umbralinas e a definição conhecida de inferno. Inicialmente, o umbral é uma criação mental dos próprios Espíritos e não um local físico previamente designado para a purgação das faltas. Além disso, a consciência do erro, o arrependimento sincero, o desejo inequívoco de desertar das fileiras da maldade, são atributos suficientes para que a criatura seja retirada deste local e encaminhada para o refazimento em setores especializados. Neste inferno – falou Carlos enquanto fazia movimentos no ar com os dedos para simbolizar a expressão "entre aspas" –, é possível sair, diversamente do tradicional conceito de inferno, pelo qual o indivíduo é levado por toda eternidade.

– Então, a visão que tive no sonho foi do umbral?

– Existem lugares no plano espiritual com as características que você descreveu. Entretanto, seguindo o mesmo critério e a mesma linha de raciocínio adotada desde o princípio de nossa conversa, seria leviandade da minha parte afirmar que o local visto nos sonhos trata-se de uma região umbralina. Reafirmo que locais assim existem e a descrição é bem parecida com a que você fez, mas prefiro que tire as suas próprias conclusões, com base em critérios pessoais. Você não deve aceitar uma verdade só porque foi dita por um trabalhador espírita, por um padre ou por um pastor. Não! Você precisa conhecer todos os dados e formar a sua própria convicção, alicerçando sua verdade em elementos lógicos. Esse processo é chamado pela Doutrina Espírita de fé raciocinada. Compreendeu?

– Sim, perfeitamente.

– Infelizmente, precisamos encerrar nossa conversa,

pois o tempo é limitado e provavelmente haja outras pessoas aguardando o atendimento.

– Confesso, Carlos, que, ao chegar aqui, não nutria grandes expectativas de encontrar respostas para minhas dúvidas. Entretanto, estou muito impressionada com a clareza e a lógica de suas explicações e pretendo buscar materiais para me aprofundar no tema. Agradeço-lhes pela ajuda e pelo tempo despendido.

– Fico feliz que, de alguma forma, eu e Antônia lhe fomos úteis e, como último conselho, sugiro que permaneça na casa e assista à palestra pública, tome um passe ao final e retorne a este local de oração sempre que quiser, pois será sempre bem-vinda, independentemente da sua formação religiosa. Saiba que o Espiritismo não prima pelo proselitismo. Se você é católica e está feliz, permaneça no catolicismo. Entretanto, tente ser a melhor católica que puder. Afinal, o que importa não é no que você crê, mas como você vive. Que a paz do mestre Jesus permaneça com você – despediu-se Carlos, elevando a mão em sinal de despedida.

Vânia despediu-se dos atendentes e reencontrou Cecília, que conversava com outros membros da casa espírita, aos quais foi apresentada.

– E então, como foi? – perguntou Cecília, sem conseguir conter sua curiosidade.

– Estou fascinada! Minhas dúvidas não foram completamente sanadas, mas, certamente, encontrei um caminho para obter as peças que me faltam do quebra-cabeça.

Cecília sorriu satisfeita. Abraçou a amiga e seguiram juntas para a sala destinada às palestras públicas.

Na sala de atendimentos, Carlos e Antônia trocavam impressões sobre a história narrada por Vânia. Antônia, cuja função precípua era manter-se em oração, dando suporte espiritual ao atendimento, podendo fazer intervenções pontuais quando as julgasse necessárias, confidenciou ao amigo:

– Durante todo o atendimento de Vânia, percebi a presença de dois Espíritos, um casal, para ser mais precisa, postados atrás de você. Nitidamente o auxiliavam no momento das explicações. Você conseguiu perceber?

– Embora não os tenha visto, senti a presença de algo ou alguém que emanava uma vibração boa, uma energia balsamizante. Certamente, intuíram-me para que pudesse encontrar as palavras certas.

– Felizmente, a espiritualidade não nos deixa sozinhos durante a realização dos trabalhos da casa espírita. O que seria de nós se não fosse o auxílio dos bons Espíritos, meu amigo? – sorriu Antônia.

Sentada, aguardando o início da sessão pública, Vânia seguia impressionada com o padrão de simplicidade das instalações da casa espírita. A sala principal era composta por sete fileiras com quinze assentos estofados cada, proporcionando um relativo conforto ao público presente. O silêncio da sala era quebrado apenas pelo som de uma música relaxante. Em frente ao público, estava situada a mesa principal, forrada com uma toalha muito alva, sobre a qual havia um vaso de rosas vermelhas e alguns livros. A mesa central estava ocupada pelo dirigente da sessão e pela palestrante da noite. Nas paredes, totalmente brancas, havia um relógio estrategicamente posicionado de frente

163

para os integrantes da mesa central e um cartaz com os dizeres "O silêncio é uma prece". Nas costas dos integrantes da mesa e de frente para o público, havia um quadro branco disposto de forma a servir de apoio ao expositor na ilustração de sua tese. Vânia percebia que muitos dos espectadores aguardavam o início dos trabalhos de olhos fechados, profundamente concentrados.

A ideia que Vânia idealizava de um Centro Espírita não passava nem próxima daquilo que presenciava. Ao contrário de luzes coloridas, imagens místicas, tudo o que via era uma decoração simples e sóbria. Em vez de rituais com muita pirotecnia para invocação de Espíritos ou manifestações sobrenaturais, tudo o que encontrou foi silêncio, paz e concentração. Indiscutivelmente, havia se equivocado e estava diante de um quadro totalmente oposto daquele que tinha criado em sua mente antes de vir para a reunião.

Pontualmente no horário marcado para início da sessão, o dirigente dos trabalhos saudou o público presente, rogando a todos que elevassem seus pensamentos a Deus e que esquecessem por alguns instantes todos os problemas cotidianos, deixando a mente livre para o recebimento dos ensinamentos de Jesus. Após breve introdução, convidou a todos para acompanharem, em pensamento, a oração do Pai Nosso, que passou a recitar. Por fim, apresentou formalmente a expositora da noite, informando que a mesma trabalharia o tema "Perdão".·

Durante cerca de quarenta e cinco minutos, a palestrante, utilizando-se de um tom de voz sereno e uniforme – alguns poderiam achá-lo monocórdio –, dotada de poder tranquilizador e confortante, falou sobre a necessidade de se colocar em prática os ensinamentos de Jesus acerca do perdão. O perdão das ofensas – explicou – é peça chave para que o ser humano evite o adoecimento e a morte de seus relacionamentos interpessoais e, via de consequência, a manutenção do equilíbrio emocional e físico.

Após ilustrar sua tese com algumas passagens do Novo Testamento, com ênfase para o ensinamento moral contido na chamada "Parábola do Filho Pródigo", título que a palestrante qualificou como inadequado, na medida em que a figura central da passagem era um pai bondoso que perdoa os erros de seus dois filhos. Finalizou a explanação destacando a necessidade de nos reformarmos intimamente, vivendo nossas vidas em consonância com os preceitos do bem, e conclamou a todos a viver o perdão, o amor e a caridade, elementos que nos ligam vibracionalmente a Espíritos de luz, atraindo, assim, somente coisas positivas para nossas vidas.

Encerrada a exposição doutrinária, o dirigente agradeceu à palestrante e findou os trabalhos com uma oração de encerramento. Por fim, solicitou a todos os interessados em tomar passe que aguardassem em seus lugares, mantendo o silêncio, pois seriam conduzidos à sala respectiva pela ordem de seus assentos. Aos demais, desejou uma boa noite e um bom retorno a seus lares.

Vânia optou por aguardar para recebimento do passe, admitindo para Cecília que a curiosidade era sua maior incentivadora.

– Faz a coisa certa pelas razões erradas – sussurrou Cecília no ouvido da amiga, que apenas sorriu diante da observação.

Enquanto um trabalhador da casa iniciou a condução das pessoas sentadas na primeira fila de cadeiras – chamava grupos de cinco – para um cômodo contíguo, onde receberiam o passe, novamente o ambiente foi tomado pelos relaxantes acordes de uma música lírica. Cada grupo que entrava na sala não se demorava mais que três minutos e logo chegou a vez de Vânia e Cecília.

A sala de passes, que seguia o mesmo padrão de simplicidade do restante da casa, estava praticamente às escuras. A única iluminação provinha de uma lâmpada de cor azul que não deveria ter mais do que vinte watts, criando um ambiente convidativo à concentração. Não havia móveis na sala, mas tão somente cinco cadeiras de madeira revestidas de palha nos assentos e nas costas. Atrás de cada uma delas, encontrava-se postado um trabalhador, cabisbaixo e totalmente concentrado. Os cinco foram convidados por uma pessoa que coordenava a sessão de passe a acomodarem-se em qualquer um dos assentos disponíveis e, após uma breve oração, os trabalhadores iniciaram um movimento de imposição de mãos sobre a cabeça das pessoas, que Vânia observou por estar com os olhos entreabertos, o que lhe possibilitou a observação do que ocorria na cadeira vizinha. As mãos dos trabalhadores da casa ficavam paradas exatamente sobre o ponto central da cabeça, com os dedos levemente contraídos. Vânia tinha a impressão de que uma tênue corrente elétrica trespassava pelo seu corpo, produzindo a sensação de relaxamento.

Alguns segundos depois, a coordenadora indagou se todos estavam bem e, diante da ausência de resposta, despediu-se do grupo.

No retorno para o carro, Vânia comentou com Cecília que se sentia leve, como se um peso tivesse sido retirado de seus ombros.

– Energia, minha amiga, energia – disse, batendo em suas costas.

– Quero seguir os conselhos dados por Carlos no atendimento fraterno e aprofundar-me nos ensinamentos da Doutrina. O que você me indica?

– Sugiro que você inicie lendo O Livro dos Espíritos, que é a primeira das cinco principais obras de Allan Kardec. Além disso, posso providenciar seu ingresso em um dos grupos de estudos que a casa oferece.

– Vou adquirir um exemplar de O Livro dos Espíritos e pode contar comigo para o grupo de estudos – falou Vânia com entusiasmo.

– Conversarei com a coordenação do grupo de que faço parte para ver se é possível incluir você.

– Não quero criar nenhuma espécie de constrangimento para você, Cecília.

– Que nada! Nosso grupo de estudos é o que chamamos de grupo aberto, ou seja, que permite a inclusão de novos membros. Não creio que haja problemas relativos ao seu ingresso, mas falarei previamente com a coordenadora por mera formalidade e respeito.

– E O Livro dos Espíritos, onde posso encontrá-lo? Nas dependências do Centro Espírita, não havia uma pequena livraria? Não venderiam a obra por lá?

Enquanto a amiga a bombardeava de perguntas, Cecília abriu calmamente sua bolsa, retirou um pequeno pacote embrulhado em papel de presente e entregou à amiga.

– O que é isso? Um livro? – deduziu pelo formato.

– Abra! – ordenou Cecília, sorrindo.

Vânia desembrulhou o pacote rapidamente e deparou-se com uma edição de O Livro dos Espíritos.

– Sabia que você precisaria de um após nossa visita ao Centro Espírita. Conheço-a o suficiente para saber que procuraria algo para ler sobre o tema, ainda que fosse apenas para saciar a curiosidade. Você não foi a primeira, tampouco será a última que entra incrédula e desconfiada e volta maravilhada, sedenta por maiores esclarecimentos.

– Você realmente não existe, Cecília – falou Vânia enquanto a abraçava em sinal de agradecimento.

Felizes e sorridentes, as amigas rumaram para casa.

***

Na esfera espiritual, os avós de Vânia, Catarina e Ângelo, abraçavam-se satisfeitíssimos por terem plantado no coração da neta a semente do entendimento, que será de fundamental importância para que Vânia enfrente a dura provação que o futuro próximo lhe reserva.

CAPÍTULO 8

Estrelas
PERDIDAS

PASSARAM-SE ALGUMAS SEMANAS DESDE A venturosa tarde em que Frei Bernardo e Elvira Pereira renderam-se ao amor proibido. Nos dias que se seguiram, o riacho do Pinheiro Bravo continuava a testemunhar suas tardes de romance tórrido.

Cuidadosos, Elvira e Bernardo conseguiram manter as aparências que suas posições sociais exigiam. Ninguém no povoado imaginava que, bem debaixo de seus olhos preconceituosos, um padre e a filha de um dos Coronéis mais poderosos da região mantinham um romance secreto, envolvidos nos sublimes haustos de uma grande paixão. Amália, a ama, era a única conhecedora do segredo dos amantes, mas sua devoção maternal por Elvira era a garantia do sigilo dos encontros secretos do casal.

Tudo seguia rotineiramente tranquilo, até que o con-

169

flito entre as forças legalistas – chamados peludos – e os caboclos seguidores do Monge José Maria – ditos pelados, por usarem a cabeça raspada – recrudescia e a Guerra do Contestado ganhava contornos trágicos.

O novo reduto de Caraguatá foi atacado pelos militares, mas a estes foi impingida pesada derrota pelas forças sertanejas que, aproveitando-se do conhecimento do terreno, atraíam as tropas federais para falsos atalhos, enredando-os em rude terreno de espinheiros. Encurralados, os mal treinados militares eram levados para uma luta corporal na qual facas, punhais e foices empunhados habilmente pelos caboclos eram garantia de vantagem na contenda. Não bastasse isso, os sertanejos aproveitavam-se de forma eficaz das poucas armas de fogo de que dispunham, posicionando franco-atiradores muito bem escondidos na copa das árvores. De suas posições privilegiadas, camuflados pela folhagem das imbuias, dizimavam as forças governamentais com a precisão de suas carabinas.

Após algumas vitórias, todas elas obtidas através de escaramuças idealizadas com base em eficientes táticas de guerrilha, os discípulos do Monge José Maria voltaram a se reunir em Taquaruçu, em pontos estratégicos no interior da floresta fechada.

Naquele local, davam vazão ao fanatismo e ao sincretismo religioso que os caracterizava. Os caboclos agrupavam-se em torno de uma menina chamada Teodora, a quem creditavam poderes sobrenaturais e dons premonitórios e por isso idolatravam-na como a uma santa. A menina afirmava conversar em seus sonhos com o falecido José Maria, o qual, segundo a vidente, cujas palavras jamais eram questionadas pelos serranos, utilizava-se de suas experiências oníricas para coordenar o próximo passo de seu exército celestial. Em uma das últimas aparições para Teodora, José Maria teria determinado que seus fiéis seguidores permanecessem acampados nas matas de Taquaruçu, sua "santa região". Foi seguindo a orientação da menina que os sertanejos concentraram, naquelas cercanias, as batalhas mais sangrentas da Guerra do Contestado e espalharam medo entre todos os moradores locais, cuja esmagadora maioria mantinha-se neutra na contenda, tornando-se alvo de requisições oficiais, saques e abusos de ambos os lados.

Com o retorno do exército do Monge José Maria a Taquaruçu e a intensificação dos conflitos na mata, os encontros de Frei Bernardo e Elvira em campo aberto foram abruptamente interrompidos. Seu ninho de amor, apesar de distante da civilização, deixou de ser seguro, dada a presença constante de tropas do exército que, espalhadas pela região, seguiam patrulhando toda área beligerante. Não raras vezes, encontravam pequenos redutos de revoltosos, os quais eram prontamente debelados, obrigando os integrantes sobreviventes a se dispersarem em fuga na floresta.

Por sua vez, os coronéis engrossaram as fileiras das tropas governamentais, voltando todo seu poderio financeiro e logístico contra os caboclos. Em razão desta circunstância, Coronel Venâncio, vendo-se alvo dos serranos revoltosos, proibiu sua família de deixar a sede da fazenda Monte Alegre, agora fortemente guarnecida por defensores, formados, em sua maioria, por peões da fazenda e capangas contratados para defendê-la dos ataques dos pelados.

– Maldita guerra que nos obriga a ficar prisioneiras dentro de nossas casas – praguejava Elvira Pereira, angustiada por ter perdido totalmente o contato com Frei Bernardo.

Na igreja, a rotina dos padres também mudara radicalmente após o agravamento dos conflitos. A paz e o silêncio deram lugar à ansiedade e ao medo. Os monges, movidos pelos ditames de sua fé e pela obrigação moral discipular decorrente da ordem religiosa a que pertenciam, a franciscana, assumiram o papel de buscar, a qualquer custo, a pacificação da região, decisão que os colocava constantemente no centro nervoso do conflito.

Os frades transitavam livremente por ambos os lados e, na maioria das vezes, assumiam o papel de garotos de recados dos coronéis, oficiais das tropas governamentais e do caboclo Adeodato, cruel líder do exército de José Maria, que não confiava na imparcialidade dos padres pelo fato de terem suas obras financiadas pelo dinheiro do coronelato de Taquaruçu, agora aliados do exército brasileiro.

Em uma de suas incursões na floresta, portando uma das muitas missivas formuladas por Coronel Feliciano, visando a pacificação da região, mas que trazia, em seu conteúdo, infinitas exigências e minguadas concessões, Frei Lucas teve a arma de Adeodato apontada para sua cabeça. O chefe dos caboclos, irritado com o teor da "oferta de paz", só não consumou seus intentos porque se sentiu acuado quando o padre elevou o crucifixo, que trazia no pescoço, na direção de seu rosto e praguejou dizendo que Deus o castigaria à altura do seu insulto e que a ira Divina também recairia sobre todo o acampamento caso houvesse hostilidades contra um de seus representantes na Terra. O clima era de tensão extrema e a morte poderia estar à espreita, atrás do arbusto mais próximo.

Frei Bernardo, cada vez mais engajado nas ingratas, perigosas e infrutíferas tentativas de promover a paz, passou a dimensionar com mais clareza a importância e o peso de sua missão como sacerdote de Deus. Cada ferido atendido, cada família consolada e cada combate adiado pela intervenção da Igreja aproximavam-no cada vez mais de sua vocação religiosa, que aumentava na mesma proporção que crescia a culpa pela quebra do celibato. Por outro lado, o frade começou a questionar a verdadeira extensão de seu sentimento pela filha de Coronel Venâncio. Amor ou paixão arrebatadora? – perguntava-se. Ganhava força em sua mente a ideia de que o afastamento de Elvira Pereira, contingenciado pela guerra instalada na região, era a oportunidade que Deus lhe concedia para retomar o caminho da fé, abandonado em nome dos prazeres mundanos. Pela primeira vez, desde que iniciara os furtivos encontros com Elvira, começou a sentir o poder e a força das convenções humanas.

Frequentemente acometido de homéricas crises de apreensão e melancolia, Frei Bernardo passava dias na solidão das suas orações. A consciência cobrava-lhe alto preço pela quebra do juramento e das obrigações assumidas pelo sacerdócio, em nome do que chamava de pecado da luxúria. O mutismo começou a chamar a atenção dos demais membros da congregação, até que Frei Marcos, preocupado, interpelou-o na tentativa de fazê-lo abandonar as sombras dos porões em que havia encerrado sua alma.

– Irmão Bernardo, vejo-o taciturno e pensativo nesses últimos dias. Que pensamentos o perturbam e são responsáveis pela nuvem escura que paira sobre sua aura?

Surpreendido pela observação do colega de sacerdócio, Frei Bernardo optou por prestar uma resposta tangencial, afinal, sob quais direitos confessaria os sentimentos que lhe abrasavam o coração? – interrogava-se.

– Realmente, tenho andado muito preocupado, Irmão Marcos, pois vejo que nossa luta pela paz na região não tem surtido o efeito desejado. Inocentes estão pagando pela intolerância e pela ganância dos mais poderosos. Pergunto-me se estamos realmente fazendo tudo o que está ao nosso alcance para evitar os conflitos, honrando o *poverello* de Assis, de quem nossa ordem empresta o nome e segue seus preceitos de vida.

A preocupação com os rumos do conflito na região do contestado e a atuação da Igreja verdadeiramente incomodavam Frei Bernardo, mas não eram a razão principal de suas longas horas de introspecção.

Dotado de aguçada sensibilidade em relação às

sutilezas em torno da alma e do caráter humano, Frei Marcos, apesar de reconhecer justas as preocupações de Frei Bernardo, principalmente no tocante à gravidade e ao aumento dos conflitos que, aliás, também o preocupavam, por alguma razão sentia que o irmão de credo não havia revelado totalmente a natureza de suas inquietações.

– Caríssimo irmão Bernardo – iniciou Frei Marcos, com voz grave –, desde o início desta guerra insana, que tem tingido de sangue a paisagem dos campos de cima da serra, trazendo mais dor e sofrimento para o já sofrido povo nativo, não temos poupado esforços para auxiliar os paroquianos de nossa congregação, muitos dos quais entregam literalmente suas vidas em nossas mãos. Entretanto, meu irmão, há fatos e circunstâncias que estão fora de nossa linha de atuação e devemos aceitar isso. Nem sempre conseguiremos fazer tudo aquilo que gostaríamos, é verdade, mas isso não implica dizer que não estejamos fazendo tudo o que podemos, no limite de nossas forças. Portanto, você não pode se deixar abater pela aparente falta de resultados de nossas ações, pois nosso trabalho aqui está apenas começando, e este conflito, pelo rumo que vem tomando, está muito longe de terminar, a menos que essa não seja a única causa do seu abatimento – complementou, enigmático, chegando ao ponto que queria.

Amigo Bernardo, e agora falo como amigo e não como superior hierárquico, saiba que estou à disposição caso queira compartilhar alguma outra aflição, mesmo que sob a égide do sigilo sacramental da confissão – finalizou Frei Marcos, dando vazão à desconfiança de que o companheiro não exteriorizara os reais motivos de seus tormentos.

As palavras do irmão preocuparam Frei Bernardo sobremaneira. Sentiu na conversa do frade um forte tom de desconfiança e temia que seu romance com Elvira e sua traição aos princípios religiosos assumidos fossem revelados. No fundo, vaidosa e egoisticamente, preocupava-se com a preservação de sua imagem ilibada, mantendo-a imaculada, muito embora também não quisesse interromper os encontros com Elvira. Sabia, porém, que as duas situações eram incompatíveis entre si e, qualquer que fosse sua decisão quanto ao futuro, não haveria garantias de preservação da sua reputação.

Na madrugada seguinte, Frei Bernardo partiria, juntamente com Frei Lucas e Frei Marcos, para o reduto dos caboclos revoltosos a fim de transmitir nova carta Coronel Feliciano e do Comandante do Exército. No apelo, as autoridades intimavam os habitantes da zona conflagrada que estavam na companhia dos fanáticos a suspenderem os ataques às fazendas neutras e alheias à guerra, sob pena de retaliações enérgicas e proporcionais ao agravo. Os líderes legalistas prometiam àqueles que abandonassem a zona conflagrada, entregando-se pacificamente às tropas federais, totais garantias de que seriam disponibilizados meios para sua subsistência até que os governos de Santa Catarina e do Paraná concedessem-lhes terras para reiniciarem suas vidas e providenciassem os respectivos títulos de propriedade.

Os monges sabiam que aquela missão seria perigosa, pois a carta que levavam possuía um tom imperativo, e nunca eram bem recebidas por Adeodato, o vaidoso e orgulhoso líder dos revoltosos, mas isso não intimidaria a tentativa de evitar mais mortes inocentes e desnecessárias.

O deslocamento até a área de conflito proporcionaria longas horas de reflexão, e Frei Bernardo tencionava aproveitá-las com proficiência para sedimentar uma ideia que vinha ganhando força em seu pensamento: o término do relacionamento com Elvira e a dedicação completa à vida monástica, reatando o juramento prestado anos atrás na Itália, quando abraçou o sacramento sacerdotal. Temia, porém, pela reação da jovem e pelas consequências do brusco rompimento.

A despeito das doces e encantadoras tonalidades estivais das florestas dos campos de cima da serra, a visita dos monges, conforme esperado, não foi nada aprazível. Adeodato, intransigente, não aceitou o pedido de fazer cessar os ataques contra as propriedades de fazendeiros que não tomavam parte no conflito. A tensão tornava o ar carregado, quase irrespirável, e, por inúmeras vezes, o líder dos revoltosos fez menção de expulsar os padres do seu reduto e, em outras tantas, ameaçou-os com a morte, bravatas que novamente esmaeciam diante do Cristo crucificado presente nos crucifixos dos monges que, mais uma vez, foram apontados na direção do cruel, porém supersticioso, comandante dos caboclos.

Frei Bernardo, que já estivera outras vezes no acampamento dos seguidores de José Maria, notou que a fartura de outrora cedera espaço à fome e às doenças. Estudioso das enfermidades do corpo e com a experiência adquirida nos atendimentos prestados no hospital mantido pela igreja, identificava, pela aparência daquelas criaturas, principalmente das crianças, os efeitos devastadores da desnutrição e da falta de higiene. A fraqueza do povo refletia-se no caminhar lento, pausado e na respiração carregada. Os padres chegaram ao reduto dos fanáticos bem no momento em que um grupo trazia pela corda uma robusta vaca, produto de pilhagem em uma fazenda das redondezas, mas que certamente não seria suficiente para amainar a fome de todo o acampamento. Abatido o bovino, assim que os homens iniciaram o processo de descarne, as crianças acercaram-se do animal e puseram-se a comer as tripas ainda quentes. Frei Bernardo ficou sabendo depois que a regra imposta pela fome era: comer qualquer coisa que se mexesse.

As necessidades materiais não eram o único mal a corroer as entranhas da fortificação montada no meio da mata pelos sertanejos. Quando os visitou pela primeira vez, no momento em que o conflito não passava de um perigo iminente, Frei Bernardo foi apresentado a um acampamento alegre, com músicas, danças e jogos, muito semelhante às quermesses que a igreja organizava quando das comemorações festivas pela passagem do dia de algum santo padroeiro. Entretanto, com o avanço das batalhas, a crueldade passou a reinar em estado bruto, sem necessidade de justificativas. Como líder, Adeodato estabeleceu a política do medo entre seus próprios comandados. As bandeiras "da santidade e da proteção", que existiam dentro dos redutos, ficaram relegadas ao passando distante. No curto período em que lá estiveram, durante o ministério da confissão, vários caboclos declararam que viviam no local contra a sua vontade; estavam ali unicamente por temor a Adeodato, a quem chamavam de o "demônio em pessoa".

Precisava-se fazer algo para ajudar aquelas pessoas cuja perspectiva de futuro era praticamente nula, pois os que não perecessem pelo chumbo das balas ou pelas lâminas dos punhais inimigos teriam a vida ceifada pelas mãos frias da fome ou pelo toque quente e febril das doenças.

Três dias haviam se passado quando os padres retornaram do acampamento dos caboclos guerrilheiros no interior da mata em Arraial de Bom Jesus do Taquaruçu. Traziam consigo a decepção de mais uma tentativa frustrada de reduzir os horrores dos conflitos. Falharam como mediadores, e como Adeodato mantinha-se determinado a persistir com os ataques às propriedades de todos aqueles que não integrassem suas fileiras, a resposta do Coronel Feliciano e do General Setembrino, em retaliação à irredutibilidade belicosa do caboclo, certamente traria sofrimentos de proporções catastróficas.

Frei Bernardo compartilhava da decepção dos demais membros da congregação e sentia o gosto amargo da impotência diante de forças maiores que a sua. Além disso, o sofrimento dos inocentes, vítimas daquela insana guerra, reacendeu a chama da sua fé franciscana, despertando o arrebatador desejo de prestar auxílio aos desesperançados serranos. Neste contexto, autoflagelava-se moralmente por ter sucumbido aos desejos da carne, entregando-se a uma paixão que o afastou da verdadeira vocação. Por tudo isso, estava determinado, a qualquer preço, a colocar um ponto final naquela história, pois seu único amor era a fé que professava, da qual nunca deveria ter se afastado.

Bernardo percebeu, então, que era fraco ou excessivamente altivo para suportar o julgamento das pessoas, que certamente o exporiam ao ridículo perante a sociedade e a sua congregação. Assim foi que, entregando as rédeas de sua vida ao orgulho e à vaidade, decidiu domar em seu seio os arroubos pelos desejos carnais e esquecer que um dia amou Elvira Pereira. Não podia permitir que uma paixão esfacelasse sua reputação como servo de Deus. Estava decretado o fim de sua aventura com a filha única do Coronel Venâncio Pereira.

Isolada, prisioneira de circunstâncias que não lhe diziam respeito, Elvira Pereira, apreensiva, andava ao redor de uma rústica mesa de madeira na cozinha, conversando com a ama Amália enquanto esta cumpria suas obrigações, realizando os afazeres domésticos. Havia semanas que não tinha notícias de Bernardo. Tinha urgência em falar com o amado, por isso confabulava com Amália uma maneira de fazer chegar um recado às suas mãos.

– Por que esta sangria desatada, sinhá? Depois que passar este diacho de guerra, as coisas voltam ao normal e tudo ficará mais fácil para vocês.

– Não posso esperar, Amália. Preciso que você encontre uma forma de ir até a igreja para entregar uma mensagem a Bernardo. Ontem, ouvi uma conversa entre meu pai e o Coronel Feliciano, ouvi-os dizer que os padres haviam retornado de uma visita ao reduto dos sertanejos. Isso significa que Bernardo está na igreja, e como você tem mais oportunidades para deixar a fazenda do que eu, levará até ele o meu recado.

Percebendo a urgência nos olhos da patroa, Amália concordou, ainda que a contragosto, em procurar Frei Bernardo ainda naquele dia.

Alertada pelo seu aguçado sexto sentido, a ama desconfiava que Elvira estivesse ocultando algum fato importante.

O calor do Sol começava a atenuar-se, tornando a tarde fresca e serena, quando a mensageira chegou à igreja. Amália encontrou Frei Bernardo no hospital-farmácia, entregando um punhado de ervas para Expedita, cozinheira da fazenda de Coronel Juscelino, que tentava inutilmente acalentar o recém-nascido que trazia ao colo. Amália não precisou dizer nada, pois Frei Bernardo deduziu os motivos de sua presença, pedindo, através de discreto sinal com a mão, que realizou pelas costas da paciente, para que a ama de Elvira aguardasse.

Amália aguardou pacientemente enquanto o frade explicava à Expedita a dosagem, o preparo e os intervalos com que o chá deveria ser dado ao filho, além de outros cuidados. Satisfeita, Expedita beijou a mão do padre, agradecendo-o pela ajuda.

– É um santo homem! – falou Expedita ao cruzar com Amália no momento em que deixava o local.

Amália nada respondeu, mantendo-se cabisbaixa.

Assim que ficaram a sós, a ama transmitiu a Frei Bernardo o recado de Elvira – não deixando de frisar a urgência da moça –, marcando encontro para o dia seguinte no lugar e horário costumeiros. Amália colocou o frei a par do aumento da segurança na fazenda depois dos ataques e do quanto seria custoso para Elvira burlar a vigilância dos homens de Coronel Venâncio e deixar a prisão imposta pela guerra na região, advertindo o padre para não faltar ou atrasar ao encontro, pois o tempo seria limitado.

Frei Bernardo manteve-se sério e com o semblante fechado, limitando-se a agradecer a empregada pelo recado. Depois disso, pediu licença, pois tinha outras pessoas aguardando atendimento.

Matreira, Amália percebeu imediatamente a mudança de postura do padre em comparação à última vez em que o visitou, a mando da patroa.

"Aí tem coisa!" – pensou enquanto retornava à fazenda Monte Alegre.

Na fazenda, Amália optou por silenciar-se quanto ao tratamento seco e formal recebido de Frei Bernardo, pois não queria que uma impressão, que poderia muito bem ser equivocada, deixasse Elvira ainda mais apreensiva. Tudo seria esclarecido no dia seguinte – pensou.

Perdida entre a saudade e o medo do futuro, Elvira não conseguia conciliar o sono. Angustiada, deixou o quarto silenciosamente para não chamar a atenção do restante da família e saiu a caminhar pela vastidão da fazenda, contemplando o manto estrelado que enfeitava o límpido céu, sob a sombra da madrugada que seguia alta e a réstia de luminosidade de uma lua crescente a refletir nas gotículas do orvalho que cobria o tapete escuro em que se transformara o gramado da casa.

Elvira buscava, no refúgio da noite, uma forma de engendrar, em sua mente, a melhor maneira de cientificar Bernardo de fatos que produziriam graves consequências em suas vidas, dadas as circunstâncias e a posição social de cada um.

Assim foi que caminhou noite adentro, até que os primeiros clarões do dia despontassem no horizonte, despertando lentamente os primeiros personagens da manhã. Por um instante, esqueceu-se dos problemas e parou para contemplar o canto melodioso dos pássaros a saudar o dia que renascia, dissipando lentamente o negro manto da noite. Emocionada, apaixonada e com a sensibilidade aflorada, contagiou-se pela sinfonia da natureza, caindo em choro convulsivo. As lágrimas de desabafo eram consequência das angústias e temores que lhe oprimiram o peito nos longos dias de solidão.

Não muito longe dali, no interior de sua cela, um frade franciscano também travava uma batalha perdida contra a insônia. O dia seguinte seria tenso.

Frei Bernardo não tinha mais dúvidas quanto ao próximo passo a ser dado, mas desconhecia, e por isso temia, a amplitude do impacto que sua decisão produziria nas vidas das pessoas, principalmente de Elvira. Os danos seriam inevitáveis, mas não tinha certeza do alcance da onda de choque que seria produzida no momento da ruptura.

O padre sabia que precisaria aprender a conviver para sempre com o rótulo de traidor. Na sua ótica, seus atos o colocaram diante de uma bifurcação em que teria de escolher a quem trair: Deus ou Elvira.

Genuflexo em seu quarto, rogava pela coragem necessária para enfrentar as consequências da difícil decisão, por mais duras que fossem. Renunciaria ao amor de Elvira em nome do sacerdócio e do auxílio ao próximo, e nada, nem mesmo os maiores sofrimentos, o demoveria deste caminho.

– Melhor sofrer uma decepção agora do que viver uma mentira o restante da vida – repetia para si mesmo, como um mantra, na tentativa de reduzir o remorso pela desilusão que certamente produziria na jovem amada.

O dia amanheceu e as horas transcorreram lentas para o ansioso casal, cada qual em seu retiro de angústia. Quando a tarde finalmente chegou, Elvira Pereira resolveu não inventar pretexto para deixar a fortaleza em que se transformara a fazenda do pai. Encilhou seu cavalo e saiu em disparada na direção da porteira de entrada da propriedade, até que foi barrada por um dos peões responsáveis pela segurança.

– Ninguém pode sair, senhorita Elvira! Ordens do Coronel Venâncio.

– Saia da minha frente! – bradou a moça, com voz firme e intimidadora. – Estou cansada de ficar prisioneira em minha própria casa. Vou sair para dar uma volta e, se quiser cumprir as ordens de meu pai, terá de atirar em mim, pois esta será a única maneira de me impedir de sair desta fazenda. E nem pense em mandar alguém me seguir. Posso cuidar de mim mesma.

Atônito, o empregado não teve coragem para impedir a determinada moça de deixar a fazenda. Restava-lhe apenas rezar para que Coronel Venâncio não descobrisse a rebeldia da filha, pois, se isso acontecesse, ele é quem seria punido.

Quando se distanciou da fazenda e percebeu que ninguém a seguia, Elvira suspirou aliviada. Estava orgulhosa de si mesma pela coragem com que enfrentara a situação, mas sabia que teria que guardar um pouco desta força e valentia para mais tarde, quando fosse enfrentar a ira de Coronel Venâncio, mas, para sua sorte, o pai jamais descobriria o fato, pois o empregado, temendo por represálias, não relataria ao patrão o incidente.

Aproximando-se do riacho do Pinheiro Bravo, junto ao velho cedro, o lugar que por vezes testemunhou o amor proibido de um frei franciscano e a filha de um poderoso coronel, Elvira, assim que avistou Frei Bernardo, desceu do cavalo e correu para matar a saudade, mas, para sua surpresa, seu abraço foi rechaçado pelo frade, que apresentava um semblante sério e fechado.

– O que houve? – perguntou, surpresa.

A sequência da conversa foi praticamente um monólogo que Elvira ouviu estupefata.

Nos minutos que se seguiram, Elvira notou um Bernardo sério e insensível discorrer sobre a redescoberta da vocação e da importância das suas responsabilidades como representante de Deus na Terra, na luta em favor dos menos favorecidos do Taquaruçu.

– Por todas estas razões é imperioso que terminemos o romance e prossigamos com nossas vidas como se nada tivesse acontecido, pois os desejos humanos não podem sobrepujar os desígnios divinos – disse o frade, sem demonstrar qualquer sentimento.

Frei Bernardo encerrou o ensaiado discurso pedindo desculpas pelas falsas expectativas que criara e pelo mal que lhe causara por conta das promessas que decidiu descumprir.

Por mais nobres que fossem os motivos alegados por Bernardo, Elvira não conseguia compreender, tampouco aceitar uma mudança de planos tão radical em tão curto espaço de tempo. Inutilmente tentou demover o intransigente frei de sua decisão. Todas as suas tentativas foram prontamente repelidas, sem sequer serem ouvidas.

– Aonde foi parar todo o amor que você dizia nutrir por mim? – perguntava Elvira.

Frei Bernardo apenas baixou a cabeça e nenhuma resposta brotou do silêncio.

Dilacerada em seus mais caros sentimentos e sentindo-se como se o chão houvesse sido removido de seus pés, Elvira deixou que a decepção, a raiva e o orgulho invadissem seu coração e, aos prantos, montou em seu cavalo, saindo em disparada, sem revelar os verdadeiros motivos pelos quais solicitara o urgente encontro com Bernardo.

A jovem canalizou toda a raiva que sentia por Frei Bernardo no pobre cavalo, exigindo que o animal imprimisse uma velocidade cada vez maior. Foi em disparada que irrompeu pelo umbral da fazenda, quase atropelando o mesmo capataz que tentara impedir sua saída horas antes e que, ao reconhecer a moça em desabalada carreira, tratou de logo abrir o portão para lhe dar passagem.

Ocupados com seus afazeres, ninguém na casa percebeu as lágrimas nos olhos de Elvira quando ela cruzou rapidamente o interior da morada e rumou na direção do quarto, onde se trancou e chorou copiosamente.

Esgotada física e mentalmente, de muitas longas horas de choro e lamentos, Elvira adormeceu, afogada nas reflexões de seu drama pessoal.

Algum tempo depois, acordou sobressaltada. Mais calma e com as energias refeitas pelo sono vivificante, dirigiu-se até a janela, debruçou-se no peitoril e ficou admirando a beleza do cenário, deslumbrando-se com as cores do horizonte, que mudavam do negro da noite para o arroxeado misturado com as primeiras tonalidades de amarelo do alvorecer. Permaneceu, por longos minutos, tentando encontrar na paisagem inspiração para exterminar suas incertezas e abrandar seus problemas.

Desconhecia – por isso temia – o que o futuro lhe reservaria. Havia, entretanto, uma única certeza: o fim do relacionamento não implicaria, necessariamente, no fim de sua história com Frei Bernardo, que estava bem longe de terminar. No momento oportuno, o padre seria informado acerca do teor das cartas que permaneciam ocultas – metaforizou.

Lenta e silenciosamente, o ódio começou a corroer os sentimentos de Elvira Pereira, e o amor que devotava a Bernardo Quintavalle abandonou seu coração como um pássaro viajor que bate asas e deixa o refúgio efêmero que lhe serviu de abrigo por não lhe pertencer. O frei, por sua vez, fraquejava, permitindo que o sublime sentimento fosse sufocado pelo orgulho e pela vaidade.

A correção de curso imposta pelo livre-arbítrio de cada um impôs ao casal o afastamento da rota original. Ontem rumavam, na direção do infinito, manancial de virtudes celestiais, hoje vagavam sozinhos como estrelas perdidas na noite escura dos tempos.

CAPÍTULO 9

GUARDADOS

SOB O MANTO DA ROTINA, UM APÓS O OUTRO, os dias foram desfilando por entre os meses, e, antes que pudessem perceber, o inverno os deixou e setembro, abrindo alas para a primavera, entrou em suas vidas. Era chegado o momento de o tempo começar a revelar seus segredos.

Desde a primeira visita ao Centro Espírita, Vânia e Cecília dedicaram a totalidade de seu tempo livre ao estudo da Doutrina Espírita e aos trabalhos no Centro Espírita, que Vânia passou a frequentar, inclusive em relação às obras de assistência social.

Vânia mergulhou de cabeça no Espiritismo, que, para ela, constituía-se uma grande novidade. Cecília conseguiu inserir a amiga no grupo de estudos de que participava, cujas reuniões ocorriam uma vez por semana, onde passaram a se dedicar ao estudo das chamadas obras básicas, organizadas pelo codificador Allan Kardec. Quando Vânia ingressou no grupo, a turma havia iniciado, poucas semanas antes, o estudo de O Livro dos Espíritos, fator que facilitou sua adaptação. Bastaram algumas leituras fora do horário regular de estudo para que Vânia alcançasse o tema estudado pelo restante do grupo. Paralelamente, encontrava tempo entre os estudos da faculdade e os cuidados dispensados ao pai – que a cada dia necessitava de mais ajuda – para se dedicar à leitura de obras espíritas a fim de complementar o que vinha aprendendo no grupo.

Além dos estudos, tanto ela quanto Cecília voluntariaram-se à realização de pequenos trabalhos no Centro Espírita, como agendamentos, controle de filas para o passe, leituras, recepção das pessoas que procuravam a casa pela primeira vez.

Notando que a vida da filha havia tomado um ritmo frenético, Iracy sempre perguntava se a moça não estaria exagerando na dose, ao que Vânia justificava-se dizendo que podia terminar o dia esgotada fisicamente, mas estava feliz e com o espírito leve. Falava isso não para aplacar a justa preocupação da mãe, mas porque retratava com exatidão o estado de espírito em que se encontrava.

– Você está se dedicando a muitas tarefas ao mesmo tempo, filha, como se não houvesse amanhã – dizia a mãe.

– Quem de nós tem a chave dos segredos do tempo, minha mãe? Quero aproveitar ao máximo as oportunidades que esta vida me oferece, pois amanhã nunca se sabe onde estaremos.

– Isso é mórbido. Vire esta boca para lá! – retrucou Iracy.

– Sei que a senhora duvida daquilo que venho aprendendo no Espiritismo, mas tenho convicção de que a vida continua após a morte do corpo físico, e que estamos aqui como passageiros em busca de aperfeiçoamento. Encarnamos para cumprir, em tempo determinado, uma missão. Esgotado o tempo, voltaremos para casa.

A realidade – continuou Vânia – é mais fantástica do que podemos supor. A lógica dos ensinamentos difundidos pela Doutrina Espírita foi que me conquistou. Velhos conceitos, vistos por outro prisma, adquirem sentido e removem a fantasia que obstaculiza a aceitação de dogmas consagrados, porém destituídos de suporte lógico, responsáveis pelo fomento e difusão do ateísmo.

– Em que acredito ou deixo de acreditar não importa, minha filha. O essencial é que tenha encontrado uma religião que satisfaça seus anseios e, acima de tudo, que esteja feliz.

– Felicíssima por ter encontrado um caminho espiritual para seguir na vida. Alegra-me, ainda, o fato de ter me encontrado.

Vânia pediu licença para mãe, pois queria aproveitar o tempo livre para continuar sua leitura. Dirigiu-se até o quarto, acomodou-se na cama – adorava ler deitada, embora não fosse a posição mais recomendada – e reiniciou a leitura da obra "Os Mensageiros", ditada pelo Espírito André Luiz e psicografada pelo médium Chico Xavier. Retirou o marcador de página e retomou a leitura a partir do capítulo VI, intitulado "Advertências profundas". Havia lido anteriormente o livro "Nosso Lar", obra do mesmo autor espiritual, André Luiz. Como ficou encantada com o livro, optou por seguir estudando sua continuação. Definiu como meta de estudos ler, a longo prazo, toda a coleção "A Vida no Mundo Espiritual", também de André Luiz.

Nem bem havia retomado a leitura quando um pensamento surgiu-lhe. Vânia pousou o livro sobre o peito e recordou que os sonhos recorrentes com a colônia espiritual, cuja falta de compreensão motivara sua ida até o Centro Espírita, em busca de respostas, haviam cessado. Não sabia se o desaparecimento guardava relação com a nova fase da sua vida, mas os dois eventos ocorreram concomitantemente e, como nada é por acaso... Deixou a frase solta no ar e concentrou sua atenção no livro.

Utilizando-se do batido jargão do mundo dos leitores, Vânia devorava o livro, cada vez mais fascinada com a história da evolução do Espírito André Luiz: suas experiências, suas dificuldades, enfim, a vivência no mundo espiritual, na acepção mais ampla do termo.

Sentindo um ligeiro formigamento nas costas por permanecer muito tempo na mesma posição, Vânia levantou-se da cama, largou o livro sobre o criado-mudo e espreguiçou-se, lentamente. Sempre que mergulhava no mundo da leitura perdia completamente a noção do tempo. Andou pelo quarto, pousou seus olhos na janela e percebeu, boquiaberta, que os últimos vestígios de luminosidade solar desapareciam no horizonte, tingindo o céu de um tom alaranjado inconfundível. Ainda não conseguia acreditar que ficara tanto tempo absorta na leitura. Enfiou a cabeça para fora da janela, a fim de certificar-se de que não havia se enganado quanto ao ocaso, bem no momento em que passava uma revoada de pássaros procurando seus abrigos noturnos por entre as árvores, que, naquele instante, não eram mais do que manchas negras na paisagem crepuscular. Era a prova derradeira de que a tarde de sábado recuava, dando passagem à noite.

Vânia permaneceu admirando a vista até que o Sol desapareceu completamente e o cenário noturno tomou sua posição definitiva na paisagem. Fechou a janela e foi até o quarto do pai ver se o mesmo não estava precisando de algo.

Desde o diagnóstico, o estado geral de Belarmino agravara-se consideravelmente. A doença apoderou-se do seu corpo físico e seus sintomas, de sua estabilidade psicológica. Pouco a pouco, o fantasma da invalidez e da dependência que tanto o assombrava apresentava sua face sombria, fazendo-se presente e cada vez mais visível. Vânia sofria ao ver que o pai se convertera num triste reflexo do homem que era meses atrás, antes da manifestação da esclerose.

Belarmino passava agora a maior parte do tempo na cama, saindo apenas para a realização das sessões diárias de fisioterapia e para suas ligeiras caminhadas, que se resumiam a poucos passos dentro da casa ou ao redor dela, sempre apoiado por uma bengala. Seus músculos das pernas não tinham força suficiente para sustentá-lo de pé durante muito tempo. Vencia curtas distâncias de forma lenta, sempre intercalando os poucos passos com paradas para descanso. Terminada a caminhada, retornava para a cama até o dia seguinte, quando repetia o ritual.

Apesar da resistência e da teimosia, a família conseguiu convencê-lo a usar uma cadeira de rodas para que tivesse maiores opções de locomoção, facilitando sua própria rotina, notadamente quanto aos benéficos e necessários banhos de sol.

Vânia bateu à porta do quarto anunciando sua chegada e, após ouvir a autorização do pai, adentrou no cômodo.

– Como está se sentindo hoje, pai? O senhor precisa de algo?

– Preciso apenas de companhia, minha filha – respondeu Belarmino, sorridente.

– Que bom encontrá-lo assim, tão bem-disposto.

– Sei que tenho sido mais ranzinza do que normalmente já era, mas há momentos em que é muito difícil bancar o homem otimista, principalmente, quando o corpo emite sinais inequívocos de que o fim se aproxima rapidamente.

– Está sendo difícil para todos. Cada um de nós, a seu modo, foi afetado pelo fantasma dessa doença, papai. Não pense que a mamãe e eu estejamos alheias a este sofrimento, mas precisamos tentar ·nos manter fortes para auxiliá-lo.

Belarmino retraiu-se e o sorriso inicial foi substituído pelo mutismo habitual. Vânia já havia se acostumado com a oscilação de humor do doente, reação perfeitamente compreensível diante das circunstâncias. Sempre que isso acontecia mantinha-se em silêncio, em sinal de respeito, e aguardava que seu pai tomasse a iniciativa de retomar a conversação.

– Seria hipocrisia dizer que não tenho medo de morrer e que não fico assustado diante da iminência do encontro com o desconhecido. A maioria das pessoas nutre este receio, mas algumas conseguem disfarçar seus temores melhor do que as outras – falou Belarmino, quebrando finalmente o estrondoso silêncio.

A marca mais cruel desta doença – continuou – é que ela não se contenta em lhe roubar lentamente a vida, mas leva consigo também a dignidade de sua vítima, na medida em que a relega ao completo estado de dependência. É um mal que golpeia o ânimo com sintomas físicos e psicológicos. Meu maior horror, hoje, é estar perdendo os direitos sobre meu próprio corpo.

Vânia nada dizia. Tentara, em outras ocasiões, despejar velhos clichês religiosos consoladores, que acabaram produzindo efeito contrário aos seus interesses, pois revoltavam ainda mais seu pai, que não se conformava com a doença. Na sua visão pós-diagnóstico, Deus não passava de uma entidade cruel e sádica que se diverte à custa de suas criaturas, brincando com suas vidas. Para Belarmino, Deus trata os seres humanos com parcialidade, distribuindo felicidade para uns e sofrimento para outros, com absoluta falta de critérios.

Sempre que alguém tentava consolá-lo citando Deus, falando de sua bondade e justiça ou outro argumento do gênero, Belarmino disparava uma frase extraída de um livro sobre sobreviventes do holocausto nazista – adquiriu o hábito da leitura depois que a esclerose obrigou-o a ficar muito tempo deitado –, supostamente gravada por um judeu na parede do alojamento do campo de concentração de Auschwitz: *"Se existe um Deus, Ele terá que implorar pelo meu perdão"*. Uma frase impactante que normalmente calava todo aquele que ousava empreender uma tentativa de consolo que, mesmo não concordando com a citação, compreendia a revolta e preferia evitar a polêmica com o doente.

Dia após dia, a raiva crescia dentro de si como um tumor maligno, maculando seriamente o crepúsculo de sua encarnação atual e arregimentando novas dificuldades à alvorada da nova vida, que iniciará tão logo cessadas as atividades do corpo físico.

Se por um lado compreendia a revolta do pai, acometido de uma doença grave, incurável e que vinha apertando gradativamente suas garras contra o seu já debilitado corpo, por outro, sabia que a revolta e a falta de resignação em aceitar o seu quinhão de sofrimento traria consequências imprevisíveis para o Espírito, além de prejudicar ainda mais a saúde do corpo físico, acelerando o processo degenerativo.

Vânia receava pelo dia – que não tardaria a chegar – em que o pai necessitaria de auxílio para suas necessidades fisiológicas. O temor, que também era compartilhado por sua mãe, era que o grau de revolta do pai atingisse níveis perigosos e de consequências imprevisíveis. O medo das mulheres era perfeitamente justificável porque Belarmino não aceitava qualquer espécie de dependência. No dia em que se convenceu de que não tinha mais condições de dirigir e que necessitaria de alguém para guiar seu carro, Belarmino chorou como uma criança. Em outra oportunidade, quando a falta de coordenação nas mãos começou a se tornar um obstáculo na hora das refeições, o homem atirou o prato ao chão, trancou-se no quarto e, desde então, passou a fazer as refeições naquele local, para não ser visto por ninguém. Somente Iracy tinha autorização para ajudá-lo nas refeições. Aos poucos, instalou-se o que o médico qualificou de "episódio pré-depressivo".

Iracy era sempre o principal alvo dos rompantes de ira de Belarmino, principalmente quando descobria uma nova incapacidade, muito embora às vezes – raramente – também sobrasse para Vânia uma palavra mais áspera. Adotou o expediente de manter-se impassível durante os momentos de fúria de Belarmino, esforçando-se ao máximo para não deixar transparecer eventual mágoa produzida pelos petardos lançados através da língua ferina do patriarca da família.

Muitas vezes, o fardo de Iracy tornava-se pesado demais, mas ela aceitava-o resignada. Belarmino, ao contrário, dizia não entender por que Deus resolveu humilhá-lo, tornando-o cada vez mais dependente da esposa e da filha.

Vânia permaneceu no quarto do pai por algum tempo, tentando, paciente e inutilmente, manter uma conversa neutra, com assuntos banais, a fim de distrair o sofrido genitor, mas Belarmino sempre encontrava uma forma de conectar o assunto recentemente iniciado aos seus problemas, sua doença ou suas dificuldades. Vencida, a moça despediu-se com um beijo e seguiu direto para o quarto, a fim de continuar com seus estudos.

Foi nos princípios gerais da Doutrina Espírita que Vânia iniciou a busca pelo entendimento da causa dos sofrimentos do ser humano encarnado. Obtendo sucesso no entendimento desta questão, certamente compreenderia, através de quais engenhosos mecanismos, a embarcação da sua família vinha sendo açoitada impiedosamente pela força de tenebrosas tempestades.

Em seus estudos preliminares, conseguiu compreender os princípios básicos da lei de causa e efeito e que nossas dores podem ter origem em causas atuais, pretéritas ou nas duas. Muitas vezes, a lei de ação e reação não espera uma nova existência para impor suas sanções. Nessas situações, nossas angústias e sofrimentos são consequências de atos praticados ainda nesta vida. Por outro lado, também é bastante comum que soframos por conta de débitos decorrentes de más atitudes praticadas em vidas pregressas, cujo ajuste ocorre nas encarnações seguintes. Por fim, mas não menos importante, há situações adversas que nós mesmos ajustamos antes de reencarnar, são provas escolhidas pelo Espírito reencarnante, visando seu aprimoramento moral. Obviamente que distinguir uma espécie da outra não é tarefa simples e requer uma profunda autoavaliação e um sério exercício de autoconhecimento, que a criatura deve buscar nos arquivos desta existência, ações, atitudes ou ocorrências que tenham sido responsáveis pela movimentação das engrenagens da lei de causa e efeito, a tal ponto de as consequências serem suportadas ainda nesta encarnação. Se após uma autocrítica honesta, o sujeito não encontrar nenhum elemento, nesta encarnação, que justifique suas dificuldades, haverá grandes chances de a causa estar relacionada a fatos e atitudes de vidas pregressas e, neste caso, a problemática pode ter sido concebida a título de prova ou expiação.

Com a evolução dos estudos, não demorou para que Vânia começasse a especular que seu drama familiar poderia ter origem em encarnações anteriores, embora fosse impossível para a moça mensurar o grau de responsabilidade de cada um na trama da história. Havia uma lição em andamento, disso não duvidava, muito embora não soubesse qual a sua natureza e a quem se destinava. Qualquer que fosse a resposta às suas desconfianças, Vânia julgava-se parte ativa desta teia de eventos, que se mantinha oculta pelos segredos do tempo.

$$* * *$$

Conhecedores do contexto que envolvia as vidas passadas daquelas criaturas, Ângelo e Catarina acompanhavam atentamente o desenrolar dos fatos. Suas presenças não eram percebidas pelos familiares, cujos dotes mediúnicos permaneciam adormecidos.

– Quando encarnados nos palcos da vida física, temos acesso consciente a apenas uma pequena parte do enredo da nossa história. Mantemos uma visão míope e incompleta dos fatos e acontecimentos que envolvem nossas vidas e das causas que nos impuseram o enfrentamento de situações dolorosas e de dificuldades existenciais aparentemente sem sentido – explicou Ângelo sob os olhares atentos de Catarina.

– Retornando à pátria espiritual – prosseguiu Ângelo –, depois de um tempo, de acordo com o nosso grau de adaptação, recebemos permissão para acessar os registros completos de nossas vidas pregressas e, só então, compreendemos que as adversidades que qualificávamos de injustas nada mais eram que consequências lógicas e inerentes aos abusos praticados contra a Lei Divina em eras passadas. Somente nesse momento nos damos conta de que Deus não é um vingador parcial, sádico e implacável, que distribui felicidade e desgraças, divertindo-se com o sofrimento de suas pobres criaturas, muito pelo contrário. Em sua infinita misericórdia e justiça, Ele nos oferece a reencarnação para repararmos nossos equívocos. Além disso, brinda-nos com o esquecimento do passado. Quando reencarnamos, esquecemo-nos do que fizemos, mas nos defrontamos com as consequências do que fizemos ao longo do tempo, através do sofrimento. Esta é a Lei.

Devido a nossa condição evolutiva, o sofrimento ainda é a maneira mais eficaz de voltarmos novamente a nossa face para o Altíssimo e às coisas do Espírito. Deus sempre nos diz sim, mas nós frequentemente O ignoramos.

Aprendemos também que os ditames da lei de causa e efeito atingem, indistintamente, todos aqueles que abusaram de uma prerrogativa não menos Divina: o livre-arbítrio.

É uma pena que a maioria de nós não desperta para esta realidade enquanto ainda se encontra encarnado. Nossos olhos se abrem para a verdade somente após o retorno ao mundo espiritual, quando, só então, acordamos

200

do sono profundo da carne. Tudo seria mais fácil se acordássemos para a realidade da lei de causa e efeito durante a experiência reencarnatória, isto certamente nos pouparia de muitas dificuldades – complementou Catarina.

Sem sombra de dúvidas. O livre-arbítrio é o mecanismo através do qual conseguimos regular o incessante confronto maniqueísta presente em nossas vidas. Vivemos num mundo de provas e expiações e somos forçados a compartilhar a encarnação com pessoas boas e com pessoas más. O livre-arbítrio é o elemento que nos permite escolher a qual destas categorias vamos nos afeiçoar; o instrumento que Deus nos concedeu para que tenhamos liberdade de opção pela trilha que nos é mais agradável quando uma encruzilhada se posta impassível em nossos caminhos. Somos constantemente chamados a tomar pequenas decisões, muitas delas com poder de mudar o rumo de nossa encarnação. Basta o ligeiro desvio de alguns graus na rota para que aportemos num ponto bem distante do destino originalmente traçado.

Mas nem tudo são flores! – continuou o avô de Vânia. – À benesse do livre-arbítrio acrescenta-se uma carga de responsabilidade de proporcional importância. Somos livres para fazer nossas escolhas, mas seremos, necessariamente, cativos de nossas decisões, vassalos de nossas obras.

– Belarmino, Iracy, Vânia e até mesmo Cecília têm suas vidas entrelaçadas por segredos escondidos nos recônditos da história de seus Espíritos imortais. O véu do esquecimento, entretanto, protege-os dos prováveis traumas que o conhecimento prematuro das reencarnações pretéritas produziria em seus Espíritos, atuando como verdadeiras âncoras a travar nossa marcha rumo à evolução – ponderou Catarina.

Somos testemunhas dos compromissos morais assumidos pelos nossos queridos irmãos durante o planejamento reencarnatório. Graves erros cometidos em tempos passados e que pendiam de reajuste e reparação. Esta foi a motivação que levou os quatro Espíritos a voltarem juntos aos palcos da Terra – complementou a avó de Vânia.

– Um dia, quando retornarem ao mundo espiritual, no momento conveniente, libertar-se-ão das amarras do esquecimento e só então compreenderão o funcionamento da misericórdia Divina, que abraça a todos, indistintamente. A bondade do Criador está presente mesmo quando somos alçados a uma vida rodeada de infortúnios. O mal é relativo. Equivocamo-nos quando nos rotulamos sofredores, injustiçados pela justiça Divina. Isso ocorre porque analisamos a situação unicamente com base em nossas necessidades imediatistas, de natureza puramente material. Retornando ao plano espiritual e recuperando a visão ampla da situação, como alguém que observa a tudo do cume de uma montanha, tendo em mãos o conhecimento das vidas pretéritas, compreendemos que o bem acontece em nossas vidas através de circunstâncias supostamente más. Na Terra, há um dito popular que resume a questão, guardadas as devidas proporções: "Deus escreve certo por linhas tortas". Uma boa analogia – disse Ângelo, sorrindo.

Muitos encarnados criticam a lei do esquecimento sob o argumento de que a revelação dos fatos escondidos nos porões do nosso inconsciente nos auxiliaria no resgate dos débitos contraídos. Veja a história de nossos quatro irmãos, Catarina: você acredita que Belarmino, Iracy, Vânia e Cecília conseguiriam viver suas vidas normalmente se pudessem recordar-se de sua passagem anterior pela Terra?

– Certamente que não!

– Recordar o passado reencarnatório não se resume à mera revelação de fatos históricos. Dissipar a neblina que encobre as circunstâncias de existências anteriores significa também reviver todos os sentimentos presentes nestas experiências. Dor, angústia, medo, remorso, vergonha, traição, ódio serão novamente vivenciados, e, com certeza, não estamos preparados para reviver toda essa carga de sentimentos negativos, principalmente porque ainda não adquirimos a capacidade de perdoar incondicionalmente. O conhecimento do passado seria um desastre em nossas vidas, porque muitas vezes fomos vítimas e outras tantas fomos algozes – sentenciou Ângelo.

– Por isso, o esquecimento do passado deve ser considerado uma bênção e uma prova da infalibilidade da Lei Divina.

Depois que se despediu do pai, Vânia seguiu para o quarto e retomou a leitura. Bastante cansada, começou a lutar contra o sono. As pálpebras pesavam-lhe, tornando árdua a luta para manter os olhos abertos. Catarina e Ângelo, postados ao lado da neta, aplicaram-lhe passes reconfortantes. Do plano espiritual, era possível visualizar eflúvios em tons azulados, partindo dos bondosos Espíritos e alojando-se na jovem encarnada. Aquilo foi o golpe de misericórdia na batalha da moça para se manter acordada. Uniram-se os cílios, as mãos perderam a força da pegada, o livro pendeu para o lado, e Vânia adormeceu.

Satisfeitos, porém conscientes dos desafios que a neta deveria enfrentar em breve, os avós de Vânia encerraram, por aquele dia, os trabalhos na crosta, retornando aos seus afazeres na colônia espiritual que habitavam.

Logo na chegada, nos arredores da colônia, foram recebidos por Espíritos amigos. Trocaram abraços e sorrisos e seguiram em direção ao portão de entrada da cidade espiritual. Ângelo e Catarina estavam felizes e agradecidos por Deus ter-lhes concedido a oportunidade de mais um dia de trabalho na seara do bem.

Cruzaram um singelo portal que dava acesso à colônia, e Ângelo deteve-se rapidamente para admirar mais uma vez o pórtico de entrada da cidade, observando orgulhoso a inscrição que dizia: "Colônia Recanto da Paz".

Capítulo 10

A face
OCULTA

A VIDA É CHEIA DE BRUMAS, E NINGUÉM ESTÁ totalmente a salvo dos mistérios ocultos pelo seu véu. O ser humano, este é como um rio: calmo e límpido na superfície, mas que esconde águas turvas e fortes correntezas nas partes mais profundas. Aquele que abandona a calmaria das águas rasas e aventura-se na desconhecida escuridão das profundezas corre o risco de trazer à tona toda a lama fétida escondida nos recônditos mais ocultos do leito.

Elvira Pereira não estava disposta a aceitar passivamente a rejeição imposta por Bernardo. O segredo não revelado no derradeiro encontro com o frade, e que não poderia permanecer oculto nas profundezas sombrias por muito tempo, abalaria sensivelmente a vida de todos os envolvidos. Um prenúncio de tragédia pairava no ar.

Cega pelo orgulho ferido e tomada por crescente

desejo de vingança, Elvira, dando vazão a negros pensamentos, maquinava a melhor maneira de expor o ex-amado. A moça tinha ciência de que, no momento em que o pai tomasse conhecimento do fato que escondia, qualquer coisa poderia acontecer, inclusive a morte, mas estava disposta a pagar qualquer preço para derrubar Bernardo do frágil altar sacro onde se refugiara. O que a moça não previu, prejudicada pelo revanchismo que lhe ofuscava a capacidade de medir as consequências de seus desejos funestos, era que a situação fugiria completamente do seu controle, trazendo desdobramentos infestos e sofrimentos bravios.

Frei Bernardo, porém, temendo por efeitos desastrosos nos dias imediatos ao rompimento com Elvira, quando os ânimos estão mais acirrados, partiu novamente para o acampamento montado no meio da floresta pelos caboclos em guerra. Sua missão era levar um pequeno estoque de remédios compostos de ervas e unguentos a fim de auxiliar os doentes daquele reduto.

Permaneceu poucos dias no acampamento dos sertanejos, mas o suficiente para medicar os doentes mais graves e ensinar a uma idosa senhora a preparar infusões para os males mais comuns daquela improvisada aldeia. Depois disso, foi grosseiramente convidado a se retirar por Adeodato, pois o líder dos sertanejos recebera informações de um de seus espiões que as tropas do exército avançavam e os revoltosos mantinham viva a implicância com os membros do clero, enxergavam-nos com desconfiança e temiam que revelassem informações sigilosas sobre suas táticas guerrilheiras.

Sob o pano de fundo de litígios acerca de limites territoriais, em que o Estado do Paraná, por questões políticas, recusava-se a cumprir decisão irrecorrível do Supremo Tribunal Federal, que dera ganho de causa a Santa Catarina, a guerra contra os fanáticos – como eram pejorativamente chamados os caboclos – atingia o auge do horror, com perdas sensíveis de ambos os lados.

Os sertanejos, apesar de algumas vitórias, nas quais impuseram consideráveis baixas às tropas oficiais, estavam sendo lentamente esfacelados pelas forças do General Fernando Setembrino de Carvalho. As lutas, agora, concentravam-se na mata densa, realidade que aliviou os moradores de Arraial de Bom Jesus do Taquaruçu. A derrota do exército de José Maria era uma questão de tempo.

Designado pelo alto comando do exército para pacificar a região devido a experiência adquirida depois da vitória obtida na recente Guerra de Canudos, General Setembrino propalava aos quatro cantos que repetiria o feito obtido na Bahia. O tempo e a história confirmariam suas bravatas.

O afastamento geográfico dos conflitos trouxe um relativo ar de normalidade para as áreas mais populosas da vila, onde as pessoas passaram os últimos meses praticamente aquarteladas em suas próprias residências. Desconfiados como presas após ataque frustrado de seu predador, os moradores, gradativamente, foram aventurando-se a passeios mais afastados de suas casas. Também, aos poucos, as atividades comunitárias foram sendo retomadas.

207

Por ordem da Intendência de Curitibanos, foi agendada a realização de um ato público na igreja, com a presença das autoridades locais e do General, comandante das forças do Exército Nacional na região, oportunidade em que a população seria esclarecida acerca da situação do conflito na região. Apesar de Frei Marcos sugerir que o ato não fosse na casa de Deus a fim de que a Igreja mantivesse sua aura de neutralidade, não prejudicando ainda mais o já precário trânsito entre os redutos conflagrados, o argumento sequer foi considerado pelo mandatário regional, Coronel Feliciano, deixando os frades de mãos atadas.

Na noite agendada, toda sociedade local se fez presente. Dentre os mais abastados, alguns se apresentaram com trajes formais, dando ao evento um tom cerimonioso; outros compareceram trajando vestes festivas. Por fim, a camada mais simples da população também marcou presença, mais pelo temor de represálias, comuns para aqueles que não atendiam aos convites dos coronéis, do que propriamente pelo interesse que o assunto despertava. Esta parcela de moradores apresentou-se de forma simples, alguns com as roupas que vieram do trabalho. Como de hábito, os primeiros lugares da igreja foram ocupados pelos membros da classe mais alta, enquanto a patuleia acomodou-se nos bancos dos fundos.

Anfitriões forçados, todos os membros da congregação atenderam ao chamado das autoridades, incluindo o próprio Frei Bernardo, que, àquela altura, já havia retornado da sua rápida excursão de caráter médico às trincheiras dos caboclos. Todos os frades acomodaram-se em bancos existentes nas laterais do altar, o qual foi ocupado pelo Coronel Feliciano e pelo convidado de honra, General Comandante das forças do Exército Nacional. O púlpito, acostumado a ser palco de fervorosos sermões dominicais, desta feita abrigaria os não menos ardorosos discursos dos oradores da noite.

Para desconforto de Frei Bernardo, Coronel Venâncio Pereira, a esposa Ana e a filha Elvira encontravam-se sentados na primeira fila. O frade esperava que a tempestade criada pelo término de seu relacionamento furtivo com Elvira Pereira já houvesse amainado no coração da moça e que os dias de afastamento tivessem sido suficientes para dar início ao processo de cicatrização das feridas, assim como acontecia consigo. O destino sorria diante da ingenuidade do frei e da sua falta de capacidade de avaliar a extensão da mágoa de uma mulher rejeitada.

Apesar das vãs esperanças de Bernardo, a moça lá estava, a encará-lo de forma interrogativa. Seus olhos faiscavam, deixando transparecer toda a mágoa e todo o ódio criados pelo abandono, enquanto os lábios descortinavam um discreto, porém, eloquente, sorriso irônico. Frei Bernardo sentiu a garganta secar, ao mesmo instante em que um fio de suor escorreu-lhe pela face. Aqueles sinais deixavam claro que a moça planejava algo, mas o quê? – indagava-se no silêncio de seus pensamentos.

Minutos mais tarde, os acontecimentos corroborariam seus temores e os efeitos seriam simplesmente devastadores.

Coronel Feliciano abriu a sessão discursando longamente sobre os prejuízos que todos os fazendeiros da região vinham sofrendo por conta dos ataques dos homens, que chamou de "cangaceiros fanáticos". Em tom intimidador, deixou claro aos trabalhadores presentes que, a continuar os ataques, ocorreriam muitas dispensas de mão de obra nas fazendas, como forma de reduzir custos e amenizar os prejuízos. Conclamou os presentes à reflexão e a decidirem por qual lado tomariam partido nesta luta, enfatizando que a neutralidade não seria tolerada.

– Nesta vida, ou você é problema ou é parte da solução dele, e eu os tratarei de acordo com o posicionamento de cada um. Todos que quiserem se unir a nós na solução dos problemas serão bem-vindos e justamente recompensados; os demais, entretanto, serão tratados como parte do problema e, junto com toda a sua família, sentirão as consequências da nossa maneira de fazer justiça – encerrou com um desvio de olhar na direção da congregação franciscana.

Os padres remexeram-se inquietos nos desconfortáveis bancos, afinal de contas, aquele recado ameaçador aplicava-se também à Igreja local, que, até então, abstinha-se de tomar partido na contenda, optando por assistir aos desconsolados, sem distinção de lado.

O discurso do mandatário local colocava a posição da Igreja em risco e deixou todos apreensivos, exceto Frei Bernardo, que se mantinha distante, sem conseguir desviar a atenção do olhar intimidador de Elvira.

Terminado seu discurso, Coronel Feliciano saudou

efusivamente o comandante das forças nacionais na região, General Setembrino, reservando longos minutos para uma enfadonha sessão de bajulação, pouco apreciada pelos desinteressados espectadores.

Após agradecer e devolver de maneira prolixa os elogios, General Setembrino, em um discurso enérgico, deixou claro que a missão das forças pátrias – sua missão – era pacificar a região, mesmo que isso redundasse no completo extermínio dos revoltosos.

Disse o General[2]:

"Imaginar-se os frutos de uma tão deplorável anormalidade em terras, à sombra de uma pequena floresta, por onde desliza um regato de tênue lençol d'água, foi pouco a pouco se avolumando, de tal sorte que uma região compreendendo territórios dos Estados de Santa Catarina e Paraná, com superfície de cerca de cento e vinte mil quilômetros, estava inteiramente conflagrada. Essas regiões onde florestas enormes, penetradas unicamente pelos instrumentos de trabalho, propulsionam a riqueza pública e particular, essas regiões onde rios correntosos escoam produtos desse trabalho viam-se, então, transformadas em teatros de cenas vandálicas. Dos saques ao assassínio de crianças, do defloramento das donzelas à matança das mulheres em pleno período de fecundação, pela faca cortante, penetrando as entranhas da vítima, da devastação de propriedades particulares aos incêndios dos edifícios públicos, tais são os pólos

---

[2] Esta é uma narrativa real extraída do livro de memórias do Marechal Fernando Setembrino de Carvalho, intitulado "Memórias: Dados para a história do Brasil", datado de 1950, da cidade do Rio de Janeiro, sem referência de editora", mas que aqui encontra-se romanceada sob a forma de discurso em evento fictício.

de atividade feroz dos fanáticos, núcleo onde se agrupam os bandidos de procedências várias, que na infeliz e bela porção de nossas pátrias terras, encontram-se um vasto e farto pasto de seus perversos instintos. Eis a situação de uma parte do Contestado, quando cheguei de Curitiba com poderes especiais para restabelecer a ordem nos territórios de Santa Catarina e Paraná, pois os respectivos governos haviam solicitado, ainda em meio ao repouso recuperador das energias despendidas para sufocar a hidra da anarquia, quando apenas os ruídos da procela desencadeada pela ação de elementos perturbadores da estabilidade da ordem republicana em Canudos, e na qual falsos apóstolos pensavam aniquilar-me, iam desaparecendo, vejo-me de súbito depositário de novas responsabilidades, agora novo e melindroso posto de comando que aprouve ao Governo da República confiar-me, que eu não solicitei, porque, assim como jamais recusei os meus serviços ao País, também não ousei pretender postos ao que mesmo por instantes os altos interesses da Nação, em jogo, pudessem depender da minha iniciativa e das minhas resoluções. Não hei de medir esforços para operar contra nossos patrícios transviados da lei."

O comandante ainda não havia encerrado seu inflamado discurso quando Elvira pôs-se de pé e interrompeu-o bruscamente, sob os olhares furiosos de Coronel Feliciano e Coronel Venâncio, que fizeram menção de conter a moça, mas foram contidos com um gesto de mão de General Setembrino, o qual, apesar de surpreso, mostrou-se deveras interessado no teor da conversa que a audaciosa moça tinha a revelar.

As atenções dos presentes voltaram-se totalmente para a intrépida jovem, mas ninguém percebeu que, nos bancos laterais, Frei Bernardo encontrava-se estupefato, com os olhos esbugalhados, temendo pelo inevitável.

– Perdoe-me a petulante interrupção General Setembrino, mas o senhor enfatizou veementemente a perfídia das ações dos sertanejos conflagrados, dentre as quais a desonra de moças locais, ações que, pela sordidez, merecem reprimenda violenta e imediata por parte das forças legalistas.

Neste momento, Coronel Venâncio levantou-se raivosamente e advertiu a filha:

– Malcriada! Como você tem a ousadia de interromper esta reunião para fazer seus questionamentos fúteis. Ponha-se no seu lugar e mantenha-se calada.

– Silêncio! – bradou o General Setembrino para um surpreso coronel, pouco acostumado a receber ordens, tampouco ser tratado com semelhante tom de voz, mas que, forçado a obedecer diante do quilate de autoridade ali presente, calou-se indignado, desenhando de imediato uma expressão dura no rosto.

– Coronel Venâncio, as quizilas familiares vossa senhoria que resolva em casa, mas aqui, enquanto comandante-chefe das tropas governamentais, exijo que a senhorita termine o que começou. Imagino que tenha uma boa razão para essa desarrazoada interrupção – falou firme o General, deixando claro que também não aprovara a atitude de Elvira Pereira.

Nitidamente contrariado, Coronel Venâncio sentou-se e escutou resignado, muito embora seu desejo fosse disparar raios e trovões sobre o General pela reprimenda. Contentou-se, então, em fuzilar a filha com os olhos. Elvira certamente pagaria por aquela humilhação pública, muito embora, no fundo, também estivesse muito curioso para descobrir os reais motivos da absurda interrupção.

– Continue, senhorita... – titubeou General Setembrino por não saber o nome da moça.

– Elvira Pereira – apresentou-se com insolência.

– Prossiga, então, senhorita Elvira Pereira. Gostaria de saber aonde a senhorita pretende chegar – falou, impaciente.

– Aonde pretendo chegar? Quero chegar na hipocrisia, senhor General. Estão todos aqui a julgar as ações dos revoltosos quando, no seio desta sociedade, crimes idênticos aos atribuídos aos caboclos são praticados por pessoas que supostamente estão acima de qualquer suspeita.

– A senhorita poderia ser mais específica?

– Os caboclos violentam fisicamente as mulheres, desonrando-as, disse o senhor. Aqui, entretanto, pessoas utilizam-se de sua moral supostamente ilibada para ludibriar e obter, com moças de família, o mesmo resultado que os fanáticos da floresta obtêm à força, ou seja, a desonra. São crimes idênticos, mas consumados através de métodos diferentes e tratados de forma desigual.

Pálido, Frei Bernardo quase desfaleceu no lugar

onde estava sentado, mas lutou para manter a postura, na esperança de que a conversa encerrasse naquele ponto.

– O que eu quero dizer – continuou a moça – é que há pessoas tão bárbaras e cruéis dentro desta própria assembleia quanto os homens que estão escondidos na mata neste momento e que tudo isso não passa de um imenso jogo de cena e hipocrisia.

Depois da acusação proferida pela filha de Coronel Venâncio, formou-se na igreja um silêncio sepulcral. Podia-se ouvir a respiração dos presentes, e aqueles de audição mais aguçada ouviam as batidas do próprio coração, denunciando a presença de muitos culpados no local.

Frei Bernardo quase não podia acreditar na transfiguração de Elvira Pereira. A mulher doce e meiga transformara-se numa pessoa instável e vingativa. O término do relacionamento por si só produziria tamanha transformação? – perguntava-se.

– Creio, então, que a senhorita deva declinar fatos e, principalmente, nomes, para que não incorra na injustiça de macular a honra de todos aqueles que aqui se fazem presentes, com indiretas e generalizações – ponderou o General calmamente, com voz paternal, tentando, desta forma, ganhar a confiança da moça.

– Fatos? Bem, o fato, senhor General, é que eu fui enganada e ludibriada de maneira sórdida por alguém de quem não se poderia esperar a desonra e a mentira. E o resultado disso é que hoje estou esperando um filho de um dos padres aqui presentes, Frei Bernardo, com quem mantive um relacionamento secreto sob a promessa de casamento. Apesar de me prometer que abandonaria o sacerdócio, o que o padre fez foi abandonar-me, após a satisfação lascívia e de seus sórdidos desejos carnais.

A revelação provocou um alarido geral no interior da igreja. Coronel Venâncio ficou paralisado com a notícia da gravidez da filha. Os padres voltaram-se para Frei Bernardo que, sem palavras, ouvia exigências de explicações.

No meio daquele tumulto, quando todos começaram a falar ao mesmo tempo, General Setembrino deu um potente soco sobre a mesa e conclamou a todos para que fizessem silêncio. Ato contínuo, deu ordens para alguns soldados que o escoltavam para esvaziar completamente a igreja, deixando apenas os padres e a família, a fim de que aquilo não se transformasse num espetáculo circense ainda maior.

Após alguns minutos, o recinto estava praticamente vazio, permanecendo apenas Coronel Feliciano, Coronel Venâncio, sua esposa, Elvira Pereira e todos os frades. Por fim, foi General Setembrino quem dissipou a bruma silenciosa do recinto:

– Cavalheiros, este não é um assunto que diz respeito à missão por mim recebida. Entretanto, já que fomos todos trazidos para esta situação, sugiro que tentemos manter a calma para esclarecer esse fato.

Coronel Venâncio, que minutos atrás teve sua autoridade diminuída pelo General, aproveitou-se das circunstâncias para devolver a ofensa perpetrada pelo comandante das forças nacionais:

216

– General Setembrino, como vossa excelência mesmo reconheceu, este não é um assunto de vossa alçada, mas, sim, uma questão familiar. Como a reunião oficial foi encerrada pela sua ordem de esvaziamento da igreja, creio que o exército não tem mais nada a fazer neste galpão. Pessoalmente não me sinto à vontade para continuar a discussão de assunto de caráter familiar na presença de pessoas estranhas, e o senhor, como cavalheiro que é, certamente compreenderá minhas razões, pegará seus homens e sairá do interior desta igreja tão rápido quanto tainha de açude.

Contrariado e sentindo-se desprestigiado, o General assentiu com sutil movimento de cabeça. Despediu-se dos presentes e deixou a igreja, não sem antes sussurrar algo – inaudível para os demais presentes – para Coronel Feliciano. Este limitou-se a esboçar um ligeiro sorriso de canto de boca, fazendo menção de levantar-se e retirar-se, mas foi demovido de suas intenções a convite do próprio Coronel Venâncio, que, apesar da fúria a queimar-lhe as entranhas, tentava manter o derradeiro fio de serenidade que lhe restava.

– Fique, compadre Feliciano. Tenho a impressão de que o assunto também será do interesse do amigo, afinal, confirmada a veracidade do que ouvi há pouco, parece que os membros desta igreja têm feito bem mais do que rezar o padre-nosso por estas bandas.

– O senhor não tem o direito de insinuar nada sobre os representantes de Deus, principalmente porque não foram apresentadas provas das acusações atiradas contra Frei Bernardo e, consequentemente, contra todos nós, membros da Santa Madre Igreja Católica – protestou Frei Marcos.

– Eu tenho o direito de fazer o que eu quiser enquanto não me for apresentada uma explicação convincente a respeito do que ouvi aqui hoje, mas, se isso for verdade, padre, adianto ao senhor que não serão ave-marias e padres-nossos a penitência que darei a esse bugio de batina – falou enfurecido Coronel Venâncio, colocando a mão sobre a arma que trazia consigo –, muito embora a minha receita seja mais eficaz e o levará a Deus mais rápido que cavalo de carteiro.

– Isso foi uma ameaça, Coronel Venâncio? – perguntou Frei Marcos com altivez.

– Não, padre, isso foi uma promessa!

Frei Marcos silenciou-se e olhou para Frei Bernardo, que permanecia quieto, impassível.

– E quanto a você, mocinha – continuou Coronel Venâncio, voltando-se para a filha –, quero que me conte essa loucura desde o princípio.

Elvira Pereira passou a narrar todo o seu drama, sem poupar os presentes de nenhum detalhe de sua relação amorosa com Frei Bernardo. Enfatizava, com exageros e inverdades, as promessas de casamento e artimanhas que o padre teria utilizado para seduzi-la, omitindo os momentos em que ela própria tomara iniciativa na relação. Por fim, acrescentando uma pincelada de dramaticidade, relatou que, poucos dias atrás, quando contou a Frei Bernardo a descoberta da gravidez, o mesmo pôs fim ao relacionamento.

– É mentira! – gritou Frei Bernardo, levantando-se da cadeira e manifestando-se pela primeira vez. – Jamais encostei um dedo sobre essa mulher. Essa criatura só pode estar influenciada por Satanás para sustentar tamanha mentira.

Elvira Pereira não esperava aquela reação abrupta do padre e, diante do inesperado, caiu em copioso choro, sendo consolada pela mãe, que também entregava-se ao pranto. No fundo, o plano da desesperada jovem era valer-se da exposição pública para, diante das circunstâncias, forçar o frade a abandonar o sacerdócio e assumir o filho que carregava no ventre. Jamais cogitou a hipótese de que o ex-amado, que tantas juras de amor lhe fizera nos inúmeros encontros furtivos às margens do riacho, negaria o relacionamento e ainda a chamaria de mentirosa perante todos.

Vendo a filha debulhar-se em lágrimas, Coronel Venâncio correu na direção do frade e, agarrando-o pela batina, desferiu-lhe um murro no rosto, fazendo com que Frei Bernardo se estatelasse sobre o banco onde estava sentado. Coronel Venâncio sacou da arma, mas, antes que conseguisse levar a efeito sua intenção de executar o homem ali mesmo, foi impedido pelo Coronel Feliciano.

– Ainda não, Venâncio. Vamos continuar ouvindo essa história. Para evitar problemas, conduzirei a situação daqui por diante – solicitou calmamente o intendente da cidade.

– Você tem razão, coronel, meu patrício. Desculpe-me se perdi a cabeça, é que, quando vi a guria chorando, fiquei mais louco que galinha agarrada pelo rabo, mas vou segurar meu facho.

Coronel Feliciano se esforçou para não rir do amigo e suas expressões – mesmo depois de anos de convívio, Coronel Venâncio sempre arranjava uma nova e hilária frase.

O condutor da reunião respirou fundo e voltou-se para o padre, que limpava o sangue que escorria pelo nariz.

– Apesar de não ter ido com a sua cara desde que aqui chegou, ainda quero ouvir toda a sua versão da história, padre. Vejo o fantasma da culpa estampado nesta sua cara carcamana, mas, mesmo assim, quero certezas em vez de suposições, tudo para que a presença incômoda do remorso não me persiga logo após eu mostrar, com minhas próprias mãos, o que acontece com estrangeiros que se aproveitam da batina para desonrar as mulheres de nossa cidade.

Frei Bernardo engoliu a saliva e sentiu a angústia confranger-lhe o peito, passando a relatar a sua versão dos fatos. Suas declarações surpreenderam, inclusive a si próprio, tamanho o cinismo empregado naquela difícil empreitada.

Alea jacta est... – murmurou entre os dentes.

– Pois muito bem, Coronel Feliciano, como não estamos aqui para debater acerca de nossas empatias pessoais ou, neste caso específico, nossas antipatias, que, de minha parte, é recíproca em relação a sua pessoa e aos demais coronéis, desde já quero que saiba que o coronelato que o senhor e todos os fazendeiros da região fazem questão de ostentar, a mim não intimida. Por outro lado, os senhores, sim, é quem deveriam estar preocupados com o dia em que tiverem de prestar contas a Deus por seus atos aqui na Terra. A mesma prestação de contas que a senhorita Elvira deveria temer diante das levianas acusações lançadas em público nesta noite.

– Ele está mentindo – gritou Elvira.

– Pelo que compreendi, Coronel Feliciano, este momento foi concedido para eu me pronunciar acerca dos fatos que me foram imputados, não? Sendo assim, não tolerarei agressões físicas e xingamentos, tampouco não estou com paciência para interrupções indevidas. Do contrário, caso a ordem não seja mantida – isso se, ao menos neste recinto, o senhor tenha poder para fazer reinar a ordem – calar-me-ei, afinal, não devo satisfações de minhas ações a nenhum dos senhores, mas tão somente a Deus e a meus confrades. A escolha é dos senhores.

– Essa insolência ainda vai lhe trazer grandes aborrecimentos, mas disso cuidaremos depois. Neste momento, nosso intento é esclarecer a acusação feita pela filha do amigo Coronel Venâncio. Quanto à sua falta de paciência, meu caro frade, estamos lhe dando uma oportunidade única para rebater as acusações que pesam contra si, mas fique à vontade para declinar desse benefício, totalmente prescindível para a formação de nossas convicções. Lembre-se de que há muitas maneiras de interpretar o silêncio.

– Fale, Frei Bernardo, para o bem de todos, principalmente para o bem de nossa Igreja – ponderou Frei Marcos.

Elvira Pereira não reconhecia o Bernardo arrogante e cínico que se apresentava naquele momento. Um homem que não mostrou qualquer sentimento pela criança que ela estava esperando, que era seu filho. Sentia a temperatura da igreja aumentar e o cheiro das velas chegou-lhe ao nariz, e começou a sentir-se enjoada. Esforçava-se para se manter consciente, agarrando-se firmemente ao banco da igreja.

Frei Bernardo, de pé, olhou ao seu redor, fazendo uma pausa nos irmãos de credo. Percebeu que os frades imploravam-lhe com os olhos para pôr fim a todo aquele constrangedor e perigoso episódio. Fitou Elvira Pereira, que, apesar do sofrimento interno, mantinha um ar altivo e arrogante, evitando encará-lo. Por fim, deteve-se nas figuras dos coronéis, que se sentiam, cada um a seu modo, afrontados por ele. Regozijava-se internamente e não fazia questão de esconder a ligeira satisfação pela irritação e impaciência dos orgulhosos coronéis. Estranhamente, aquilo tudo o divertia.

O frei sabia que admitir a verdade redundaria na sua condenação e também de toda a congregação. Certamente os coronéis utilizar-se-iam de seu erro para encerrar as atividades da Igreja na região, algo que desejavam desde a época em que Frei Rogério Neuhaus decidiu enfrentá-los, afronta que culminou com a sua transferência prematura para o município de Porto União. A ideia dos coronéis sempre fora acabar com toda a atividade pastoral no local, mas uma queda de braço com a Igreja

Católica, sem motivos graves, seria espinhosa e desgastante até mesmo para eles. Seu deslize com Elvira Pereira talvez fosse o motivo de que precisavam para colocar em prática seus intentos, e isso Frei Bernardo não estava disposto a lhes oferecer. Assim, tentando transparecer uma calma que estava longe de possuir, resolveu, sem tergiversações, apresentar uma versão que passava ao largo da verdade.

– Da maneira como foi posta a situação, não só a minha reputação está em jogo neste momento, mas a reputação de todos os membros da Santa Madre Igreja – aumentou a entonação quando se referiu à instituição a que pertencia.

Há algumas semanas, fui procurado por uma empregada da fazenda de Coronel Venâncio, de nome Amália, portando recado da senhorita Elvira. A empregada encontrou-me cuidando da horta comunitária, várias pessoas presenciaram esse fato. No recado, Elvira manifestava desejo de se confessar, mas solicitava que isso ocorresse de forma discreta. A princípio, estranhei o pedido, afinal, a confissão em si já é cercada de sigilo, mas compreendi que a discrição dizia respeito a sua chegada e recepção na igreja. A mensageira informou-me que a patroa desejava que eu fosse até ela para ministrar o sacramento da confissão. Estranhei mais uma vez, mas, por tratar-se da filha de Coronel Venâncio, resolvi atender àquela inusitada solicitação.

– Esse não foi um procedimento adequado – interrompeu Frei Marcos.

223

– Sim, tenho consciência disso. Mas ponha-se no meu lugar: recebo a solicitação da filha de um dos coronéis mais respeitados e influentes da região, a qual exige premência no atendimento e sigilo. Julguei, a priori, estar diante de um fato grave ou, no mínimo, relevante. A situação, da forma como me foi apresentada, requeria uma resposta imediata e, dadas as circunstâncias, optei por abrir mão do protocolo e ministrar o sacramento da confissão, ainda que em local impróprio.

– Sob esse prisma, a questão modifica-se e talvez o irmão tenha agido como qualquer um de nós agiria diante das peculiaridades de quem solicitava o favor – constatou Frei Marcos.

– Deixe de floreios, rodeios e termine logo com esta história – intrometeu-se o pai da moça que, desde a agressão ao frade, mantivera-se calado.

– Que seja! Dirigi-me até o lugar marcado e...

– Onde foi? – indagou bruscamente Coronel Feliciano.

– Riacho do Pinheiro Bravo, próximo ao velho cedro – falou tranquilamente.

– Mas por que diabos alguém faria uma confissão naquelas bandas? – intrometeu-se mais uma vez Coronel Venâncio.

– Isso o senhor pergunte a sua filha, afinal foi ela quem determinou o lugar. No chamado que recebi, não havia espaço para negociações – devolveu Frei Bernardo em tom ríspido.

Lívida, Elvira Pereira estava prestes a ter uma síncope. As mentiras de Frei Bernardo penetravam-lhe a carne como a lâmina de uma espada. Nunca poderia esperar o vil comportamento daquele com quem, um dia, trocou juras de amor eterno.

– Mentiroso! – gritou a moça, prestes a desfalecer. – Você sabe muito bem que este foi o local de nossos encontros diários. Nunca solicitei confissão alguma.

Bernardo lutava ferozmente para não deixar transparecer o nervosismo que o corroía internamente. Tentava, a todo custo, demonstrar domínio completo da situação e indiferença diante dos gritos de Elvira e dos olhares desconfiados de todos. Orgulhoso, portando-se com arrogância e altivez diante dos poderosos interlocutores, retomou a narrativa:

– Como eu dizia, fui até o local marcado pela senhorita Elvira e tomei sua confissão. Obviamente, o que ela me falou está resguardado pelo sigilo sacramental.

– É só isso que o senhor tem a dizer, frei? – ironizou Coronel Feliciano.

– O que o senhor esperava, Coronel? Obviamente a história não encerra aqui, mas ela chegou ao ponto máximo que vos é permitido conhecer.

– Neste caso, o senhor terá de revelar tudo, pois não sairemos daqui sem todos os esclarecimentos acerca das graves acusações que a senhorita Elvira apresentou nesta reunião.

Habilmente, Frei Bernardo conduziu a situação

para aquela encruzilhada. O padre, conhecendo o modo de pensar e agir dos coronéis da região, os quais desconheciam o significado de um "não", notadamente quando dirigido às suas indagações, previa que, de uma forma ou de outra, seria forçado a revelar os supostos segredos de confissão. Sabia que os mandatários pouco se importavam com as convenções ligadas aos sacramentos religiosos. Assim, forçado a revelar confidências regimentalmente irreveláveis, o conteúdo dessa divulgação ganharia o peso de uma verdade absoluta, o que não aconteceria caso negasse a acusação pura e simplesmente. Sua palavra, isolada, não valeria de nada naquele absurdo tribunal. Era com isso que contava. Aliás, esse era o único plano que pôde arranjar de inopino.

Dando vazão à história engendrada, que lutava desesperadamente para transformar em história verídica, prosseguiu com o engodo atirado aos poderosos do local.

– Não o farei. O sigilo do confessionário é inviolável e não revelarei nem que tenha que pagar com a minha própria vida.

– Apesar de ter pouca valia, padre, sua vida já está condenada. O que está em julgamento aqui é a permanência ou não de sua Igreja em nossas terras. A decisão é sua, ou melhor, de todos os senhores – decretou o Coronel.

Frei Bernardo trocou olhares interrogativos com os demais membros da congregação. Todos pareciam muito aflitos, pois conheciam a maneira de agir do Coronel

Feliciano e sabiam que não estavam diante de um homem adepto de ameaças vazias.

– Coronel – atalhou Frei Mateus –, deixe-nos falar a sós com nosso irmão por um instante para entendermos a extensão exata dessa confissão realizada fora dos domínios da igreja.

Coronel Feliciano aquiesceu apenas com um gesto de mão.

Os padres retiraram-se da igreja e dirigiram-se até a sacristia, onde deliberaram acerca da conveniência de, excepcionalmente, autorizar que o colega descortinasse os fatos revelados através da confissão, com a condição de que aquele assunto seria abafado, hipótese que Frei Bernardo, teatralmente, mostrou-se contra, mas foi obrigado a ceder diante da ordem de seus superiores.

Retornando ao recinto, Frei Marcos foi quem se utilizou da palavra:

– Amigos, a investigação da verdade é importante para o Coronel Venâncio, por envolver sua filha, mas também o é para nossa congregação, que não pode ter seu nome enlameado pelas faltas de algum de nossos membros. Sequiosos da verdade, concordamos em autorizar a revelação de segredos recebidos por ocasião do ministério do sacramento da confissão, desde que os senhores concordem que esta exceção seja sepultada após o término desta reunião.

– O senhor tem a nossa palavra quanto a isso, padre – respondeu Coronel Feliciano.

227

– Creio que a senhorita Elvira precisa concordar com isso também, Coronel, afinal, ela é a parte mais interessada dentre todos que aqui estão.

– Esta guria não tem querer, pois não está em condições de ficar contrariada com qualquer decisão aqui tomada. Esta cabrita emprenhou e seu castigo independe da identidade do bode – bradou o tosco pai de Elvira Pereira, mostrando a todos que diplomacia não era seu principal atributo. – Desembuche logo de uma vez, padre.

Antes de prosseguir com sua narrativa e seu plano, Frei Bernardo fez questão de frisar que quebraria o sigilo do confessionário por conta do dever da obediência a seus superiores, mas se opunha veementemente a este expediente.

– No dia em que a senhorita Elvira chamou-me para tomar sua confissão, revelou-me que se envolvera amorosamente com uma pessoa com a qual seu pai não aprovaria e que manteve com ele encontros furtivos todas as tardes.

– Então é por isso que, fizesse chuva ou fizesse Sol, esta infeliz saía todos os dias para cavalgar – lembrou-se subitamente Coronel Venâncio, para satisfação de Frei Bernardo.

– Continuando, se o senhor permite, Coronel Venâncio, Elvira relatou-me que desse relacionamento originou uma gravidez inesperada, mas que o pai negou-se a assumir a paternidade e, por isso, temia a sua reação e de toda a preconceituosa sociedade. O pai do seu neto, Coronel Venâncio, é um empregado de sua fazenda que, após a revelação de Elvira, fugiu à responsabilidade, debandando-se para o reduto dos conflagrados, no meio da floresta. A sua graça, eu desconheço, porque a senhorita Elvira não a revelou. É tudo que me foi confessado.

A versão trazida por Frei Bernardo, além de se mostrar convincente, tinha a seu favor o preconceito e a pouca valia da palavra de uma mulher naquela conservadora sociedade. Instantaneamente, todos os olhares voltaram-se para Elvira Pereira.

– Miserável! – gritou Coronel Venâncio para a filha. – Você vai me dizer o nome deste animal nem que seja a última coisa que faça nesta vida, pois como perdi muitos empregados que debandaram para o exército desta caboclada fanática, não saberei identificar, por mim mesmo, a identidade do futuro defunto.

– O nome dele eu já disse, foi esse mentiroso, que agora renega nossa relação – apontou Elvira, aos prantos, para Frei Bernardo.

De onde estava, o frade observou, imperturbável, Elvira Pereira debulhar-se em lágrimas, amargurada e torturada pela infâmia.

O peso da injustiça era o que mais a revoltava e doía-lhe o peito, pois, mesmo sendo portadora da verdade, sabia que uma sociedade machista jamais acreditaria em suas palavras, posicionando-se contra a versão de um homem, padre, que fora forçado a revelar um segredo de confissão.

Elvira conscientizou-se de que perdera a batalha,

que dera causa na esperança de retomar um amor impossível. Teria agora de enfrentar a fúria do pai e de toda a sociedade. Reconhecia que Bernardo fora muito esperto.

Vencida e resignada, Elvira olhava furiosamente para o frei, deixando o ódio transbordar em seu coração. Aquele amor que, um dia, surgiu como a nascente de um rio, brotando discreta e silenciosamente e transformando-se num grade curso de águas límpidas, acabou por turvar-se pela lama da traição, e o córrego, antes calmo, tornou-se caudaloso pela força da mentira. Sua fúria arrastará para as profundezas sombrias todas as vidas que cruzarem seu leito. Aquele manso regato mostrava agora todos os perigos de sua face oculta.

Capítulo 11

A CHUVA FINA E PERSISTENTE DAS ÚLTIMAS horas havia dado uma trégua, e Vânia aproveitou a oportunidade para caminhar pela fazenda. O cheiro de relva molhada somava-se ao suave perfume das açucenas, rosas e quaresmeiras. Essa união produzia um aroma reconfortante e regenerador. Curvou-se e colheu uma rosa, levando-a imediatamente ao nariz para sentir-lhe o perfume. Olhou adiante, depois para os lados, percebendo que estava sozinha. Não havia sinal de ninguém, até os empregados da fazenda sumiram da vista. Algo havia mudado. Olhou para o alto e notou que o cenário modificara-se instantaneamente para uma floresta de imensas araucárias.

– Araucárias? De onde vieram? Nunca tivemos esta espécie de árvore na fazenda – pensou, aturdida.

Os raios do sol que conseguiam ultrapassar a copa em forma de cálice das centenárias árvores e acariciavam-lhe suavemente a face não eram suficientes para aplacar o frio que lhe doía os ossos. O ar gélido e úmido dificultava a respiração, provocando ligeira dor no peito. O que fazia naquele insólito lugar? – perguntava-se. – Não se lembrava de como fora parar ali.

– Olá, alguém me ouve? – tentou gritar, mas a voz saiu abafada e distante, e as palavras foram sorvidas pelas sombras da mata.

Que espécie de floresta era aquela onde sequer podia ouvir o alarido dos pássaros e dos animais terrestres? Até o vento soprava silenciosamente, como a sussurrar-lhe no ouvido. O silêncio morto era angustiante e paradoxalmente facundo.

Vânia prosseguiu. Movia-se lenta e cuidadosamente; queria deixar aquele lugar o mais rápido possível, pois o ocaso solar aproximava-se e logo o breu tomaria conta de toda a floresta, mas não sabia como fazê-lo. Pressentia que, mesmo se soubesse, não conseguiria encontrar a saída.

Caminhou sem rumo pelas araucárias, na esperança de entender o que estava acontecendo. Nas dezenas de metros seguintes, nada de anormal, até que, repentinamente, o silêncio foi cortado pelo pranto de uma criança. A julgar pelo som parecia tratar-se de um bebê recém-nascido.

Seguiu andando na direção do plangente ruído, aumentando o ritmo das passadas à medida que o choro ficava mais próximo, até que se pôs a correr na sua direção. À sua frente, avistou um casebre de madeira, com teto de palha, construído numa clareira da floresta. Aproximou-se e percebeu que o choro vinha do interior da rudimentar construção. Bateu palmas para chamar a atenção dos moradores, mas não obteve resposta. Seguiu em direção à porta, chamou por alguém e... nada. À medida que avançava, o choro ficava mais forte. Empurrou a porta, não precisou de muito esforço para movê-la, pois estava destrancada. Cruzou o umbral da paupérrima moradia, precisando de alguns segundos para se acostumar à penumbra. Esfregou os olhos e, depois que suas pupilas se dilataram, pôde distinguir um pequeno caixote de madeira forrado de palha, acomodado bem no centro do único cômodo ali existente. Naquele instante, o choro havia cessado como se a criança houvesse pressentido a presença da visitante.

Da posição em que se encontrava, Vânia podia vislumbrar apenas um par de pernas a movimentar-se no ar, dentro do caixote. Seguiu cuidadosamente na direção do improvisado berço. Assim que atingiu a altura da borda e pôde fixar os olhos no seu interior, suas pernas bambearam e sentiu o sangue abandonar seu rosto. Pálida, precisou de muito esforço para não perder os sentidos. A visão era perturbadora...

Na cama de palha, havia uma menina completamente nua, suja de sangue e de uma secreção esbranquiçada, como se tivesse nascido há poucos minutos. A criança aparentava ter o corpo saudável, mas sua fisionomia era de uma pessoa adulta. Paralisada, Vânia viu seu próprio rosto naquela estranha criança.

– Não se preocupe, ela será bem cuidada – disse uma voz feminina às suas costas.

Vânia virou-se assustada e, na soleira da porta,

Cecília sorria. A amiga estava diferente: tinha a tez avermelhada e a face crestada pelo Sol e pelo frio. Seus cabelos eram longos e escuros. Colares e adereços formados por flores e ervas medicinais enfeitavam-lhe o pescoço e os cabelos. As feições da amiga eram inconfundíveis, mas seus traços físicos denotavam uma miscigenação entre o branco europeu e o índio nativo da região.

– A mãe a abandonou, mas eu a criarei como se fosse minha filha – repetiu Cecília, fazendo referência à infante deitada no berço.

– Não estou entendendo o que está dizendo, Cecília, que lugar é esse?

– As respostas serão dadas no momento adequado – falou em tom enigmático.

– Como vim parar aqui?

– Você não desconfia o que está acontecendo, Vânia?

– Como vou saber? Caminhava despreocupadamente pela fazenda e, quando dei por mim, já estava perdida nesta floresta que nunca vi antes.

– Chegou a hora de você dizer adeus e voltar para casa, amiga – disse Cecília, enquanto uma lágrima descia pela face.

– Do que você está falando, Cecília?

– Você vai voltar! – falou sem mexer os lábios.

Aturdida, Vânia reuniu as últimas forças que lhe restavam e saiu em desabalada correria pela floresta. Não havia se distanciado muito da estranha casa, quando tro-

234

peçou e caiu com o rosto no chão. Levantou o olhar e viu uma carantonha sem vida, com os olhos esbugalhados. Postou-se de pé num sobressalto e viu-se cercada de corpos mutilados, com ferimentos de tiros e faca. Entre os corpos, pôde distinguir homens de cabeça raspada, vestidos com roupas simples. Também havia jovens paramentados com roupas militares. Aquilo era um cenário de guerra. O cheiro da morte estava por todo lado, e, no chão, havia uma lama fétida, composta de barro e sangue. Gritou com todas as suas forças, mas a voz não saiu mais uma vez. Tentou correr, mas suas pernas estavam presas na lama espessa. Ofegante, começou a respirar com muita dificuldade, nauseada pelo cheiro que o local exalava, até que à sua frente, de pé por entre os corpos, surgiu um padre de rosto familiar, vestido com hábito franciscano, de braços abertos, chorando copiosamente. Dizia-lhe algo, mas Vânia não conseguia entender. O frade, então, começou a se aproximar, postando-se a alguns centímetros de Vânia. Lançou-lhe um olhar de súplica e ajoelhou-se em sua frente.

Vânia, então, sentiu suas vistas turvarem-se e, em seguida, veio a escuridão total.

Algum tempo depois, abriu os olhos, perscrutou ao redor, mas, apesar das imagens familiares, levou alguns segundos para situar-se e entender onde estava e o que havia acontecido: tudo não passara de mais um sonho, e os objetos do seu quarto, principalmente o Jesus crucificado na parede, eram a prova disso.

Impactada pelas perturbadoras imagens do novo

sonho – mais uma vez premonitórios, muito embora não tenha distinguido esta peculiaridade –, abriu o criado-mudo e retirou um pequeno caderno, no qual anotou os detalhes antes que se desvanecessem da memória. Este método de registro mostrou-se bastante eficiente na medida em que é justamente após o despertar que as lembranças permanecem vívidas na memória, desaparecendo gradativamente com o correr das horas.

Vânia lera que este sistema de registro dos sonhos imediatamente após o despertar é defendido por alguns especialistas como a forma mais eficaz de análise do fenômeno, pois fornece uma visão mais ampla e contextualizada das experiências noturnas, através da análise das anotações dos sonhos vivenciados no decorrer de diferentes dias, sob circunstâncias distintas. Este método possibilita a busca de pontos comuns em sonhos ocorridos ao longo do tempo.

A carga negativa daquela nova experiência, entretanto, deixou-a verdadeiramente assustada, a ponto de o singelo ato de registar as impressões noturnas levarem-na às lágrimas.

Que mistérios escondiam aquelas imagens? Qual a mensagem subliminar? – perguntava-se enquanto escrevia.

O conhecimento adquirido sobre a categoria de sonhos dava-lhe a certeza de que, mais uma vez, estava diante de experiência de cunho espiritual, muito embora não tivesse a menor condição de estabelecer quais trechos do sonho poderiam ser considerados espirituais, produzidos através do fenômeno da emancipação da alma e quais deles não passavam de produções autônomas do cérebro.

Havia meses não tinha sonhos tão reais, mas a visão da criança, a presença de Cecília, os corpos mutilados e a presença de um padre beirava as raias da surrealidade, que certamente guardavam significados que se mantinham ocultos, escapando-lhe totalmente da compreensão.

Envolta em espessa nuvem de dúvidas, abriu as janelas do quarto e deixou o frescor da brisa matutina, misturada aos raios do sol da manhã, acariciar-lhe o rosto, que se iluminou, banhado pela luz dourada da estrela solar.

O amanhecer era o período do dia que Vânia mais apreciava, pois é nessa hora que a presença do Criador mostra-se mais pujante.

Debruçou-se na janela, saudou o novo dia que havia chegado, encheu os pulmões de ar e entregou-se completamente àquele momento contemplativo, interrompido apenas nos instantes em que, circunspecta, cerrava os olhos, deixando aguçar os demais sentidos.

De todos os amanheceres da sua curta existência, havia, por razões que desconhecia, algo de especial e luminoso naquele raiar de sábado. Podia senti-lo no íntimo do seu ser, como se estivesse a enxergá-lo com os olhos da alma.

Vânia deixou o quarto e, antes mesmo de tomar seu café, passou para ver o pai, que dormia profundamente. Parou diante da cama e ficou por instantes a fitá-lo. Com o avanço da doença, Belarmino havia perdido cerca de dez quilos e sua fisionomia mudara consideravelmente. Permaneceu em silêncio, olhando afetuosamente o rosto macilento do pai, que dava a impressão de ter envelhecido muitos anos naqueles poucos meses. Resolveu deixá-lo descansar, pois sabia que a insônia era companheira fiel de suas solitárias noites. Belarmino exigiu que a esposa mudasse para outro quarto para que pudesse repousar decentemente durante a noite e não fosse prejudicada pela sua dificuldade de conciliar o sono. Desde a descoberta da doença terminal, este foi o seu único ato de compaixão e consideração para com a situação da esposa.

Vânia saiu pisando leve e deixou o quarto do pai. Fechou a porta cuidadosamente para não fazer barulho, mas ela, desobediente, produziu um rangido, que ecoou no quarto com altura descomunal. Para a sua sorte, a rebeldia da porta não foi suficiente para acordar Belarmino.

Na casa, reinava o mais absoluto silêncio. A mãe também permanecia no quarto, certamente ainda dormia. Desde o agravamento da esclerose do marido, Iracy adotara uma rotina de cuidados, que se estendia até o princípio da madrugada. Vânia, então, resolveu caminhar pela fazenda. Aguardaria a mãe acordar para ter companhia no café.

Cruzou a porta dos fundos e passou pelo alpendre adornado com trepadeiras e tabuleiros de flores multicoloridas que testemunhavam o zelo da mãe para com aquele espaço. A jardinagem era a válvula de escape que Iracy encontrara para canalizar todo o estresse da angustiante rotina de renúncias que os cuidados com o marido trouxera para sua vida.

Caminhava pelo gramado, que ainda retinha o manto orvalhado da madrugada, relembrando os detalhes do sonho na tentativa de decifrá-lo. Depois de um tempo, desistiu de procurar respostas, coerências e associações em relação às pessoas e situações surgidas em mais uma experiência noturna estranha.

Este último sonho foi pródigo em imagens quiméricas e situações incomuns, enigmáticas e, aparentemente, desconexas. O único ponto que não lhe saía da mente era a fala de Cecília – a índia – alertando-a de que havia chegado a hora de retornar para casa, muito embora a mesma personagem onírica prometera cuidar da perturbadora criança como se sua fosse, compromisso que não fazia o menor sentido dentro daquele contexto.

– Vai entender! – sorriu sozinha, dando de ombros para a situação.

Sem suspeitas ou conclusões definitivas, entregou-se totalmente ao passeio, seguindo despreocupadamente pela rota que trilhava e conhecia desde criança, desfrutando da tranquilidade dulcificante daquela manhã. Vânia não sabia que aquela seria a última vez que percorreria as terras a que tanto se afeiçoara. No futuro, certamente retornaria ao torrão natal, mas em condições totalmente distintas e não mais envergando aquela roupagem carnal.

Submersa nas nuances do seu pensamento e envolvida pelos encantos da familiar paisagem, que tantas vezes serviu de cenário para brincadeiras e reflexões e que agora revisitava em inconsciente tom de despedida, Vânia não percebeu o tempo passar. Foi o canto cadenciado de seus velhos conhecidos anus-pretos, abundantes na região, que a retirou de sua abstração, trazendo-a novamente à realidade

De volta a casa, encontrou a mãe sozinha, sentada à

mesa do café, e esta se surpreendeu ao ver a filha esbanjando disposição tão cedo e em pleno sábado.

– Pensei que ainda estivesse dormindo.

– Não consegui conciliar o sono e, então, fui dar uma volta pela fazenda.

– Sente-se e tome seu café – convidou a mãe em tom imperativo.

– Sim, senhora! Permissão para sentar? – respondeu a filha, juntando os pés e batendo continência.

– Permissão concedida, mas não abuse da minha benevolência, soldado.

As brincadeiras e gargalhadas ditaram o tom no café das mulheres da família Davoglio, que aproveitaram ao máximo aquele raro momento de congraçamento.

Foi em meio a sorrisos que Vânia, tomada por incontido desejo, levantou-se da cadeira e abraçou Iracy. Mãe e filha permaneceram abraçadas em silêncio enquanto a emoção tomava conta do local. Por fim, os risos cederam lugar às lágrimas de alegria e as palavras foram relegadas ao segundo plano.

Longos minutos se passaram, até que Vânia falou:

– A doença do papai e a rotina de cuidados têm indiretamente nos afastado, tornando momentos como estes cada vez mais raros – falou enquanto enxugava as lágrimas do rosto com as costas da mão.

– Tem razão, filha. Nosso desvelo em torno de Belarmino – necessário, diga-se – mudou completamente a vida nesta casa. A doença de seu pai tem se constituído numa dura prova, não só para ele, mas para todos nós, mas Deus sabe o que faz.

– Não entenda minha colocação como uma reclamação, mãe, pois não foi essa a conotação, muito pelo contrário. É fato que essa realidade acabou nos unindo em torno de um mesmo objetivo, que é auxiliar papai, muito embora essa união não se traduza em presença física. São justamente desses momentos de descontração e relaxamento de que mais sinto falta, principalmente da companhia de papai, que a doença forçou a criar um mundo particular, restrito às paredes daquele quarto.

– Quem sabe algum dia possamos entender as razões pelas quais estamos enfrentando esta situação tão penosa para todos nós. Em minhas orações, peço a Deus discernimento para compreender seus desígnios – suspirou Iracy.

– O acaso não existe. O enredo de nossa existência é escrito com base em atitudes praticadas nesta ou em encarnações anteriores. Sei que a senhora não é reencarnacionista, mas acredite, apesar de não nos lembrarmos de nossas existências passadas, todos nossos sofrimentos estão relacionados diretamente a causas preexistentes, seja na encarnação atual ou em vidas anteriores. Concordo quando a senhora diz que um dia teremos condições de compreender os planos de Deus. Isso acontecerá quando nos for tirado o véu do esquecimento e nos for dado acesso às páginas pretéritas do livro de nossas vidas. Neste dia, conhecendo a história completa, compreenderemos as razões de nossas mazelas.

– Talvez você tenha razão, Vânia. Aliás, não posso negar que sua teoria é cativante, mas você sabe que não acredito em reencarnação.

– Sei disso e não estou tentando convencê-la a abraçar a minha convicção quanto à vida após a morte do corpo. Mesmo assim, insisto na certeza de que, em algum momento da trajetória de nossos Espíritos imortais, fomos semeadores daquilo que hoje colhemos e forçosamente nos alimentamos da safra plantada. Por isso, devemos aceitar, resignados, nossa porção de sofrimento, sem blasfemar contra Deus, o único capaz de determinar o melhor caminho para nossas vidas, embora muitas vezes não concordemos com a rota que nós mesmos traçamos.

O assunto prosseguiu por mais algum tempo até que o relógio da cozinha alertou-as de que estava na hora dos remédios e da fisioterapia de Belarmino. Vânia e Iracy dirigiram-se até o quarto do doente e decidiram que, naquele dia, a rotina da casa seria quebrada. Aboliriam o revezamento na execução das tarefas relacionadas aos cuidados de Belarmino; mãe e filha trabalhariam juntas naquele dia. Foi a única maneira que encontraram para, diante das circunstâncias, os três passarem mais tempo juntos.

O restante do dia das mulheres foi preenchido com a intercalação do tratamento de Belarmino com pausas bem-humoradas. A casa recuperou parte da alegria perdida desde o dia do diagnóstico da terrível doença, que trouxera uma nuvem escura no ânimo de seus moradores. Estavam todos felizes, inclusive Belarmino, que abandonou, temporariamente, o tradicional mau humor e as inesgotáveis e repetitivas sessões de lamentos. Vânia esqueceu-se completamente do sonho perturbador da noite anterior, como se este já fizesse parte das lembranças de um passado longínquo.

No fim da tarde, a prestativa filha deixou o posto de auxiliar da mãe e foi aprontar-se para um compromisso na cidade vizinha. Havia combinado de jantar com algumas amigas da faculdade, em comemoração ao aniversário de Joana, disparada a melhor aluna da classe no quesito notas.

Arrumou-se rapidamente, ligou para Cecília para combinar alguns detalhes e despediu-se dos pais com beijos e um longo abraço. Saiu feliz.

O crepúsculo tragava o último fio de luminosidade e um bando de andorinhas, em algazarra, abrigava-se nos galhos de um frondoso jambolão, quando Vânia começou a afastar-se da casa dos pais. Depois de alguns metros, parou o carro, virou-se e fitou a propriedade com incompreensível nostalgia. Não retornaria.

A noite com as colegas de faculdade transcorreu alegre e festiva. Abstêmia, Vânia brindou à felicidade da amiga com suco de laranja. O ponteiro menor do relógio já havia iniciado a última volta daquele dia, informando que passavam das vinte e três horas, quando Vânia resolveu ir embora. Despediu-se das amigas com um aceno coletivo, exceto Cecília, que aproveitou a deixa para também ir embora. Saíram juntas, e, após conversa despretensiosa, Vânia abraçou a amiga efusivamente.

– Há tempo que não a vejo tão feliz, o que houve? – perguntou Cecília.

– Hoje tivemos momentos de paz em casa, como não acontecia há meses. Para ser mais exata, desde o dia em que meu pai foi diagnosticado com ELA. Por fim, esse encontro de amigas fechou o dia com chave de ouro. Estou feliz, de fato.

– Que notícia boa, Vânia. O diagnóstico terminal mexeu muito com seu pai. A doença naturalmente já afeta a rotina, não só do doente, mas de todos que estão a seu redor. No caso de seu Belarmino, a revolta tem amplificado esse quadro, prejudicando a todos, principalmente ele próprio. Espero que a harmonia de hoje repita-se por muitos dias, pois o equilíbrio emocional é de fundamental importância para o enfrentamento dessa difícil situação.

– Deus a ouça! O clima lá em casa andava tenso, pesado, e os acontecimentos de hoje deram uma injeção de ânimo, principalmente em relação a minha mãe que, na verdade, é o alvo mais frequente dos surtos de ira e revolta de meu pai.

– Como ela tem reagido diante do temperamento de seu pai? – perguntou Cecília.

– Externamente, ela representa maravilhosamente bem o papel da mulher forte, que suporta impávida os rompantes de grosseria do marido. No íntimo, entretanto, sofre diante da falta de consideração de meu pai, que não valoriza sua dedicação, já que sacrifica seus sonhos e anseios pessoais para atender às expectativas do marido. Por algumas vezes, já a surpreendi pelos cantos, com os olhos vermelhos de tanto chorar, embora ela tenha, inutilmente, tentado disfarçar a situação inventando uma desculpa esfarrapada qualquer.

244

– Felizmente ela tem você. Pensa que eu não sei que a filha caçula é a alegria de dona Iracy?

– Olha só quem está falando! Você quer mesmo levar adiante esta história de filha caçula, preferências e paparicos, Cecília, minha querida amiga?

– Não sei do que você está falando... Linda a Lua hoje, não acha? – desconversou Cecília, enquanto soltava uma sonora gargalhada.

– Lua é? Depois dessa, melhor eu ir embora.

Entre risos, abraços e brincadeiras, as amigas despediram-se novamente.

Desde que começaram a se aprofundar nos estudos da Doutrina Espírita, Vânia e Cecília especulavam, porém com certa convicção, que a amizade que as unia transcendia aos limites da atual existência. Acreditavam piamente estarem atadas por laços oriundos de encarnações pretéritas, tamanha a empatia e o amor fraternal que nutriam entre si.

Chegando em seu carro, como de hábito, Vânia ligou o som antes mesmo de dar a partida no veículo e deu início ao trajeto de volta até Vila Sossego.

A noite estava clara. A Lua cheia ostentava seu fulgor no céu e as estrelas cintilavam coadjuvantes diante do esplendoroso luar. Não obstante a claridade natural e o pouco movimento na rodovia, Vânia dirigia atenta e cuidadosamente, pois a rota, apesar de conhecida, sempre a deixava angustiada.

Tudo corria de forma tranquila e sem percalços, mas

aquela não seria uma viagem como as outras, pois uma intrusa indesejada esgueirou-se, postando-se ao lado de Vânia; um passageiro silencioso, implacável, e que a todos visita, indistintamente: a morte.

Quase na metade do caminho, em um trecho bastante arborizado, Vânia avistou a placa de trânsito que alertava para uma curva acentuada à direita. Transitando em sentido oposto, dois jovens seguiam, impacientes com um caminhão de frutas que rodava lento à frente, limitando-lhes a velocidade. Ao se aproximar da curva, o motorista do caminhão desacelerou ainda mais e, diante da manobra do pesado veículo, o jovem motorista não teve dúvidas e, ignorando a faixa contínua pintada na pista, a placa proibitiva e o sinal luminoso emitido pelo motorista de caminhão que acionara a seta esquerda – sinalização informal que indica para não efetuar manobra de ultrapassagem naquele momento –, acelerou seu automóvel e, em alta velocidade, iniciou o procedimento de passagem do caminhão. Foi só no meio da curva, quando estavam lado a lado ao pesado veículo – que inutilmente tentou reduzir a velocidade para possibilitar que o motorista retornasse a sua pista original –, que os garotos avistaram dois faróis que cresciam na direção oposta. Não havia para onde desviar, pois, naquele ponto, a pista era ladeada por árvores, principalmente eucaliptos, de ambos os lados. A colisão frontal foi inevitável. O estrondo do impacto ecoou distante naquele descampado, como um trovão em tempestades estivais. Após, somente o silêncio...

Ainda aturdida pela violência do choque, Vânia examinou seu corpo, constatando que não havia sinais de ferimentos. Também não estava sentindo dor.

Desceu rapidamente do carro e correu na direção do outro veículo. No interior, havia dois jovens ainda com vida, mas que agonizavam inconscientes, presos às ferragens. Desesperada, gritou por socorro, mas ninguém parecia tê-la escutado. Suas palavras perdiam-se na imensidão dos cânions, como se estivesse a gritar num mundo desabitado de outros seres humanos. Apavorada, avistou o caminhão indiretamente envolvido no acidente e correu para pedir ajuda. O motorista estava ao telefone, mas, pela conversa, percebeu que pedia socorro. Vânia aguardou pacientemente que o homem encerrasse a ligação e, em seguida, solicitou que a auxiliasse na tentativa de tirar os rapazes de dentro do carro. Imediatamente o condutor do caminhão saiu correndo na direção dos carros, seguido por Vânia. O homem, inicialmente, parou ao lado do carro de Vânia, integralmente destruído, e permaneceu observando por alguns segundos, tempo que a impaciência de Vânia fez parecer minutos.

– Estou bem, não perca tempo com meu carro. Temos de ajudar os meninos que estão presos.

O homem olhou na direção do outro carro e saiu em disparada.

– Santo Deus, estão presos nas ferragens – pensou alto.

Irritada com a inação do caminhoneiro, Vânia sentiu vontade de lhe dizer poucas e boas, mas o socorro aos ocupantes do outro veículo sobrepunha-se, em prioridade, à satisfação de seu orgulho.

O caminhoneiro começou a circular o carro, tentando encontrar uma maneira de auxiliar seus ocupantes, movimento imitado por Vânia no sentido oposto. A jovem estava angustiada, pois, assim como o motorista, notou que seriam necessários equipamentos adequados para retirar os jovens presos da ferragem e, para seu desespero, o socorro não chegava.

Enquanto circulavam, impotentes, o carro dos rapazes, outro veículo que trafegava pela rodovia parou, e um casal, aparentando cerca de cinquenta anos, desceu para ver o que tinha acontecido.

– O que houve, senhor? – perguntaram simultaneamente os recém-chegados.

– Uma colisão frontal. Tentativa frustrada de ultrapassagem em lugar proibido. Imprudência, como sempre.

Vânia, que a tudo observava, resolveu intrometer-se na conversa:

– Que tal deixar o relatório e as conclusões para depois, e, agora, com mais pessoas, tentarmos fazer algo para ajudar esses dois?

– Como acha que eles estão? – perguntou o senhor.

– Minha nossa, o que há com vocês? Vamos ajudá-los logo – falou Vânia, irritada.

– Eles estão presos às ferragens e não vejo maneira de tirá-los dali sem equipamentos adequados. Já liguei para o Corpo de Bombeiros, pedindo ajuda, e eles estão a caminho.

– E no outro carro?

– Eu estou bem, não sofri um arranhão sequer – intrometeu-se Vânia.

– No outro carro, a moça não resistiu, infelizmente – sentenciou o caminhoneiro.

Aquela frase produziu uma onda de choque em Vânia, paralisando-a. Foi como se o tempo tivesse parado. Precisou de alguns segundos para processar a informação e, tão logo retomou o equilíbrio das ações, saiu em desabalada carreira na direção dos destroços do seu carro. Ao se aproximar do veículo, receosa do que encontraria, reduziu a marcha da corrida até parar, atônita, defronte ao carro.

Não podia acreditar no que via. Por entre o ferro retorcido, lá estava seu corpo, inanimado, silencioso, seus olhos escuros cerrados para a luz do mundo, para sempre. O impacto arrancou o crucifixo do espelho retrovisor, e Vânia notou que o Cristo agora estava virado para o chão. O cenário era de morte, melhor que ele não o visse mesmo – pensou.

Incrédula e atordoada, Vânia olhava para o invólucro carnal sem vida e, ao mesmo tempo, tateava-se. Examinou seus membros. Tocou seu rosto com a ponta dos dedos, sentindo nitidamente os contornos da boca, do nariz, dos olhos. Percebia nitidamente os batimentos de seu coração e os movimentos respiratórios do peito. Era como se houvesse duas versões de si mesma. Uma encontrava-se plenamente viva; outra, inerte, para sempre. A visão era perturbadora.

Passado o período de confusão inicial, vieram-lhe à mente os estudos acerca dos primeiros momentos após a desencarnação e a natureza do corpo espiritual. À medida que a calma apoderou-se de si, Vânia começou a raciocinar melhor, tomando consciência de que seu corpo físico havia morrido, muito embora continuasse viva.

Apercebeu-se de que, nas tentativas de diálogo com o caminhoneiro, em nenhum momento este lhe dirigiu a palavra. A indiferença aos seus apelos não eram provenientes da ausência de educação, como havia prematuramente concluído. O pobre homem não a via, tampouco a ouvia – a propagação dos sons dos desencarnados, ficaria sabendo tempos mais tarde, não é transmitida da mesma forma que a fala dos encarnados, ou seja, pelo ar mais pesado. O processo de fala, após a morte do corpo físico, ocorre através de um ar mais leve, que permeia a atmosfera, porém não captáveis, via de regra, pelos órgãos do corpo físico.

Compreendendo que não poderia fazer mais nada pelos jovens e nem por si, seu Espírito foi invadido por um desejo incontrolável de se afastar do teatro da tragédia e dirigir-se a um lugar calmo e silencioso, onde pudesse ouvir apenas os sons da natureza, longe de qualquer ruído artificial.

Ainda um pouco desnorteada e não percebendo totalmente a realidade extrafísica ao seu redor, seguiu na direção de uma pequena coxilha recoberta de gramíneas, por onde serpenteava um riacho de águas límpidas, que refletiam o brilho da Lua. Sentou-se sobre uma pedra e, sob o manto estrelado do céu, contemplou a vastidão do cosmo, que agora parecia mais próximo de si. Em seguida, seus pensamentos voltaram-se para todos aqueles a quem amava, principalmente os pais. Como reagirão?

Perdida e desorientada, entregou-se à sincera prece. Durante longos minutos, elevou seu pensamento ao Alto, pedindo proteção a sua família, para que tivesse força necessária para suportar a separação. Rogou também auxílio para si mesma, que tivesse o discernimento necessário para enfrentar a nova vida que se descortinava à sua frente.

– A prece sincera é um lenitivo para nossos medos e angústias – disse uma voz atrás de Vânia.

A moça virou-se e notou que, na sua direção, aproximava-se, de braços abertos, um casal envolto num halo brilhante e vaporoso.

– Seja bem-vinda de volta, minha neta amada – disse a mulher.

Não obstante os avós terem desencarnado nos anos de sua primeira infância, período em que o cérebro em regra não retém os acontecimentos, através de mecanismos que desconhecia Vânia reconheceu-os de imediato – no futuro, aprenderia que o corpo físico limita o alcance dos sentidos. Libertos das amarras da carne, nossa percepção é amplificada sobremaneira. Além disso, para alguns Espíritos, a desencarnação descerra arquivos que antes permaneciam inatingíveis.

Vânia abraçou os avós, fechando os olhos para tentar

conter as lágrimas, mas estas foram mais fortes e banharam-lhe o rosto. Os experientes Espíritos retribuíram o afeto, envolvendo-a com energias balsamizantes, que provocaram imediato torpor.

– O que está acontecendo, por que estou me sentido tão cansada, com tanto sono?

– Não se preocupe, minha querida, dormir um pouco lhe fará muito bem.

Vânia lutava para manter os olhos abertos, mas a silhueta dos avós foi, aos poucos, desvanecendo-se no ar, até que perdeu os sentidos e adormeceu profundamente.

Catarina e Ângelo, auxiliados por Espíritos amigos, todos membros da equipe de socorristas da qual faziam parte, encaminharam Vânia para a colônia espiritual Recanto da Paz, onde a neta receberia o tratamento adequado ao refazimento e à readaptação ao plano espiritual.

Seu caso inspirava cuidados especiais, afinal tivera uma desencarnação violenta e as amarras que a ligavam ao corpo físico foram desfeitas abruptamente. O desenlace repentino só não causou maior perturbação em razão do grau de espiritualização da jovem e da consciência que tinha, através dos estudos, da sobrevivência do Espírito e do prosseguimento da vida após o término das atividades do corpo material.

***

Cecília preparava-se para dormir quando o telefone celular tocou. Pela música do toque, sabia que era Vânia quem ligava.

– Não faz trinta minutos que nos despedimos. Tudo isso é saudade? – brincou.

Quando uma voz masculina falou do outro lado da linha, o sorriso de Cecília foi se desvanecendo como uma flor diurna que vai se fechando lentamente com o desaparecimento da luz do dia, dando lugar a grossas lágrimas.

O sargento do Corpo de Bombeiros iniciou a conversa explicando que chegou até seu número porque constava nos registros do telefone de Vânia. Foi a última chamada realizada através do celular da vítima – esclareceu o socorrista em tom solene. Foi com o mesmo tom formal que noticiou o acidente fatal da amiga.

Desconcertada, Cecília caiu em copioso pranto, sem acreditar que aquilo estivesse realmente acontecendo. Com o coração despedaçado, reuniu todas as forças que ainda lhe restavam e dirigiu-se rapidamente ao local do acidente – que não distava muito de sua casa – para acompanhar os procedimentos legais.

Não demorou mais do que dez minutos e já avistou as luzes das ambulâncias e do corpo de bombeiros que estavam no local. À medida que se aproximava da cena, seu coração dava a impressão de estar reduzindo a frequência de batimentos.

Encostou o carro e foi logo procurar o policial que ligara dando-lhe a notícia, a fim de inteirar-se dos detalhes e das circunstâncias do trágico acontecimento. Não tinha coragem de se aproximar do carro da amiga.

A poucos metros adiante de onde estava, os bombeiros utilizavam-se de um conjunto de equipamentos pesados que denominavam de desencarcerador, para retirar os dois jovens presos nas ferragens do outro veículo.

Cecília permaneceu no local até que fossem ultimados os procedimentos legais. Quando o corpo da amiga foi levado, entregou-se ao choro compulsivo. Realizada a catarse pelas lágrimas, buscou, através de oração, reunir forças de onde não mais as tinha para enfrentar a dura missão de dar a notícia aos familiares.

Os irmãos de Vânia moravam em outras cidades, logo caberia a ela a ingrata tarefa de contar o acontecido aos pais da amiga.

Como não tinha contato, tampouco intimidade com os outros irmãos de Vânia, sem perda de tempo, Cecília solicitou ao sargento do corpo de bombeiros o telefone celular da amiga e, através do aparelho, obteve o número de Matias, o irmão mais velho, que desabou em prantos quando Cecília, também chorando, contou sobre a morte da irmã.

Matias agradeceu o auxílio prestado pela moça, comprometendo-se a partir imediatamente para a Vila Sossego e comunicar aos demais familiares, exceto os pais.

Matias concordou que Cecília deveria dar a notícia a Iracy e Belarmino, pois levaria algum tempo até que ele próprio chegasse na casa paterna e não seria conveniente dar a notícia por telefone, tampouco deixá-los esperando a chegada de um dos irmãos, pois isso levaria muito tempo.

O irmão mais velho de Vânia orientou Cecília a procurar Genival, um amigo muito querido da família, que residia próximo à casa dos pais, para auxiliá-la na difícil tarefa.

Cecília desligou o telefone e partiu na direção de Vila Sossego. Seguindo as orientações de Matias, ligou para Genival, informando-lhe a morte de Vânia. Quando Cecília chegou a casa do amigo da família, Genival e a esposa já a aguardavam e, sem demora, seguiram na direção da Fazenda São João da Prosperidade.

No local, não sabiam como dar a dolorosa notícia. Receavam, principalmente, pelas consequências que a revelação produziria no idoso casal, temor que aumentara assim que tocaram a campainha e foram atendidos por Iracy que, ao ver Cecília com os olhos inchados de choro e o amigo Genival à sua porta naquela hora, deduziu que a desgraça se abatera sobre seu lar e que algo de muito sério havia acontecido com a filha. Desesperada, segurou Cecília pelos ombros e exigiu que lhe contasse a verdade, sem rodeios.

Percebendo que não haveria como tergiversar, Cecília convidou a matrona a sentar-se e, com os olhos marejados d'água, encarou dona Iracy.

– Ocorreu um acidente – iniciou a conversa com cuidado.

– O que tenha de dizer diga de uma vez – pressionou a aflita mãe.

– Foi um acidente muito grave e, infelizmente, ela não está mais entre nós.

Após breve e dorido silêncio, a comoção tomou conta do ambiente. Abraçadas, Cecília e Iracy choraram.

Cecília recompôs-se com muito custo e narrou todos os detalhes da história que vitimou a amiga.

Inconsolável, Iracy revoltou-se contra a imprudência do jovem motorista do carro que causou o acidente e a injustiça de Deus para com sua família.

– Por quê? Por quê? – perguntava-se repetidamente.

– Neste momento, o melhor que podemos fazer é canalizar nossas energias em orações para Vânia. Precisamos da sua ajuda para dar a notícia ao senhor Belarmino – ponderou Cecília.

– Deixe que eu faço isso – falou Genival que, até então, mantivera-se calado.

Como um castelo de cartas, em poucos minutos o frágil mundo de Iracy e Belarmino desabou ao seu redor. Haviam perdido a filha querida.

Cecília até pensou em dizer aos desesperados pais que a morte não representava o fim, mas tão somente um recomeço, mas desistiu de seus intentos porque percebeu que o momento era inoportuno. Como Iracy e Belarmino agiam como autômatos, de nada serviria aquele discurso consolador.

"Este será o tema de uma conversa futura com os pais de Vânia" – prometeu a si mesma, em pensamento.

As horas seguintes na fazenda São João da Prosperidade foram de dor, lembranças, lágrimas, despedidas, revoltas. Muitos vieram render as últimas homenagens; outros tantos trouxeram tão somente o silêncio triste de um olhar. Cada um sentia, a seu modo, a dor da perda ou, como disse o pensador em momento de despedida: "a presença da ausência".

As exéquias estenderam-se até meados da tarde, ao som de música reconfortante, que convidava os presentes à oração e à introspecção.

Cecília lembrara que Vânia, em despretensiosa conversa, dissera que a música deveria fazer parte da cultura dos velórios, e, somente com esse argumento, conseguiu convencer os reticentes familiares a adotarem o singelo e simbólico ato.

Ao final, após ato ecumênico presidido por Padre Herval, o cortejo fúnebre rumou até aquela que seria a última morada dos despojos físicos de Vânia.

Antes que o féretro fosse baixado à sepultura, Cecília precisou reunir as últimas forças e proferir um breve discurso de agradecimento e despedida, incumbência recebida dos familiares de Vânia, que não tinham a mínima condição para fazê-lo.

Com a voz embargada e entrecortada pelo choro, a moça cumpriu a difícil missão:

– Inicialmente, em nome da família, gostaria de agradecer a todos que, compungidos com a partida prematura de Vânia, vieram prestar-lhe as derradeiras homenagens. A vontade Divina, por razões que não nos cabe perquirir, mas tão somente aceitar resignados, privou-nos da presença física desta adorada amiga, irmã, filha. Entretanto, Vânia deixou-nos o doce perfume da lembrança das horas em que nos brindou com a sua companhia e nos encantou com a sua alegria. A saudade é instrumento que fere e continuará a nos ferir até o momento em que nos reencontrarmos. A vida continua, para nós e para Vânia. Prossigamos em nossa caminhada e não nos deixemos vencer pela dor da revolta e do desespero.

– Vânia – falou com os olhos voltados para o Alto e com lágrimas a escorrer-lhe pelo rosto –, perdoe nossos corações egoístas que reclamam por ter nos deixado cedo demais. É natural do ser humano querer ficar próximo – se pudesse, para sempre – daqueles a quem amamos, mas sabemos que isso não é possível. Que Deus a receba, ampare-a e a conduza pelos caminhos da paz, do amor, da misericórdia e do resgate. Vá em paz e desperte para uma nova vida de muita luz. Obrigada por ter feito parte de nossas vidas e por nos ter permitido fazer parte da sua. Deus a abençoe!

CAPÍTULO 12

Margarida

APÓS O SURPREENDENTE DESFECHO DA REU-
nião comunitária realizada na igreja, a noite prometia ser
longa e difícil na estância do Coronel Venâncio Pereira.

O percurso de retorno para casa ocorreu no mais
absoluto silêncio, mas isso estava longe de ser um indicativo de calmaria, muito pelo contrário. O temperamento do Coronel Venâncio era bastante conhecido, e
todos sabiam que estava aproveitando o momento de
sossego para planejar os próximos passos, sopesando,
metodicamente, todas as circunstâncias envolvidas naquela crise familiar, para, só então, despejar toda a sua
fúria contida em Elvira, aquela que, no seu entendimento, era a verdadeira responsável pelo desprestígio de que
fora alvo na reunião da noite, perante toda a sociedade
de Taquaruçu.

A certeza confirmou-se tão logo o clã Pereira trans-

259

pôs a soleira da porta de entrada da casa. Coronel Venâncio, pisando firme e falando alto, determinou que todos os empregados saíssem imediatamente, deixando a família a sós. Ato contínuo, passou a ameaçar a filha:

– Quero que saiba que a desonra que você infligiu à nossa família hoje e a desmoralização do meu nome diante de toda a comunidade destes pagos terá um custo muito alto para você, sua china miserável – diplomacia no uso das palavras não era a principal virtude do patriarca da família.

Dona Ana, condoída, mas acima de tudo temerosa com a situação da filha, tentou amenizar a questão, solicitando calma ao marido, mas foi furiosamente admoestada:

– Cale-se! Você não está em posição de pedir nada, pois a culpa da prenhez desta chinoca também é sua, pois não soube educar esta guria e também não prestou atenção nas saídas desta infeliz. Não sei por onde você andava que não viu o que estava acontecendo bem debaixo do seu nariz. Portanto, fique calada se não quiser ter o mesmo destino desta mal-acabada – fulminou a esposa com um olhar de que não admitiria nova réplica.

Na verdade, a esposa temia que o marido, movido pelo sentimento de raiva, cometesse um desatino do qual viesse a se arrepender mais tarde.

Casada havia mais de trinta anos com Venâncio Pereira, Ana sabia muito bem do potencial destrutivo das atitudes do esposo quando estava furioso. Apesar de nunca se intrometer nos negócios da fazenda, ouvira muitas vezes, pelos cantos da casa, as conversas dos empregados sobre as ordens de Venâncio para execução de seus desafetos políticos, comerciais e todo aquele que ousasse desafiá-lo. Isso o tornava um homem temido na fazenda e na região.

O último boato fora há pouco tempo: certa manhã, dirigia-se até a cozinha para fazer o seu desjejum quando ouviu as empregadas, que não perceberam a sua presença, falando sobre uma história que corria na cidade de que Praxedes Gomes Damaceno, o comerciante, havia sido morto em Curitibanos, a mando do Coronel Feliciano e do Coronel Venâncio, por ter desobedecido a ordem de não vender mantimentos para os caboclos que moravam na floreta e que faziam parte do "exército do monge José Maria". Quando notaram que a patroa estava postada atrás delas, sem jeito as cozinheiras tentaram desconversar, mas era tarde demais.

Naquela semana, Ana permaneceu no quarto sob o argumento de que não se sentia bem, pois conhecia Praxedes e sua família e sabia que eram boa gente.

– Deixe a mamãe fora disso, ela não tem responsabilidade alguma pelo que houve. Assumo integralmente a culpa pelo que aconteceu. A responsabilidade foi só minha, pai – falou Elvira corajosamente, colocando-se na frente da mãe.

– Pai? A partir desta data, exclua essa palavra do seu vocabulário, pois eu não tenho mais filha e não admito que você se dirija a mim dessa maneira. Da próxima vez, só abra esta maldita boca quando eu determinar que o faça e baixe essa crista quando tiver que dizer alguma palavra ou acabo agora mesmo com você e com esta criatura que você carrega no bucho.

Elvira baixou a cabeça e começou a chorar.

– Um pouco tarde para choro e bancar a pobre coitada. Devia ter pensado nisso antes de se amontoar com o primeiro peão que viu pela frente. Agora não adianta ficar aí, bancando a angustiada, igual uma barata de ponta-cabeça.

– Já disse que o pai desta criança não é nenhum dos empregados desta fazenda, mas Frei Bernardo.

– Pois, para mim, pouco importa quem é ou deixa de ser o pai deste bastardo, mas, sim, o seu comportamento desregrado e a desmoralização que me fez passar perante toda a sociedade. Exijo que seja dado um fim nessa cria.

– Nem pense numa coisa dessas, homem, pois tirar uma criança é um pecado mortal – suplicou a esposa.

– Com Deus, eu acerto minhas contas depois, rezando umas ave-marias e uns padre-nossos, mas, por enquanto, minhas preocupações estão aqui na Terra.

Após ouvir o desejo do pai quanto ao futuro da criança, ou a ausência dele, Elvira Pereira, novamente enchendo-se de súbita coragem e dando vazão a todo ódio que trazia em seu coração, surpreendeu a todos:

– Nisto concordamos, senhor coronel Venâncio Pereira, pois desejo extirpar esta criatura de dentro de mim, tanto quanto o senhor. Não desejo ter um filho daquele covarde que fez despertar o amor dentro de mim para, depois, abandonar-me, sem ao menos ter a coragem de assumir nossa relação. Não quero a sina de lembrar deste infeliz cada vez que olhar para a cara dessa criança.

– O que você está dizendo, Elvira? – falou a mãe, surpresa com as palavras da filha.

Também surpreendido com o desejo da filha, Coronel Venâncio, que via com bons olhos o aborto daquele bebê, resolveu adiar seus planos de dar um fim na criança em nome do desejo de punir Elvira por ter enlameado o nome da família, que, na sua mente, era prioritário e ditaria os rumos da reprimenda à filha.

– Mas, ora, vejam? Saiba que este seu desejo de não ver esse filho vingar me cai tão bem quanto chuva em roça de milho. Tem certeza de que quer mesmo mandar tirar este bastardinho do seu ventre? Você sabe que posso providenciar isso neste exato momento?

– Não suportaria gerar o filho de um homem que me jurou amor eterno e depois não teve a hombridade de assumir nosso relacionamento, humilhando-me perante todos.

– Perguntarei novamente para que não haja dúvidas e não digam que estou lhe forçando a fazer algo que não queira: você tem certeza do que está falando? – perguntou Coronel Venâncio com voz suave e tom baixo, despertando a desconfiança da esposa, que não entendia aonde o marido estava querendo chegar com aquela súbita concordância.

– Certeza! Nada me daria mais desgosto nesta vida maldita do que ter esta criança.

– Nada mesmo?

– O senhor ouviu o que eu disse, pai, ou melhor, Coronel Venâncio Pereira. Faça com essa criança o que o senhor bem entender, pois definitivamente não me importo.

– Muito embora você não mereça nenhuma consideração de minha parte por conta da pantomima que aprontou hoje, e, para mostrar que não sou um homem tão ruim assim, demonstrarei o tamanho de minha generosidade concedendo-lhe o alto benefício da escolha...

– O que você está planejando, Venâncio? – interrompeu a esposa Ana, desconfiada com o tom irônico da conversa do marido.

Coronel Venâncio ignorou solenemente a pergunta da esposa e prosseguiu a conversa com Elvira:

– Minhas opções são as seguintes: ou você bate em retirada desta casa imediatamente, só com a roupa que está no couro, em companhia de todos aqueles que ousarem discordar de minha decisão – disse, lançando um olhar acusador na direção da esposa –, ou você permanece morando nesta casa, proibida de botar essa sua cara de meretriz na rua, e tem esse filho aqui na fazenda.

A proposta de Coronel Venâncio contrariava seus próprios desejos, mas ficou claro que estava relegando seu orgulho ao segundo plano tão somente para punir a filha, pois sabia que, apesar de ter ofertado duas opções, na prática só havia uma saída viável.

Elvira ficou estática, não acreditando no que acabara de ouvir.

– Não fique aí me olhando de boca aberta que nem burro que comeu urtiga e diga logo qual é a sua escolha, pois tenho mais o que fazer!

– O senhor mesmo disse para dar fim na criança, por que agora quer que eu fique morando aqui e leve adiante esta gestação?

– Sim, você tem razão. Realmente eu disse dar fim, mas quem falou em abortar? Tudo no seu devido tempo, minha querida. Já que parir essa criança causa-lhe tanto desgosto, você carregará esse bastardinho por nove meses no bucho, para nunca mais esquecer o que fez e, depois de parir, dará pessoalmente o fim no fruto da sua luxúria. Simples, não? Entretanto, caso não ache essa oferta generosa, fique à vontade para recusá-la, girando nos calcanhares e seguindo imediatamente na direção da porteira da fazenda, aquela mesma que você usava para sair quando ia encontrar-se com seu amante, e desaparecer da minha vista para sempre – ironizou.

Elvira Pereira chorava de ódio. Odiava Frei Bernardo; odiava o pai e odiava, acima de tudo, a criança que trazia no ventre, pois, na sua cabeça, ela representava todo o mal que estava acontecendo na sua vida.

– Aceito ficar nesta casa e ter o bebê – sussurrou entre os dentes.

Coronel Venâncio percebeu o ódio nas feições de sua filha, e isso o agradava, pois comprovava a eficácia do castigo que havia imposto.

– Ótimo! Agora desapareça da minha frente.

Elvira deixou a sala aos prantos e correu direto para o seu quarto.

– E quanto a você, Ana, saiba que, de agora em diante, sua filha está proibida de sentar-se à mesa comigo. Que vá comer com os empregados.

– E se eu não concordar com isso? – desafiou a mulher.

– Concordará!

Assim como na casa de Coronel Venâncio, a noite dos frades também foi movimentada por longas conversações. Todos tentavam entender o que havia se passado. Como uma reunião cuja pauta era discutir os rumos de uma guerra acabou transformando-se numa guerra pessoal e familiar?

As circunstâncias colocaram Frei Bernardo novamente no centro das discussões. Os padres não conseguiam compreender as razões que fizeram Elvira Pereira, moça calma, recatada e extremamente religiosa, mudar repentinamente de atitude e disparar publicamente pesadíssimas acusações contra o companheiro, pois a acusação também a prejudicava. Foi uma atitude suicida, justificável apenas pelo desespero.

A julgar pelas expressões e pelos argumentos – alguns eivados de sutilezas – dos frades, podia-se identificar com clareza uma divisão velada entre os membros da congregação. Havia uma ala, que começava a ganhar corpo, que não estava totalmente convencida de que a moça mentira ao acusar Bernardo de tê-la seduzido, muito embora não tivesse a coragem necessária para externar seu pensamento abertamente, diante de todos.

Frei Bernardo, em sua defesa, qualificava o que chamou de desatino de Elvira Pereira como obra do demônio.

"O demônio é sempre uma justificativa conveniente" – pensavam os mais desconfiados.

Gesticulando de forma teatral, Frei Bernardo prosseguiu com sua linha de raciocínio:

– Esta noite, tivemos uma amostra de quão ardiloso pode ser satanás: apossou-se do pensamento de uma jovem para colocar na berlinda todo o trabalho e o futuro de nossa Igreja, pois se o Coronel Feliciano acreditasse nas palavras dela, neste momento teríamos sido desterrados de Taquaruçu. Que o episódio nos sirva de aviso para que fiquemos atentos ao diabo e suas práticas, mantendo-nos em constante vigília e oração – alertou Frei Bernardo com convicção, extraindo a concordância de boa parte de seus pares.

– Bernardo – redarguiu Frei Mateus –, o irmão tem razão quanto aos ardis utilizados pelo demônio na tentativa de desestabilizar a obra de Deus. Também concordo que esta é a única explicação plausível para o que houve em nossa igreja esta noite, pois a confiança que deposito no irmão não me permite cogitar a hipótese de estarmos sendo ludibriados por um colega de fé. Nossos olhos humanos até poderiam ser enganados, mas, para Deus, nada fica oculto, e o irmão seria castigado por tamanha abominação mais cedo ou mais tarde. Entretanto, quero levantar uma outra questão que não foi aventada em nenhum momento, que é a sua segurança. Nós, que aqui estamos há mais tempo, sabemos do que esses homens poderosos são capazes. Temos consciência de que a batina e a autoridade de nosso sacerdócio, para eles, não impõe qualquer respeito. Portanto, acredito que o irmão, assim como todos nós, deve tomar todas as precauções contra eventual represália.

– Compreendo e agradeço a sua preocupação, Frei Mateus, mas quero que saibam que não estou arrependido com a aspereza do tom adotado na conversa com os coronéis. Estou cansado de me calar diante das atrocidades e desmandos desses homens. Quem sabe a minha forma de enfrentá-los, ainda que no campo das palavras, seja o começo de uma subversão mais efetiva desta população que desconhece o poder que tem e, assim como eu, não suporta mais tudo isso. Sei que corro risco, mas, se for da vontade de Deus, que eu pereça defendendo a minha verdade, aceito meu holocausto com resignação – encerrou Frei Bernardo o seu ilusório discurso, que beirava a vilania.

Foi assim que, permeada por conversas, acusações e, embalada pelo ódio, medo, arrogância e falsidade, que aquela triste noite de Arraial de Bom Jesus do Taquaruçu, uma pequena vila situada nos campos de cima da serra catarinense, chegou ao fim.

Nos dias seguintes, a rotina foi quem conduziu a vida dos habitantes do Taquaruçu, muito embora rotina para aquele povo – nem todos, obviamente – significasse privações em decorrência da guerra que ampliava seu braço de destruição.

Acossados pelas tropas do exército federal, os guerreiros do monge José Maria adotaram uma vida nômade. Irani, Três Barras, Caraguatá, Porto União serviram de base para seus acampamentos e foram palcos de sangrentas batalhas. Também seus moradores sofreram os efeitos do cruel conflito.

Na região de Caraguatá, os caboclos invadiram uma estância no intuito de amealhar víveres para a causa. Diante da negativa do proprietário, os homens comandados por Adeodato executaram sem piedade todos os moradores e trabalhadores, exceto aqueles que resolveram juntar-se ao bando para evitar a morte.

O ato covarde dos caboclos despertou a ira da população, que logo tratou de revelar a manobra e o paradeiro dos conflagrados ao General Setembrino. Quando as tropas federais invadiram o local, destroçando a precária guarnição do exército monástico, que permanecia entrincheirada defendendo a estância, encontrou uma placa, pintada à mão, cujo conteúdo estampava toda a ironia daquela incompreensível batalha: *"Guerra do Contestado: um povo lutando por sua terra, com gentileza"*. Gentileza era uma virtude que há muito não se via por aquelas paragens e nisso ambos os lados concordariam.

Revoltada com a imposição do pai de levar adiante a gravidez, Elvira Pereira, segregada na própria estância, remoía seu ódio contra Frei Bernardo e também contra a criança que trazia no ventre, a quem também atribuía a culpa de todo o seu infortúnio. Repetia aos quatro cantos que o filho havia desgraçado sua vida. A rejeição e o castigo forjaram uma pessoa amarga, portadora de um desequilíbrio maquiavélico, cujo único objetivo na vida passou a ser a vingança.

Assim foi que, no silêncio do seu reduzido mundo, passou a maquinar um plano para vingar-se de todos, principalmente de Bernardo, a quem desejava a morte. Na falta de amor na sua vida, Elvira Pereira optou por aconselhar-se com o ódio.

Como estava proibida de deixar a área da fazenda, Elvira passava a maior parte do seu tempo sob as árvores, que sombreavam os extensos domínios possessórios de seu pai. A moça fora informada pelo próprio Coronel Venâncio de que um de seus capangas pessoais havia sido designado para vigiá-la e que este recebera ordens para, em caso de tentativa de fuga ou de transposição das demarcações territoriais da fazenda, trazê-la manietada até a sua presença.

Em uma de suas intermináveis tardes, aproveitando o frescor da brisa serrana sob a proteção da copa das árvores, Elvira determinou à fiel Amália que doravante, sempre que saísse dos domínios da fazenda, usasse um chapéu que dificultasse a visão do seu rosto e que suas roupas também disfarçassem as formas do corpo. Pediu ainda que a ama passasse a trajar a mesma roupa sempre que fosse sair.

Amália percebeu que Elvira tramava alguma coisa, mas não compreendia aonde a patroa pretendia chegar com aquela ordem, mesmo assim decidiu cumpri-la sem questionamentos, ao menos por enquanto.

Na igreja, o ritmo de trabalho seguia dentro da normalidade. Os padres mantinham-se ocupados com constantes viagens aos redutos de guerra, auxiliando feridos, tratando de doentes e ministrando técnicas de higiene, tentativas, muitas vezes inúteis, de minimizar a ocorrência de doenças contraídas em decorrência das precárias instalações sanitárias nos acampamentos dos caboclos.

Não obstante o trabalho social no seio dos revolucionários serranos, o clero não abandonava sua bandeira principal, que era seguir tentando promover a paz.

270

Frei Bernardo seguiu sua vida como se nada houvesse acontecido. Esforçava-se ao máximo para manter a fama de bom cristão, portador de caráter retilíneo e conduta irretocável. O mais grave era que ele próprio internalizou essa figura proba, que estava longe de representar o seu verdadeiro eu, mas, exercendo o sagrado direito de se autoenganar, cristalizou, em sua mente, um veredito de inocência em relação ao meteórico romance com Elvira Pereira. Na sua egoística visão, a moça fora a responsável por tudo.

Aos poucos, porém, o frade foi percebendo um discreto afastamento de alguns dos irmãos de credo, dentre eles Frei Marcos, que, junto com Frei Mateus, comandava a congregação. Foi por sugestão do primeiro que Frei Bernardo fora afastado das celebrações ordinárias, sob o argumento de que havia sido exposto por Elvira e que, em função disso, seria melhor manter-se distante das atividades públicas, ao menos por um tempo.

Orgulhoso, Bernardo sentiu-se desprestigiado e começou a isolar-se daqueles que acreditava serem seus adversários.

Assim como sua ex-amada, o frade desenvolveu um lado sombrio que o fez iniciar um processo de vigilância constante dos passos e do modo de agir dos irmãos que acreditava estarem conspirando contra si. Pretendia obter qualquer espécie de vantagem possível sobre os eventuais futuros adversários, a fim de neutralizá-los assim que tentassem praticar qualquer manobra que envolvesse o seu nome, mas suas diligências se mostraram infrutíferas, pois não encontrou nada que desabonasse a conduta de seus supostos inimigos, frustrando-se, muito embora não estivesse disposto a desistir facilmente de seus intentos.

Frei Bernardo tornava-se uma pessoa cada vez mais desconfiada e arredia em relação aos demais padres, acelerando ainda mais o processo de isolamento e dando início à criação de seu inferno particular.

Os meses passaram-se e chegou o momento de Elvira Pereira dar à luz o bebê que, na sua mente desequilibrada, simbolizava a personificação de sua derrocada. Sua mãe, pressentindo que a hora do parto se aproximava, mandou buscar na vila uma parteira experiente, uma velha descendente indígena, responsável por botar no mundo grande parte dos filhos de Taquaruçu. Obviamente tomou aquela atitude aproveitando-se da ausência do marido, o qual via sempre com maus olhos toda e qualquer precaução relativa à gravidez da filha. Coronel Venâncio, homem teimoso e genioso, mantinha-se firme no propósito de continuar renegando sua única descendente.

Elvira foi acomodada num leito improvisado no celeiro da fazenda, pois seu pai – que havia se deslocado para Curitibanos para se encontrar com o compadre, Coronel Feliciano – deixara ordens expressas para que o parto fosse realizado bem longe da residência da família, ordem esta que ninguém estava disposto a desobedecer, mesmo na sua ausência, pois sabiam que tudo o que acontecia na casa, principalmente relacionado a Elvira, era relatado ao Coronel.

Quando a parteira chegou para ajudá-la a botar no mundo a criança cuja vida Elvira desejou interromper, encontrou a moça contorcendo-se em dores, deitada sobre um monte de palha e feno, moldado por Amália até ficar o mais próximo com a forma de uma cama, sobre o qual depositou alvos lençóis.

Apesar do conturbado período gestacional, Elvira gozava de excelente saúde. A sede de vingança fez com que cuidasse de sua saúde de forma rigorosa, a fim de manter-se forte e saudável para colocar seus planos em funcionamento.

Experiente e hábil, a velha senhora não teve muita dificuldade para trazer à vida uma linda menina, que saudou o mundo com um doce choro que comovia pela fragilidade.

Com lágrimas nos olhos, Ana – agora avó – testemunhava a chegada daquele pequeno ser, que não tinha noção dos testemunhos inapeláveis que a aguardavam.

Com a mesma habilidade com que trouxe a menina ao mundo, a velha índia cortou o cordão umbilical, higienizou a criança e colocou-a no peito da mãe, não sem antes chamar a atenção de Elvira, Ana e Amália para uma estranha marca de nascimento em forma de cruz, situada no lado esquerdo do frágil peito. Quando viu aquele inusitado sinal, Elvira logo tratou de lembrar a todos que aquela era a prova de que falara a verdade o tempo todo.

– Este sinal em forma de cruz é a marca do erro, é o sinal que Deus colocou nesta criança para lembrar a todos o fruto da minha união com um sacerdote, representante do próprio Deus aqui na Terra.

As mulheres também ficaram impressionadas com a

marca de nascimento da menina. Naquele instante, religiosidade, superstição, fé e sincretismo uniram-se para fazer com que os presentes concordassem com as palavras da jovem mãe, por mais absurdas que fossem.

– A criança já tem nome? – perguntou a parteira, pegando a todos de surpresa e retirando-os de seus devaneios pessoais.

– Margarida! – respondeu Ana, rapidamente. – Margarida era nome de minha bisavó materna, uma mulher guerreira que lutou para vencer muitas adversidades na vida. Desejo que esta criança tenha a mesma determinação e a garra de minha saudosa ascendente.

Absorta em seus próprios medos, temores e rancores, Elvira não deu importância ao nome escolhido pela mãe, aquiescendo com a escolha com leve dar de ombros.

Após receber seu pagamento das mãos de Ana, a parteira deixou a fazenda, ficando as três mulheres a admirar, cada uma a seu modo, a inocente criança, cujo futuro era incerto.

No fundo, Ana nutria a esperança de que o bebê perfurasse os corações de Elvira e Venâncio, empedernidos pelo ódio. Esperançava, ainda, que a chegada de Margarida tivesse o poder de despertar a todos para as verdades superiores, transformando desamor e preconceito em perdão e respeito mútuo, culminando com a permanência daquela indefesa e frágil criatura na fazenda Monte Alegre, onde poderia crescer feliz no seio de sua família.

O tempo mostraria que a esperançosa avó estava equivocada.

Capítulo 13

No plano
ESPIRITUAL

Assonorentada e com o pensamento confuso, Vânia tentava concatenar os sentidos a fim de descobrir onde estava. A sensação era de que havia dormido durante muito tempo. Olhou em torno do ambiente e viu-se deitada em uma cama similar a de um leito hospitalar. Estava sozinha num cômodo totalmente branco que, exceto por um criado-mudo ao lado da cama, era desprovido de qualquer outro elemento decorativo. No quarto havia duas portas, ambas fechadas, uma das quais supôs tratar-se da porta de acesso ao quarto. Quanto a outra, pela disposição, poderia ser a porta de um banheiro ou um anexo qualquer.

Tentou levantar-se da cama, mas não teve forças, seu corpo parecia ter multiplicado o peso. Esforçava-se – em vão – para se lembrar de como chegara até ali. Lutou com a memória, mas nada conseguiu, era como se espessa neblina cobrisse seus pensamentos. Fustigada pelo vazio da mente, desistiu.

Instantes depois, a porta do quarto se abriu e surgiu a figura de um homem negro, postura altiva e sorriso cativante, aparentando não mais do que trinta anos, que, pelas roupas, Vânia julgou tratar-se de um enfermeiro ou médico.

– Vejo que já acordou. Como está se sentindo?

– Bem, eu acho. Sinto apenas cansaço e meus olhos estão pesados. Isto é um hospital?

– Primeiramente, deixe que eu me apresente: meu nome é Silas e estou aqui para auxiliá-la. Respondendo a sua pergunta: Sim! Podemos chamar estas instalações de hospital, muito embora haja algumas diferenças em relação aos hospitais tradicionais que você conhece, mas é uma boa analogia.

– Como cheguei até aqui, Silas?

– Qual é a última coisa da qual você se recorda? – indagou o Espírito amigo.

Vânia franziu o cenho e tentou buscar, nos refolhos de sua memória, qualquer lembrança que a ligasse ao hospital, mas foi inútil novamente.

– A última coisa que lembro é de dirigir de volta para casa quando... Espera! Agora eu me recordo!

– E do que exatamente você se recorda? – sorriu Silas.

– Recordo-me do acidente e de que as pessoas ignoravam meu pedido de auxílio aos outros jovens envolvidos, até que o motorista do caminhão disse que eu não havia sobrevivido, e, então, vi meu corpo no carro. Eu morri, Silas. Eu morri – repetiu exaltada.

– Acalme-se, Vânia. Olhe bem para você e diga se parece estar morta?

– É... pareço viva. Meu corpo morreu, então.

Silas sorriu e assentiu com a cabeça.

– Meus avós, foram eles quem me encontraram após o acidente. Onde eles estão?

– Aqui mesmo, do lado de fora – respondeu calmamente o atencioso trabalhador.

– Aqui? Posso vê-los?

– Certamente!

Silas pediu licença e deixou o quarto. Alguns segundos depois, os avós cruzaram a porta, estampando largo sorriso no rosto. Ângelo trazia um ramalhete com belíssimas rosas brancas, que entregou à neta.

– Seja bem-vinda! Acho que já dissemos isso para você – sorriu o avô.

– Fico feliz por estarem aqui. Obrigada pelas flores, vovô, são lindas. Como vocês estão jovens, remoçados.

– A morte nos fez bem – sorriu Catarina.

– Muito bem!

– Vejo que você está melhor.

– Apenas um pouco cansada. Que lugar é este? Silas disse que aqui é como um hospital.

– Você está em uma das alas do Departamento de Refazimento da colônia Recanto da Paz. Lembra-se dela?

– Recanto da Paz? Claro! Foi a colônia que vi no meu sonho. Como o senhor sabe, vovô?

– Sonho? – sorriu Ângelo. – Não, minha filha, a experiência que você teve está longe de ter sido um sonho, foi mais real do que você poderia supor. Você foi trazida para esta colônia durante o sono como medida de esclarecimento, proporcionando uma forma prévia de ambientação ao local para onde seria levada após a desencarnação.

– Então, vocês já sabiam que eu estava prestes a desencarnar?

– Nós a aguardávamos, sim. Seu retorno, aos vinte e dois anos, foi programado quando do planejamento reencarnatório. Aliás, foi você mesma quem sugeriu esta idade.

– Fui eu quem escolheu a data da minha morte? Por que não me lembro disso?

– Primeiro, lembre-se de que seu corpo morreu, mas você, não. No momento adequado, você terá todas as respostas, mas posso adiantar que cada um de nós, antes de reencarnar, elabora, com o auxílio de Espíritos Superiores, o plano de reencarnação. Planejamos onde vamos nascer, quem serão nossos pais, com que idade desencarnaremos, que tipo de provas ou expiações vamos enfrentar, dentre outras coisas. Agora, veja a ironia – sorriu Ângelo –, as pessoas blasfemam e despejam sua ira contra Deus diante da visita da morte, mas, no fundo, em muitos casos dependendo da compreensão do Espírito que terá que voltar à carne, quem programa o momento do retorno ao plano espiritual é o próprio Espírito reencarnante.

– Não havia pensado no processo por este ângulo.

– Quando as pessoas compreenderem quem são, de onde vieram e para onde irão, perceberão que a morte é

278

apenas o instrumento utilizado pela Lei Divina para a transição entre os dois mundos. Há planos espirituais mais evoluídos em que a morte tornou-se obsoleta e desnecessária.

– Então, tudo o que acontece em nossas vidas foi previamente planejado?

– Tudo, não. Em regra, há um planejamento genérico dos principais eventos da reencarnação futura. Obviamente o ajuste fica sujeito a variáveis como o livre-arbítrio, que pode gerar alterações sensíveis em toda a trajetória reencarnatória. Aliás, raros são os Espíritos que retornam tendo cumprido integralmente o planejamento traçado antes da nova experiência carnal.

– O homem – continuou o avô de Vânia –, muitas vezes, abre mão de seus minutos de paz para brigar por mesquinharias, por valores e honrarias fugazes. Outras vezes, reclama de sua existência, impacienta-se com tudo e com todos por motivos insignificantes. Deveria, pois, buscar a compreensão das verdades espirituais, pois nelas encontraria o bálsamo para seus infortúnios diários. O homem não concebe, orgulhoso que é, que o mal que aflige o próximo hoje pode bater à sua porta amanhã. Infelizmente, a maioria dos seres encarnados acorda para as verdades espirituais somente quando percebem que a vida não teve seu epílogo no túmulo.

– Por que tantos não conseguem cumprir com o planejado? Haveria uma regra de conduta ou uma fórmula para melhorar esse índice? – indagou Vânia, curiosa.

– Obviamente que não estamos falando de uma ciência exata. Logo, não há fórmulas matemáticas para viver bem. Entretanto, Jesus nos deixou a senha para que possamos ascender a mundos mais felizes: caridade! Parafraseando o grande Bezerra de Menezes, a distância que nos separa de Deus é a mesma que nos separa do nosso próximo.

– Lindas palavras, vovô, mas sempre pensei que fosse o amor a chave de tudo.

– A caridade é o amor em ação. Você pode amar seu próximo, querer verdadeiramente seu bem, mas não transformar este sentimento em atos. A caridade é a materialização desse amor.

Reflexiva, Vânia imergiu em si mesma, calando-se subitamente, atitude que chamou a atenção dos avós.

– Sei o que está passando em sua cabeça agora – atalhou Catarina –, e peço para que não se preocupe com isso.

– Vocês conseguem ler meus pensamentos?

– Na espiritualidade, minha querida, é mais difícil esconder nossos sentimentos. Aqui não é possível esconder-se atrás de máscaras ou sorrisos forçados, não que seja esse seu caso. Quero dizer com isso que também nossos pensamentos encontram-se despidos do manto que os ocultam enquanto estamos encarnados. Com o passar do tempo e o desenvolvimento da sensibilidade espiritual, você mesma perceberá que, por aqui, os pensamentos não permanecem ocultos.

– Pelo visto terei de vigiar meus pensamentos – brincou Vânia.

– Os pensamentos precisam ser vigiados em todo lugar, não só aqui. Quanto ao que você refletia, mas não externou – prosseguiu Catarina –, não gaste energia tentando adivinhar quais foram as bases de seu planejamento reencarnatório e se obteve êxito no cumprimento. É muito cedo para pensar nisso. No momento, concentre todos os seus esforços na sua recuperação. O refazimento deve ser sua única meta por enquanto.

Oportunamente, dependendo de seus méritos, a Espiritualidade superior permitirá que tenha acesso ao arquivo de suas existências pregressas e também às premissas básicas que pautaram sua última encarnação. Uma regra básica aqui do plano espiritual, a qual sugiro que você grave, é que tudo acontecerá no seu devido tempo, nem um minuto antes.

– Vocês estavam comigo depois do acidente, agora me recordo que fiquei um pouco perturbada quando vi meu corpo sem vida dentro do carro, mas vocês me auxiliaram. O processo de desencarnação é igual para todos, inclusive em relação a este acompanhamento, pois a presença de vocês foi fundamental?

– A morte física chega de maneira diferente para cada pessoa. Não há duas desencarnações iguais. Existem, entretanto, algumas variáveis, agravantes ou atenuantes, que podem facilitar ou dificultar o processo, mas tudo em consonância com o padrão estabelecido pelos preceitos das Leis Divinas, que não produz vítimas, tampouco elege privilegiados. O caminho que liga o plano físico ao plano espiritual é o mesmo para todos, mas a conduta da criatura, calcada na lei de causa e efeito, asfaltará ou esburacará este acesso. Eventuais obstáculos encontrados durante o processo de desenlace do Espírito são trazidos por ele próprio.

No seu caso, Vânia, verificou-se uma destas variáveis. Seu Espírito foi expelido do corpo abruptamente porque este, em razão do acidente, deixou repentinamente de ter condições de abrigá-lo, fazendo com que você não percebesse de imediato a sua condição. Alguns Espíritos demoram longos anos ou até mesmo décadas para se darem conta de que não mais pertencem ao mundo dos encarnados. Com você foi diferente porque os méritos adquiridos ao longo das múltiplas existências e o prévio conhecimento do mundo dos Espíritos, através de seus estudos nesta última, possibilitaram a rápida compreensão da sua situação e nos permitiu executar o resgate de forma tranquila.

– No que se refere ao auxílio, saiba que a providência Divina não relega ninguém ao desamparo, e todos são igualmente auxiliados após a morte física. Entretanto, muitos repelem esta ajuda e aí nada pode ser feito, pois precisamos respeitar o livre-arbítrio – esclareceu o avô.

– Tem um fato relacionado aos meus primeiros momentos neste plano que está me intrigando. Vocês, pelo que pude supor, tinham conhecimento de que, nos últimos tempos, dediquei-me ao estudo da Doutrina dos Espíritos, certo?

– Sim, com certeza. Com o recebimento da tarefa de auxiliá-la no desenlace da carne, passamos a acompanhá-la bem de perto – disse Catarina, trocando olhares cúmplices com Ângelo. – Mas diga, qual é a sua dúvida?

– Então! Desde o primeiro contato com os princípios filosóficos, científicos e religiosos do Espiritismo, afeiçoei-me principalmente com a lógica contida nas explicações, que, hoje constato, correspondiam à realidade.

Não obstante a certeza da sobrevivência do Espírito, a manutenção da individualidade e da existência do plano espiritual, jamais poderia desconfiar – certamente em virtude dos meus limitados conhecimentos – que as necessidades físicas do organismo também me acompanhariam após o encerramento das atividades do corpo. Não pensei, por exemplo, que sentiria tanta sede. Por que isso acontece?

Foi a avó quem prestou esclarecimentos à neta.

– Sua dúvida é justa, mas saiba que é natural que se sinta dessa forma, afinal, deixou o corpo físico há tão pouco tempo. Apesar de todas as ideias quiméricas feitas acerca da vida na esfera espiritual, entre o primeiro segundo após a desencarnação e o primeiro segundo de vida na espiritualidade, exceto pela perda do corpo, não existe nenhuma modificação significativa ou aprimoramento evolutivo do Espírito. A natureza não dá saltos, ou como gostam de dizer na Terra: "ninguém vira santo depois que morre".

Mantemos nossa inteligência e nossa ignorância; nossas virtudes e nossos preconceitos. Com as sensações físicas não é diferente: como o corpo espiritual ainda traz registrado de forma latente as impressões da recente experiência na matéria, salvo a desencarnação de Espíritos em grau evolutivo avançado – situações excepcionalíssimas –, a maioria das criaturas, quando aportam neste plano, continuam a sentir fome, sede, alterações de temperatura, mesmo não possuindo mais um corpo físico. Analogicamente é semelhante à pessoa que, após ter um membro amputado, continua a ter sensações físicas na parte do corpo que não mais existe. Neste plano, com tempo e adaptação, à custa de muito esforço no autorreajustamento, as sensações fisiológicas desaparecerão gradativamente.

Vânia ouvia atentamente as explicações da avó, pensando no quanto as pessoas vivem uma vida equivocada na Terra, pautando sua existência em prioridades de ordem material.

– Fico aliviada ao saber que não tem nada de anormal comigo. Mas, vovó, como eu poderia conseguir água? – perguntou, encabulada.

– Ângelo e eu precisamos deixá-la, pois temos outros trabalhos a fazer, mas não se preocupe que pediremos a Silas que lhe traga água e também algo para comer. Certamente não está apenas com sede, mas com fome também.

– Muita fome – sorriu.

Catarina e Ângelo despediram-se da neta, prometendo retornar tão logo fosse possível.

Minutos depois, Silas surgiu trazendo uma bandeja. Nela havia um copo com água, um recipiente fundo preenchido até a metade com um caldo espesso e fumegante que mais parecia uma sopa, além de um pequeno prato contendo duas peras. Silas deixou tudo sobre o criado-mudo.

– Aqui está! Vou deixá-la só para que faça sua refeição à vontade, com privacidade, mas, daqui a pouco, retorno.

Depois da saída de Silas, Vânia ficou observando, intrigada, a refeição que o amigo havia lhe trazido. Suas dúvidas aumentaram quando se pôs a provar os alimentos e percebeu que eram tão saborosos quanto aqueles que comia enquanto encarnada, além de produzir uma reconfortante sensação de saciedade.

Após a refeição, ajeitou-se na cama, deitando-se de costas, pois esta era a posição mais confortável – sentia fortes dores na região do peito e pescoço.

Tomada de súbito cansaço, não conseguia manter o controle sobre as pesadas pálpebras, enquanto os pensamentos perdiam lentamente a nitidez e a coerência. Sem ter mais como resistir, entregou-se ao sono profundo.

Vânia abriu os olhos e percebeu que a avó estava ao seu lado. Sonolenta e desorientada, não tinha noção do quanto havia dormido, mas a sensação era de que havia decorrido longo espaço de tempo.

– Quanto tempo eu dormi?

– Não se preocupe com isso. Neste período, o sono é necessário e reparador, literalmente. Faz parte do tratamento, das prescrições visando sua recuperação.

– Onde está vovô Ângelo?

– Seu avô é coordenador de uma equipe de trabalho e encontra-se na crosta terrestre neste momento.

– Vocês trabalham juntos, vovó?

– Sim, querida. Eu e Ângelo fazemos parte da mesma equipe de trabalho. Nossas funções, dentre outras, é auxiliar Espíritos recém-desencarnados, acompanhando o desligamento do corpo físico, o restabelecimento, a readaptação neste plano, até sua recolocação nas fileiras de trabalho.

285

– Foi por escolha ou por circunstâncias de trabalho que fui socorrida justamente por vocês?

– Não foi por uma eventualidade ou coincidência que eu e seu avô a socorremos. No seu caso, recebemos autorização para acompanhar todo o processo da desencarnação e recuperação. O preparo para sua vinda iniciou há alguns anos, e estávamos presentes com você desde então. Não obstante nossas obrigações de trabalho, foram os laços afetivos que nos colocaram ao seu lado durante esse processo, mas saiba que isso não foi um privilégio seu ou nosso, mas trata-se de situação bem corriqueira a pessoa ser amparada por entes queridos que a precederam no retorno à pátria espiritual.

– Da minha parte, só tenho a agradecer por tudo que fizeram e têm feito por mim. Não sei o que teria acontecido comigo se não fosse a presença de vocês – falou Vânia, emocionada.

Catarina permaneceu em silêncio, olhando ternamente para a neta, sorriu, afagou-lhe os cabelos e beijou-lhe a testa.

– Depois que vocês saíram do quarto, na última vez que os vi, Silas trouxe-me uma bandeja com água e alimentos que, diga-se de passagem, estavam deliciosos. Que alimentos eram aqueles? Achei que, na condição de Espíritos, não nos alimentávamos da mesma maneira como fazíamos na Terra.

– Como explicamos, o Espírito recém-desencarnado mantém latente as mesmas sensações físicas de quando encarnado, pois se encontra arraigado à matéria e a fome é uma dessas sensações. A alimentação que Silas serviu

286

para você é semelhante à que você tinha na Terra, inclusive quanto ao paladar, mas sua natureza é distinta, pois é constituída de material fluídico. A saciedade produzida por este tipo de alimento é mais de efeito psicológico do que propriamente físico.

– Por quanto tempo, precisarei me alimentar assim?

– Enquanto você não estiver adaptada aos sistemas de sustentação energética do plano espiritual, receberá porções balanceadas, digamos assim, de alimentos semelhantes aos que você consumia quando encarnada. É uma adaptação lenta e gradual, não se preocupe nem sinta envergonha por isso, pois é assim com todos.

– Outra coisa, vovó, tenho sentido muitas dores no peito e na região do pescoço. Isso é normal?

– Completamente, minha querida. Você desencarnou através de acidente automobilístico, um processo violento e bastante traumático para o perispírito. As dores que sente são percepções gravadas no corpo espiritual em decorrência de lesões sofridas pelo corpo físico. Erradicar todas estas sensações e desconfortos promovendo o reequilíbrio é o motivo de você estar internada nesta casa de recuperação e não ter sido levada diretamente às habitações da colônia. É preciso tempo, perseverança e boa dose de paciência para libertar-se completamente de todas estas sensações físicas.

Em seguida, a bondosa benfeitora pediu para que Vânia permanecesse imóvel e passou a lhe aplicar passes cujo magnetismo intenso iniciou-se pelo córtex cerebral e seguiu pelos demais centros de força, detendo-se nos locais em que a neta queixava-se de dores.

Vânia percebeu, deslumbrada, que, das mãos da avó, saía uma luz que, ao tocar seu corpo, produzia uma sensação de forte calor, como se uma chama estivesse tocando sua pele. Após alguns minutos, a dor havia desvanecido, provocando-lhe novo estado de entorpecimento.

– Sente-se melhor?

– Muito melhor, a dor praticamente desapareceu. Sinto o corpo relaxado e sono, muito sono.

– Descanse mais um pouco. É perfeitamente normal a sonolência após o procedimento que realizei. Imagine-se como um bebê recém-chegado ao mundo. Nos primeiros dias de adaptação à vida fora do útero, a criança passa praticamente todo seu tempo dormindo. Aqui, podemos dizer que o processo se repete com um único objetivo: sua recuperação.

Vânia lutou para continuar ouvindo a avó, mas foi vencida pelo sono.

Depois de um tempo, acordou revigorada. As dores desapareceram completamente. Sentia-se leve e, pela primeira vez, sentiu confiança para descer da cama e caminhar pelo cômodo. Tinha desejo de sair do quarto, mas preferiu aguardar o retorno dos avós ou de Silas.

– Vejo que acordou bem-disposta.

Vânia virou-se e viu Silas parado na porta do quarto, exibindo um largo sorriso.

– Completamente revigorada, Silas. Por quanto tempo dormi?

– Não precisa se preocupar com convenções sociais

terrenas, como o tempo, por exemplo. Aqui a prioridade é seu completo refazimento, e, dentro dessa premissa, o sono é um lenitivo de vital importância para a consecução de nossos objetivos. Logo, se for necessário que você descanse por dias a fio, isso acontecerá sem qualquer indicativo de culpa ou constrangimento.

– Compreendo, mas será que eu poderia saber quanto tempo faz que desencarnei?

– No devido tempo, você terá todas as respostas, minha amiga. Neste momento, repito, nosso objetivo principal é sua completa recuperação, e essa é uma informação que em nada auxilia o processo. Aliás, um dos propósitos de minha visita hoje é que sou portador de uma boa notícia para você – desconversou.

– Boas notícias são sempre bem-vindas – disse a moça, sem disfarçar a ansiedade.

– A partir de hoje, você já tem autorização para deixar o quarto e caminhar livremente pelo lado externo da instituição, tendo apenas que observar algumas prescrições, principalmente aquelas relativas aos horários destinados ao repouso. Em seguida, em poucos dias, deixará esta casa de recuperação e morará com seus avós na área residencial da colônia.

Vânia recebeu a novidade com toda a felicidade que a curiosidade podia promover, pois queria muito conhecer o lugar que a acolhera. Ansiava por descobrir quais paisagens o plano espiritual revelaria.

– Haveria um céu como na Terra? – interrogava-se. – E estrelas? – eram indagações simples – pueris, até –, que embalavam seus pensamentos.

Silas divertia-se com os singelos, mas comuns, dilemas da recém-desencarnada.

– O que você acha de sairmos do quarto agora mesmo, a fim de mitigar suas dúvidas?

A proposta do amigo espiritual foi aceita imediatamente por Vânia. Minutos depois, deixaram o quarto e iniciaram a incursão pelas dependências do hospital.

Percorreram um longo corredor, ladeado de portas por ambos os lados, que Vânia supôs tratar-se de outros quartos, em cujas portas havia uma identificação numérica, muito semelhante àquelas existentes nos hospitais da Terra. Assim que ultrapassaram o último dos quartos – ou o primeiro – abriram uma grande porta que dava acesso ao lado externo do hospital. Já no primeiro passo fora da construção, Vânia dirimiu imediatamente todas as suas dúvidas.

Era noite. Límpido, o céu exibia o cintilar exuberante das constelações estelares que ladeavam uma Lua, que apresentava a beleza discreta de sua fase minguante. Vânia e Silas seguiram caminhando por extenso gramado, ornamentado com frondosas árvores, embaixo das quais havia bancos de madeira, alguns deles ocupados por outras pessoas que sorviam as cândidas vibrações e a tranquilidade espiritual exalada pelo local. Havia também flores, muitas, por toda a parte, imprimindo um colorido especial mesmo ao ambiente noturno. Maravilhada, Vânia começou a exercitar sua imaginação, tentando mensurar a magnitude da beleza do lugar à luz do dia, com os raios solares a incidir sobre aquele cenário multicolorido.

Silas convidou a moça a sentar-se, escolhendo um

banco que ficava abaixo de uma árvore, a qual Vânia não conseguiu identificar a espécie, mas cuja copa era assimetricamente circular. Acomodados, puseram-se a conversar sobre trivialidades.

– Há quanto tempo você trabalha aqui, Silas?

– Cheguei aqui tão logo me restabeleci por completo da minha desencarnação e recebi autorização para trabalhar. Isso foi há cerca de dez anos.

– Como foi sua última encarnação? Espero não estar sendo indiscreta? Fique à vontade para não responder à minha curiosidade.

– Não há indiscrição alguma, pois não tenho problema em falar sobre o assunto.

Atendendo ao pedido de Vânia, Silas relatou sua história:

***

– Minha última incursão na carne ocorreu há mais de um século, no interior de São Paulo, em uma fazenda produtora de café. Era filho de escravos, muito embora eu mesmo não tenha sido um – ao menos na teoria – por ter nascido durante a vigência da Lei do Ventre Livre. Desde pequeno, fui apresentado ao trabalho duro nos cafezais e à crueldade dos coronéis sem farda da época.

Testemunhei barbaridades atrozes serem praticadas contra criaturas inocentes e sem qualquer esperança na vida. Cresci cultivando o sentimento de revolta e o desejo de vingança contra aqueles atos de desumanidade.

Coronel Herculano era um homem muito poderoso

e influente, cuja fazenda estendia seus domínios por muitas léguas, com cafezais a perder de vista. Era um homem impiedoso, sádico e cruel. A mínima contrariedade por parte de algum escravo constituía-se motivo suficiente para infligir suplícios horrendos à desafortunada criatura. Temido por todos e odiado por muitos, inclusive por mim.

Meu ódio contra Coronel Herculano e sua família chegou ao ponto máximo quando eu tinha sete anos de idade. Naquele fatídico dia, minha mãe, ardendo em febre e estafada pela rudeza da lide, desmaiou no meio do cafezal, justamente no momento em que o coronel encontrava-se inspecionando os trabalhos pessoalmente. Sem piedade, Herculano determinou que a fizessem recobrar os sentidos para que continuasse o trabalho. Meu pai, conhecedor do delicado estado de saúde de minha mãe, tentou argumentar para que a deixassem descansar, assumindo a responsabilidade de trabalhar dobrado para compensar a falta da esposa. Como resposta, recebeu do coronel um golpe de chicote no rosto, que lhe abriu um corte profundo. Quando o capataz ergueu minha mãe com a mesma falta de delicadeza com que usava para carregar uma saca de café, meu pai tentou impedi-lo. O coronel tomou aquilo como uma afronta pessoal e, sem pronunciar uma única palavra, sacou de uma arma, matando meus pais ali mesmo, a sangue frio. Corri aos prantos na direção de ambos, mas o capataz mandou que eu me afastasse dos corpos, ameaçando-me com o mesmo fim.

Chorei amargamente a perda de meus pais, mas aquelas foram as últimas lágrimas por mim derramadas. A partir de então, com o coração enegrecido pela dor e pela revolta, minha vida passou a ser regida por torpes sentimentos de ódio e de vingança.

O tempo passou. Cresci na mesma proporção com que o ódio crescia dentro de mim. Cada vez que avistava o cruel e orgulhoso Coronel Herculano, internalizava, nos recônditos mentais, tenebrosas afirmativas: – Vou fazê-lo sofrer, homem torpe! – Desgraçarei sua vida, seu miserável!

Contava dezessete anos quando, afinado com baixas vibrações e pensamentos trevosos, comecei a maquinar meu plano de vingança.

Discretamente, passei a observar a rotina do coronel, sua esposa e sua filha. Sabia os horários em que saíam acompanhados e quando se punham a caminhar solitários pela fazenda. Meu plano era simples: aproveitaria os momentos de descuido e vulnerabilidade para aniquilar a família de Coronel Herculano, um a um, sem pressa. Cego pela vingança, desejava infligir sofrimentos perenes a meu cruel algoz.

A primeira vítima de meus funestos intentos foi Esmeralda. A filha do Coronel Herculano tinha o hábito de cavalgar sozinha todas as tardes, afastando-se consideravelmente da sede da fazenda. Conhecedor do itinerário da jovem, amarrei uma corda em uma árvore e posicionei-me em compasso de espera, camuflado em outra. Assim que a moça se aproximou, no momento exato puxei a corda, esticando-a o suficiente para derrubá-la do cavalo. Aproveitando a queda e o atordoamento temporário de Esmeralda, saltei sobre ela e estrangulei-a, fazendo pressão com o antebraço sobre o pescoço, pois não queria deixar marcas de dedos, para fazer parecer que a moça quebrara o pescoço na queda.

No fim do dia, os peões que procuravam pela filha do Coronel, que não havia voltado de seu passeio a cavalo, encontraram-na caída no chão, sobre um tronco. Pela posição e as marcas do corpo, todos acreditaram que Esmeralda havia se desequilibrado do cavalo e quebrado o pescoço na queda sobre o tronco.

Foram dias de muita tristeza na fazenda, todos estavam compungidos com a tragédia, exceto um negro órfão, acomodado longe de seus pares, no canto mais oculto da senzala, disfarçando sua satisfação atrás de uma postura taciturna.

Silas prosseguiu a narrativa de sua tenebrosa encarnação sob os olhares espantados, porém ternos, de Vânia:

– O sofrimento do Coronel Herculano pela da perda da filha amada era combustível que alimentava minha felicidade, embebedando-me com o desejo de prosseguir com os atos vingativos. Desejava vê-lo solitário, como fizera comigo. Queria vê-lo implorando pelo afeto e pela companhia daqueles a quem mais desprezou.

Hoje, passados tantos anos, consigo compreender a gravidade e a dimensão do meu erro ao optar pela trilha tortuosa e destruidora da vingança. Por vezes, minha consciência foi assaltada por vozes orientando-me a pôr termo em meus planos, a fim de não contabilizar débitos ainda maiores aos já amealhados até aquele momento. Todavia, assim não foi!

Por cerca de um ano, cultuei a paciência, mantendo-me em longo compasso de espera, não obstante o desejo de prosseguir imediatamente com a vingança. Nesse período, intensifiquei a vigília sobre a esposa do coronel, senhora Marcelina, que, depois da perda da filha, poucas vezes aventurou-se fora das paredes da casa grande. Previ maiores dificuldades para levar a efeito meu pérfido plano, mas estava cego pelo ódio e muito determinado. Em algum momento, a oportunidade surgiria, e eu estaria lá, à espreita, como um animal peçonhento pronto para dar o bote.

Certa tarde, cumprindo ordens do coronel, estava a cortar um velho abacateiro próximo da casa grande, quando entre uma machadada e outra, ouvi o diálogo de duas serviçais da cozinha que se refestelavam à sombra rodada de uma aroeira, bem próxima de onde eu trabalhava. Perguntei às negras se poderiam conseguir-me um copo d'água, sendo prontamente atendido. Agradecido, troquei meia dúzia de palavras com as serviçais, o suficiente para descobrir que aquele folguedo só era possível naquele horário, pois o senhor estava sempre a correr pela fazenda, enquanto a senhora da casa entregava-se, solitária, à sesta. Vi, naquele hábito, a oportunidade para pôr em prática meus intentos.

Na tarde seguinte, as informações prestadas pelas mucamas da fazenda confirmaram-se. Coronel Herculano havia deixado a casa e seguido na direção dos cafezais para vistoriá-lo, enquanto as escravas, mais uma vez, conversavam sob a sombra da árvore. Tudo levava a crer que Marcelina se encontrava em seu quarto, dormindo.

Sem perda de tempo, deixei meu posto de trabalho e, sorrateiramente, esgueirei-me para o interior da casa grande, localizando, sem muita dificuldade, o quarto principal. Percebendo que a porta não estava trancada, abri-a silenciosamente, penetrando no interior do cômodo mais íntimo da fazenda, onde constatei que a senhora Marcelina dormia profundamente.

Aproximei-me da cama e rapidamente pulei sobre a esposa do coronel. Assustada pelo abrupto despertar, tentou gritar diante do perigo, mas foi em vão, pois cobri-lhe a boca com as mãos. Ela debateu-se, lutou ferozmente tentando agarrar-se à vida, mas vali-me de minha compleição física para subjugá-la, asfixiando-a até a morte.

Tudo correra conforme planejado, exceto pelo fato de que dois pares de olhos testemunharam o exato momento em que eu pulava a janela dos fundos da casa e ganhava a rua.

Em meu planejamento, não imaginei que as duas serviçais deixariam a furtiva folga e o refresco da sombra da aroeira para colher temperos na horta existente nos fundos da casa e que, ao retornarem daquela incursão, surpreender-me-iam no exato momento em que eu fugia da cena do crime.

Assim que chegaram na casa grande, as desconfiadas empregadas começaram a vasculhar por tudo para ver se eu havia subtraído algo de valor do interior da residência do coronel. Não encontrando nada de anormal, checaram os quartos e foi então que descobriram o corpo sem vida da patroa, vítima de tenebroso crime.

Avisado por um dos peões da fazenda, pouco tempo depois Coronel Herculano chegou em casa correndo, aos gritos, derrubando tudo o que estivesse à sua frente. Ao ver o corpo da esposa sem vida, caiu em desespero, jurando que moveria céus e terra para descobrir o autor do crime. Todos sabiam que a esposa do coronel fora assassinada, pois, desta vez, não tive como montar uma cena que fizesse parecer uma morte acidental, como fizera com Esmeralda.

Não demorou muito para que as escravas relatassem ao dorido coronel que haviam me visto deixar a casa de maneira furtiva poucos minutos antes de encontrarem o corpo, tornando-me o principal suspeito pela morte de dona Marcelina.

Alheio às certezas do coronel, prossegui com meus afazeres como se nada tivesse acontecido, cônscio de que meus atos não seriam descobertos. Até que Coronel Herculano e mais três homens de sua confiança aproximaram-se de onde eu trabalhava e, sem dar qualquer satisfação, agarraram-me e me amarraram a um tronco de árvore. Foi só então que, com os olhos faiscando de ódio, Coronel Herculano informou-me de que meu ato havia sido descoberto e uma morte lenta e dolorosa estava à minha espera.

Meu suplício físico teve início assim que a cerimônia do funeral de dona Marcelina terminou. Durante uma semana, fui submetido a todo tipo de sofrimento imaginável. Não obstante, reuni as últimas forças que me restavam e pratiquei o derradeiro ato de crueldade: sob os olhares do Coronel Herculano e seus capatazes, confessei com um sorriso irônico que a morte da filha Esmeralda não fora acidental e que tudo fazia parte de um grande plano de vingança pelo assassínio cruel de meus pais, deixando claro que, após vê-lo sofrer pela perda das pessoas que mais amava, eu morreria feliz, com a sensação de missão cumprida.

Depois da minha desencarnação, permaneci preso por vontade própria à fazenda. Revoltado, dedicava minha atenção na tentativa de prejudicar o coronel. Recusei todo tipo de auxílio de Espíritos generosos, os quais, respeitando meu livre-arbítrio, afastaram-se depois de um tempo.

Com minhas atitudes, carreei infortúnios indizíveis. Por décadas, vaguei por regiões umbralinas, até que um dia, esgotado, caí de joelhos e implorei pelos beneplácitos Divinos. Socorrido, fui levado às câmaras de refazimento e, depois de alguns anos, estudando e reaprendendo a trilhar os caminhos do bem, aceitei o trabalho neste posto de atendimento, auxiliando irmãos recém-desencarnados e resgatando ínfima parcela de minha dívida para com a Lei Divina.

$$* * *$$

Vânia, que ouvia a tudo emocionada, pediu desculpas a Silas por fazê-lo recordar de passado tão doloroso.

– Não precisa se desculpar, Vânia. Como lhe disse antes, não tenho problema em reviver esses acontecimentos, pois os episódios que narrei me serviram de aprendizado. Além disso, já fui alcançado pela misericórdia divina. Meus erros foram graves, é verdade, mas venho trabalhando para resgatar cada uma das faltas cometidas. Minha próxima encarnação já está sendo preparada e, em breve, reencontrarei nos palcos da Terra todas as personagens desses infortúnios, principalmente Coronel Herculano, com quem terei a oportunidade de me reconciliar, muito provavelmente como pai e filho.

Na hora seguinte, Vânia e Silas seguiram conversando sobre detalhes relacionados à vida na colônia espiritual, até que Catarina e Ângelo se juntaram aos dois.

Aproveitando a chegada dos avós de Vânia, Silas despediu-se, pedindo licença e deixando-os a sós.

– Como foi seu dia, Vânia? – perguntou a avó.

– Sinto-me melhor, praticamente restabelecida, ainda mais depois deste passeio.

– Foi justamente para falar da sua situação que viemos. Junto com os responsáveis pelo departamento, analisamos a evolução da sua recuperação e chegamos à conclusão de que você reúne totais condições para se mudar para a área residencial da colônia, mais especificamente para nossa casa, daqui a exatos dois dias. Resta apenas um último detalhe.

– Qual? – indagou ansiosa.

– O seu consentimento, pois devo lembrá-la de que o livre-arbítrio é sempre respeitado, e ninguém será compelido a fazer algo contrário ao seu desejo.

– Creio, então, meus amados avós, que vocês terão de me aguentar na sua casa – sorriu Vânia.

– Não tivemos a oportunidade de conviver com você no plano terreno, mas quis a Providência Divina que isso viesse a acontecer aqui, no plano espiritual. Portanto, será uma alegria imensa tê-la pertinho de nós.

Emocionada, Vânia deu um longo abraço nos avós, agradecendo-lhes pelos cuidados recebidos desde que se vira diante de uma nova vida, após a perda do corpo físico. Depois disso, deu vazão a uma dúvida que lhe confrangia o peito.

– Laborando incansavelmente no auxílio de Espíritos recém-desencarnados, com toda certeza já se depararam com a pergunta, pedido ou desejo semelhante ao que irei lhes fazer, não sei bem como definir, acho até que se trata das três coisas juntas: Estou com saudade da minha família e preocupada em como reagiram diante da minha desencarnação, principalmente meu pai e minha mãe. Quando poderei ter notícia de todos, ou quem sabe visitá-los?

Foi Catarina quem esclareceu a neta, em tom maternal, acerca de questão tão delicada e tão recorrente entre os recém-desencarnados:

– Esta é uma situação bastante delicada, minha querida. Apesar de sua flagrante melhora, ainda é muito cedo para uma visita aos entes queridos que ficaram na Terra. Acredite, você ainda não têm equilíbrio e autocontrole suficientes para uma incursão na crosta com esta finalidade. Acalente seu coração. Saiba que Deus, através de Seus emissários da espiritualidade, não desampara a ninguém. Todos aqueles que lhe são caros estão sendo assistidos e, assim como você, necessitam de tempo para adaptação à nova realidade.

Neste momento, o tempo e a ausência são os melhores remédios para corações que precisam prosseguir com sua jornada. Canalize suas energias e pensamentos para o seu completo restabelecimento, pois somente no momento em que isso acontecer é que você terá autorização para deixar a colônia e visitar sua família.

– Não supunha que a saudade fosse tão forte também deste lado.

– Saudade é um sentimento que está presente em todos os planos. Após a desencarnação, liberto das amarras e das limitações impostas pelo corpo físico, o Espírito torna-se mais sensível a toda e qualquer espécie de sensações provenientes do plano material, tudo em decorrência da potencialização dos sentidos, antes limitados pelo corpo material.

A morte – continuou Catarina – não tem o condão de destruir o vínculo que nos une a nossos entes amados. Logo, é perfeitamente natural que sintamos, com mais pujança, a ausência daqueles que permaneceram encarnados.

– Às vezes, tenho a nítida impressão de que minha mãe precisa muito de mim e está a me chamar – sua voz soa como se estivesse ao meu lado, a ponto de tentar procurá-la em derredor e isso tem me deixado aflita. O mais engraçado, vovó, é que esta aflição não decorre diretamente da sensação de chamamento, mas da minha impotência de não poder atender seu pedido, revelando-lhe que a morte destruiu apenas meu corpo físico, mas que permaneço viva.

Catarina e Ângelo entreolharam-se. Sabiam que, no plano físico, os pais de Vânia, principalmente Iracy, estavam desolados com a partida da filha, e seus chamados constantes produziam uma carga energética poderosa, que atingia a filha no plano espiritual, prejudicando sua recuperação. Concordavam que este não era o momento propício para revelar toda a verdade à neta, optando por contemporizar a situação.

– Sempre que for assaltada por estes sentimentos, tente mudar seu padrão vibratório através de orações rogatórias de equilíbrio, proteção e auxílio. Nesta fase da recuperação, a prece é o melhor remédio no combate às aflições. Sua desencarnação foi muito recente e, apesar de encontrar-se em franco processo de readaptação, você ainda não aprendeu a dominar completamente os sentimentos, levando-se ao desequilíbrio. É preciso muita paciência, pois isso virá somente com o passar dos dias, à medida que aprenda a se conhecer – complementou Catarina.

Vânia permaneceu mais algum tempo sentada na companhia dos avós. Depois, procurou o silêncio do seu quarto para o repouso reconfortante.

Catarina e Ângelo prometeram retornar em dois dias para acompanhá-la até a nova residência. A mudança certamente descortinaria a oportunidade de vivenciar novas experiências, facilitando o seu aprendizado.

Irradiando ansiedade, que não passou despercebida pelos avós, Vânia recebeu de Ângelo o conselho para relaxar e entregar-se às novas experiências, sem olvidar que já passara por aquela situação antes, muitas vezes, mas que momentaneamente não se lembrava disso.

– Assim que sair daqui, você iniciará um lento e gradual processo de desarquivamento de memórias, armazenadas nos escaninhos mais remotos da sua alma.

Vânia limitou-se a sorrir diante das explicações prestadas pelo avô. Desta vez, seus esclarecimentos não foram eficazes para reduzir sua ansiedade, muito pelo contrário, aumentaram-na.

CAPÍTULO 14

Ódio e
REMORSO

QUANDO A PEQUENA MARGARIDA VEIO AO mundo, principiava o ano de 1915, e a guerra na região do "contestado", que havia mudado a vida de todos, encaminhava-se para seus últimos atos.

O princípio do fim desenhou-se quando General Setembrino modificou a estratégia de suas tropas, inicialmente evitando o embate direto, pois o confronto homem a homem era uma tática que beneficiava os fanáticos revoltosos, que se utilizavam do amplo conhecimento que possuíam em relação ao terreno, principalmente a floresta, fator que tornava o combate mais equilibrado.

O comandante das tropas federais preferiu o cerco – sem açodamento – à área conflagrada, posicionando suas tropas em todos os pontos cardeais do campo de batalha. Este tipo de prática, além de eliminar a única vantagem que os sertanejos possuíam, o combate nas áreas que conheciam, matava lentamente o reduto beligerante de dentro para fora. Impedidos de entrar e sair, os caboclos enfraqueciam diante da falta de alimentos. Em seguida, o exército federal apertava o laço, avançando suas tropas de forma gradativa, estrangulando a área de atuação dos revoltosos, como uma grande mão a asfixiar seu oponente, apertando-lhe a garganta e retirando-lhe o oxigênio. Durante este avanço, destruíam qualquer resistência que lhes cruzasse o caminho, na maioria das vezes composta de homens famintos e sem forças para se atirar em longas batalhas.

A rendição tornou-se assunto recorrente no acampamento dos fanáticos membros do exército do monge José Maria, mas era rechaçada de forma veemente – às vezes com ameaças – por seu vaidoso líder Adeodato, cuja postura tirânica criava a cizânia interna no combalido grupo de caboclos.

No fundo, o próprio líder dos sertanejos sabia que os combatentes, já quase mortos pela fome, não resistiriam por muito tempo às investidas das tropas do General Setembrino. Mesmo assim, adotando uma postura arrogante e orgulhosa, não aceitava render-se e, com isso, poupar a vida de centenas de pessoas.

Não raras vezes, ao transferir sua base de atividades diante do avanço do exército, Adeodato determinava que fossem deixados para trás uma multidão de famintos, a maioria doentes, mulheres, idosos e crianças. Com isso, além de atrasar o inimigo – sabia que havia ordens expressas para acolher mulheres, crianças, idosos e todos aqueles que se rendessem pacificamente –, poupava seu escaço alimento de bocas inúteis – como chamava aqueles impossibilitados para o combate –, guardando-os apenas para pessoas aptas ao combate.

A notícia de que o último reduto dos revoltosos fora devastado pelo exército de General Setembrino de Carvalho foi comemorada por muitos e recebida como alívio por outros em Arraial de Bom Jesus do Taquaruçu, muito embora não significasse o fim oficial do conflito na região, pois Adeodato e alguns de seus mais fiéis seguidores, dentre eles José Mário de Santo Agostinho e Rosa Pais de Farias, a lendária "Chica Pelega" – tudo o que restou do exército do monge José Maria que, afinal, não descera do céu – fugiram, embrenhando-se na mata densa após a batalha que pôs fim ao derradeiro foco de residência. A partir deste momento, não haveria mais guerra, mas tão somente uma caçada incansável ao líder dos revoltosos e seus poucos, porém leais, súditos. A história contaria, no futuro, que Adeodato seria capturado e levado para Florianópolis somente um ano mais tarde.

Ninguém mais na região suportava o clima de medo e terror que só uma guerra é capaz de produzir nas pessoas. A principal e mais terrível consequência era a banalização da morte, que ceifou muitas vidas inocentes e dizimou famílias inteiras, principalmente daqueles que preferiam manter-se neutros em relação aos conflitos e que acabavam tornando-se alvo de ambas as frentes.

Havia, em Taquaruçu, um número muito grande de casas abandonadas em razão do desaparecimento de seus moradores. Além disso, a mão de obra masculina reduzira drasticamente. Muitas fazendas perderam a maioria dos empregados, todos se aventuraram engrossando as fileiras da tropa revoltosa e a escassez já se fazia sentir.

Na fazenda do Coronel Venâncio, o fim da guerra – encerramento efetivo, embora não oficial – foi recebido com dupla felicidade por dona Ana e os empregados, justamente por coincidir com o nascimento de Margarida. Naquele dia, Elvira e a recém-nascida foram instaladas no quarto da mãe, local onde os empregados improvisaram um pequeno berço.

Elvira Pereira, embora tentasse não demostrar, na presença de outras pessoas, qualquer afeto pela filha recém-nascida, limitando-se a amamentá-la de forma mecânica, em seu íntimo sentiu-se tocada por aquela minúscula e indefesa criatura. O liame afetivo entre mãe e filha, detonado pelo instinto maternal inato, começava a encontrar pequenas brechas no endurecido coração da jovem mãe, muito embora ela tentasse, por orgulho, ocultar este sentimento.

Quando retornou de sua viagem, Coronel Venâncio foi informado pela esposa do nascimento da neta, mas não quis saber de qualquer detalhe relacionado ao fato.

– Qual é o estado físico de Elvira? Já se recuperou do parto? – perguntou o Coronel.

– Está muito debilitada e agora está no quarto descansando. Fico feliz que tenha demonstrado um mínimo de preocupação com nossa filha – disse Ana, ingenuamente.

306

– Quem foi que lhe disse que estou preocupado com a saúde dela, mulher? Tudo que me importa neste momento é saber quando esta guria estará recuperada fisicamente para que possa cumprir a segunda parte do nosso acordo, pois não quero esta criança em nossa casa.

Naquele átimo, apagou-se o último fio de esperança que Ana nutria de que o marido pudesse perdoar a filha e mantivesse a neta no seio da família.

– Elvira precisará de alguns dias para se recuperar, pois, cumprindo as suas ordens, o parto ocorreu no celeiro e aquele local não reunia as condições adequadas para esse tipo de procedimento, debilitando-a além do necessário.

– As vacas têm suas crias em lugares bem piores e não reclamam – falou de forma jocosa e insensível.

– Isso é coisa que se diga, Venâncio?

– Não me amole, Ana. Uma semana é o prazo que dou para a recuperação de Elvira. Trate de cuidar bem dela nesse período. Depois disso, ela dará um fim nessa criança, independentemente do seu estado de saúde. Caso mude de ideia e resolva não cumprir nosso trato, eu mesmo providenciarei que as duas sejam postas para fora desta fazenda.

Dentro da gravidade das circunstâncias, Ana ficou satisfeita com a semana de tolerância concedida pelo intransigente e teimoso marido. Renovou, com isso, a esperança de que um milagre acontecesse neste interstício.

Em um vilarejo tão pequeno, como era o caso de

Arraial de Bom Jesus do Taquaruçu, não demorou muito para que a notícia de que Elvira Pereira dera à luz uma menina espalhar-se como rastilho de pólvora e rapidamente virar o assunto de todas as rodas de conversa na região, até porque o escândalo provocado pela filha de Coronel Venâncio, ao acusar um padre de ser o pai da criança que trazia no ventre, ainda não havia caído no esquecimento do povo, sempre tão atento e receptivo a um bom assunto relacionado à vida do próximo, principalmente se o próximo fosse da família de um dos coronéis mais poderosos da região.

Como não poderia ser diferente, a notícia também chegou aos ouvidos de Frei Bernardo, que a recebeu com total e surpreendente indiferença. Não era de se espantar que publicamente o frei denotasse desinteresse pelo assunto. Entretanto, renegava o tema mesmo perante o silêncio e a solidão do tribunal de sua consciência, momento em que Bernardo também vestia a toga da indiferença, atitude que não passaria incólume pelas balanças da justiça Divina que, ao mínimo desequilíbrio de um de seus pratos, aciona as inevitáveis e inapeláveis consequências da lei de causa e efeito, que, no caso de Bernardo, alcançá-lo-ia nesta e nas reencarnações vindouras.

Quando findou o prazo estipulado pelo Coronel Venâncio, Elvira encontrava-se relativamente restabelecida do parto. Inclemente, o duro mandatário cobrou da filha o cumprimento do pacto, não sem antes enxovalhar a moça com duras palavras e fortes ameaças.

Ana tentou, em vão, demover o marido de seus intentos, pois este respondia às súplicas com mais ameaças e impropérios.

Quando Elvira apareceu com a filha nos braços – aquela era a primeira vez que o pai permanecia no mesmo ambiente que a criança –, o avô não esboçou o mínimo desejo ou curiosidade de conhecê-la.

Instantes antes de partir para dar seguimento às cruéis ordem do pai, o coronel percebeu um ar de hesitação em Elvira, antes tão decidida em expurgar o bebê a qualquer custo.

O experiente patriarca da família Pereira concluiu, para seu sádico deleite, que o instinto maternal estava aflorando na filha, e isso tornaria a despedida ainda mais dolorosa, consequentemente, em sua mente desequilibrada, o castigo seria ainda pior.

O plano do Coronel Venâncio era bem simples, Elvira deveria seguir sozinha – não queria mais ninguém testemunhando o que chamava de "a desonra da família" – até a floresta fechada e lá abandonaria a criança à sua própria sorte. Todos sabiam que uma criança recém-nascida não sobreviveria, sem água e alimento, mais do que algumas poucas horas naquele insólito e desabitado local, isso se algum cachorro do mato ou outro animal selvagem faminto não aliviasse antes o seu sofrimento.

Mesmo com uma ponta de sofrimento, que, apesar de seus esforços, era perceptível a olhos vistos, Elvira tentou mostrar força e determinação quando deixou a casa e rumou na direção da mata para abandonar a pequena

Margarida, sob o olhar satisfeito do pai e regada pelo pranto inconsolável da mãe, que jurava nunca mais perdoar o marido por aquele ato de extrema covardia, ameaça que não o incomodava nem um pouco.

Elvira prendeu a criança firmemente ao peito, com uma tipoia improvisada, montou no cavalo e saiu em disparada ao encontro de seu destino.

Durante o percurso, a dúvida, e um princípio de remorso, tomou conta do seu ser, fazendo com que reavaliasse suas opções. Abandonar a filha era garantia do conforto que precisava para colocar em prática seu plano de vingança contra Bernardo e seu pai. Permanecer com a filha, por outro lado, significava uma vida de provações e incertezas, porque não poderia mais voltar para sua casa. Teria de aprender a viver sozinha, sem teto, sem conforto, com uma filha para sustentar e sem poder vingar-se daqueles que, a seu juízo, fizeram-na sofrer.

Diariamente somos compelidos a tomar decisões, a dizer sim ou não para situações cotidianas, algumas de irrelevantes consequências, outras de efeitos catastróficos. Raríssimas são as encarnações em que não somos postos à prova e não precisamos tomar, em segundos, uma decisão, que pode nos trazer consequências funestas e seculares para nosso Espírito imortal.

Elvira Pereira estava diante de sua encruzilhada pessoal e não havia como furtar-se de uma decisão. Aqueles breves instantes poderiam custar-lhe séculos de sofrimentos atrozes e angústias indizíveis.

Perdida em suas dúvidas, não percebeu a mudança

de paisagem e, quando deu por si, já havia adentrado na imensidão da silenciosa floresta. Todo o som que ouvia eram aqueles emanados de sua consciência, a cobrar-lhe uma decisão justa, que se coadunasse com sua formação cristã. Sentia como se o tempo, o vento, os animais, tudo tivesse parado, na espera ansiosa pela sua decisão. Desceu do cavalo, retirou a filha dos panos que a prendiam a seu peito e notou que a mesma, embalada pelo balanço da cavalgada, dormia serenamente, totalmente alheia ao dilema da mãe e ao perigo que corria. Elvira acariciou a tez angelical da inocente Margarida, que, instantaneamente, ainda de olhos fechados, abriu um sorriso involuntário, tocando profundamente na alma da indecisa mãe.

– Como é frágil e indefesa – pensou alto.

Era chegado o momento da fatídica decisão. Na sua mente, a imagem da filha misturava-se com o temor e as incertezas de uma vida de privações. Uma voz interior dizia-lhe para ter coragem e fé para poder enfrentar as tempestades da vida com resignação, para, ao final, receber a recompensa. Por outro lado, no mesmo instante, surgia no pensamento a figura de Bernardo e imediatamente uma torrente de ódio e a sede de revanche tomavam conta do seu ser. A consciência a chamava sutilmente à razão, mas a mente da jovem estava poluída por sentimentos negativos, incapacitando-a para sutilezas.

Elvira, então, postou-se sob a sombra de uma secular araucária, juntou alguns pequenos galhos caídos ao redor, forrou-os com uma quantidade significativa de barba-de--velho, que coletou nas árvores mais baixas e, naquele ninho improvisado, depositou a inocente Margarida, enrolada em sua manta, afastando-se o mais rápido que pôde, pois mais alguns segundos ali certamente a fariam mudar de ideia.

Montou em seu cavalo e, antes de sair, olhou para trás, percebendo que as mãozinhas de Margarida estavam para fora da manta, como que a brincar com um ser invisível. Aquela foi a última imagem que teve da filha.

Tão logo Elvira Pereira deixou os domínios da floresta, percebeu que trazia consigo uma companhia indesejada, que haveria de acompanhá-la por toda a sua existência, uma companheira com a qual jamais aprenderia a conviver e que nunca mais lhe traria paz: a culpa. Doravante, nada do que fizesse seria suficiente para abrandar a marca indelével que a culpa e o remorso deixaram na sua alma.

Não muito longe do local onde a criança foi abandonada, uma jovem de descendência indígena – a mãe pertencia a tribo dos índios Xocleng e o pai imigrante europeu –, chamada Joana, caminhava por entre a vegetação densa à procura de ervas, musgos, cogumelos e cascas, com os quais preparava suas infusões, garrafadas e emplastros.

Curandeira, conhecida na região pela alcunha de "índia da mata", apelido dado por pessoas que se embrenhavam nos capões em busca de abrigo, camuflagem e refúgio, e acabavam encontrando-a perambulando pela floresta densa.

Em uma região onde imperava o sincretismo religioso, e as crendices populares eram povoadas por seres quiméricos, Joana era constantemente confundida com algum espírito da floresta, pois seu passo leve e o vasto conhecimento dos atalhos possibilitavam que se movimentasse de forma rápida e silenciosa, esgueirando-se quando necessário, como um fantasma.

Naquele dia, jovem curandeira julgava-se sem sorte, pois não estava encontrando as ervas de que precisava, ao menos não nas condições ideais para seus intentos. Tudo que encontrara foram pinhões, eles que eram sua fonte de alimentação mais abundante.

Joana andava por entre as araucárias, enchendo sua cesta com o alimento que elas lhe ofereciam em profusão, quando ouviu um ruído anormal, pondo em alerta, de forma imediata, o seu aguçadíssimo instinto de sobrevivência, lapidado por anos da mais absoluta solidão em lugar tão inóspito. Escondeu-se em um arbusto e manteve-se em compasso de espera, no mais completo silêncio. Segundos depois, o som repetiu-se, mas, desta vez, a índia conseguiu identificar sua origem, embora lhe custasse acreditar naquilo que seus ouvidos informavam. Saiu do seu esconderijo improvisado e caminhou cuidadosamente por entre as árvores, seguindo na direção do som, que agora se tornara inconfundível: o choro de um bebê.

Aproximou-se de uma imensa araucária e lá estava, envolta em uma manta, uma linda menininha que, pelo estado da cicatriz do cordão umbilical, não devia ter mais do que alguns dias de vida. O bebê, tão logo sentiu a presença de Joana, instintivamente passou a chorar de forma estridente e ininterrupta, quase como uma súplica, um desesperado pedido de socorro.

A curandeira analisou o estado geral da criança, que parecia bom. Tirando a fome e, provavelmente, a sede, não tinha nenhum ferimento. Joana andou pela área próxima para ver se encontrava a mãe, que poderia estar ferida em algum lugar nas proximidades, mas nada encontrou, o que a levou a concluir que o bebê fora abandonado na floresta para morrer.

"Quanta crueldade! Que tipo de mãe abandonaria uma criança aqui, no meio do nada?" – perguntou-se. "Uma muito desesperada" – pensou, respondendo a sua própria indagação.

Como a criança não parava de chorar, Joana resolveu tirá-la daquele local o mais rápido possível. Decidiu que iria abrigá-la em sua casa até decidir o que fazer.

A curandeira levava uma vida simples: morava em uma pequena casa de taipa de chão batido, com um único cômodo, totalmente enegrecido por dentro em virtude da fumaça. Quando chegou em casa, a primeira coisa que fez foi esvaziar um velho caixote de madeira que havia encontrado na floresta e forrá-lo com folhas e palha, isolando-o completamente da umidade. Aquele apetrecho transformou-se no berço da pequena criança, que continuava a chorar.

Joana aprendera, desde cedo, com sua avó, os princípios da medicina popular, conhecia como ninguém as propriedades terapêuticas das plantas da região, tão necessárias num local onde não existiam médicos e que o povo vivia entre o nada e o coisa alguma. Com extrema habilidade, preparou rapidamente um chá de maçanilha com erva-doce. O preparo de ervas seria útil devido a sua indicação para tratamento de cólicas, além de possuir propriedades calmantes. Por fim, seria eficaz para enganar a sede e a fome do bebê, dando a Joana o tempo necessário para pensar em algo mais eficaz.

Embebeu a ponta de um pano no chá e colocou-o na boca da menina, que o chupou com voracidade, dando sinais nítidos de que estava com muita fome. Após repetir o procedimento por várias vezes, o bebê, satisfeito, acalmou-se e dormiu.

Retornando para a estância, após ter abandonado a indefesa Margarida na floresta, Elvira Pereira trazia em sua fisionomia a marca indelével da dor e do remorso, muito embora a cegueira produzida pelo ódio e pelo desejo de vingança tivessem-na impedido de desfazer o tresloucado ato. A moça aproximava-se da casa que se transformara – e continuaria assim por muito tempo – em seu cárcere, de cuja liberdade estava abrindo mão em nome da segurança e do conforto, peças chaves para pôr em prática suas maquinações de desforra. Internamente, Elvira Pereira sofria com o julgamento inexorável de sua consciência, juiz implacável que cobrava-lhe posicionamento em relação ao paradoxo moral em que se encontrava: remorso sem arrependimento.

Quando avistou a entrada da fazenda, logo lhe vieram à mente as figuras do pai e de Bernardo. Subitamente, toda a angústia e o princípio de remorso foram relegados a segundo plano, dando passagem à fúria e ao ódio.

Logo que entrou em casa, a primeira pessoa que encontrou foi o pai, que, sarcasticamente, mostrou-se interessado pelo desfecho da história.

– Está feito, senhor Coronel Venâncio Pereira – seus olhos faiscavam de raiva quando encarou o pai –, mas saiba que um dia a conta chegará para todos os envolvidos nesta história, e algumas delas eu mesma faço questão de entregar.

Coronel Venâncio apenas sorriu com ironia, observando inerte a reação da filha, que deu-lhe as costas e seguiu, com passadas rápidas e firmes, até seu quarto, sem notar a presença da mãe que se encontrava sentada no sofá da sala, observando a tudo com muita tristeza.

Ana seguiu a filha até o quarto e, percebendo o conflito interno que a castigava, sem dizer nada, envolveu-a em terno abraço. Naquele instante, Elvira, abrigada pelos braços da mãe, chorou amargamente, num misto de dor e revolta.

Depois de algum tempo, mais calma, relatou minuciosamente como fora sua incursão na floresta e que culminou com o abandono de Margarida.

Assim que a criança dormiu, Joana viu-se em um dilema: devia ou não ir até o vilarejo e anunciar que havia encontrado um bebê abandonado na floresta? Como desconhecia as circunstâncias que levaram a recém-nascida até aquele local ermo, tinha receio de, com seu anúncio, atrair o autor daquela crueldade para terminar o serviço começado, caso sua intenção fosse realmente assassinar a criança. Por outro lado, havia a possibilidade de que alguma mãe estivesse por aí pranteando por uma filha desaparecida. Como não tinha resposta para suas dúvidas, resolveu aguardar mais alguns dias, pois, naquele momento, sua prioridade era tentar modificar sua humílima morada, deixando-a com o mínimo de estrutura para acomodar uma criança com poucos dias de vida. A tarefa era árdua.

Após fazer alguns melhoramentos no improvisado berço do bebê, providenciou uma forma de trancar a porta de entrada do casebre, além de vedar toda e qualquer fresta existente. Assim, poderia deixar a menina dormindo no momento em que tivesse de sair para buscar alimento, sem que a pequenina corresse o risco de ser atacada por animais ou, até mesmo, vista por outras pessoas, muito embora o choro pudesse denunciar a sua presença. A solução que encontrou foi programar saídas rápidas no momento em que a criança estivesse dormindo.

Não demorou muito para que a fome tirasse a criança do tranquilo sono a que se entregara após o acalento do chá ministrado por Joana. Desta vez, a bondosa curandeira havia preparado um ralo mingau feito à base de água e mandioca. Sabia que não era o alimento ideal para um bebê, mas serviria aos propósitos naquele momento. Com o auxílio de uma colher feita de madeira, foi pacientemente introduzindo pequenas porções do mingau na boca da menina, que sorvia o líquido vorazmente, mesmo fazendo cara feia a cada colherada. Por fim, acrescentou à colher uma pequena porção de mel – alimento que também era encontrado em abundância na mata –, que foi bastante apreciado pela recém-nascida.

A aceitação do alimento disponível foi um alívio para o Espírito de Joana, que decidiu visitar as fazendas vizinhas da floresta, tão logo a criança adormecesse, na busca de um pouco de leite de vaca para as próximas refeições da menina, a quem passou a chamar Ereíma, termo indígena que significa "não possui nome".

Aos poucos, um vínculo de afeição e amor foi surgindo entre a curandeira indígena Joana e a pequena Margarida, agora Ereíma. As personagens desta suposta casualidade desconheciam que esta ligação atravessaria o tempo, perdurando pelos séculos vindouros, através das reencarnações sucessivas.

CAPÍTULO 15

Dor
SUPREMA

NA COLÔNIA ESPIRITUAL RECANTO DA PAZ,
após receber autorização para deixar o hospital para onde
fora levada após sua desencarnação e ir morar com os
avós Ângelo e Catarina, Vânia dava seguimento ao processo de readaptação à vida na cidade espiritual. A recuperação era lenta, porém gradual. A recém-desencarnada
esforçava-se para seguir todas as orientações recebidas
com vista ao completo refazimento. Almejava, o mais rápido possível, encontrar alguma ocupação, mas fora informada de que o trabalho somente seria cogitado após
seu completo restabelecimento.

Havia, por outro lado, momentos de grande angústia, produzidos pela saudade e preocupação constante que
sentia pelos pais e por toda sua família, cujo estado atual
era tema recorrente das questões que formulava aos avós,
que procuravam, a todo custo, relativizar as preocupações

da neta acerca do assunto, precaução que despertava ainda mais sua desconfiança.

Catarina e Ângelo tentavam, de todas as maneiras, blindar a neta das vibrações deletérias oriundas do plano físico, fruto da desolação e do sofrimento que se apoderou de seus familiares por ocasião da sua desencarnação.

Vânia sintonizava-se com as energias e os constantes chamados, que partiam principalmente de sua mãe, que, na Terra, enfrentava grandes dificuldades para aceitação da perda da filha, na maioria das vezes transformada em episódios de revolta contra Deus, gerando uma potente teia energética facilmente captada pela saudosa filha na Espiritualidade, criando, assim, um círculo vicioso prejudicial a ambos os polos, mas que era sentido com maior intensidade por Vânia, na medida em que a perda das vestes carnais a tornava mais suscetível às influenciações, devido à potencialização de sua sensibilidade e aguçamento dos sentidos.

Os diligentes Espíritos familiares estudavam a melhor maneira de prestar auxílio a todos os envolvidos naquele complicado processo, sem, contudo, interferir no livre-arbítrio de cada um, regra que jamais poderia ser olvidada.

– Será uma difícil missão trazer um pouco de conforto e entendimento ao coração sofrido de Iracy e Belarmino, que ainda não compreenderam que a morte, como aniquilamento, não existe; que o Espírito e sua individualidade sobrevivem ao perecimento do corpo físico. São décadas presos a dogmas e conceitos que os tornam refletivos às questões relacionadas à continuidade do Espírito e da existência do plano material – comentou Ângelo.

Catarina concordou com o companheiro de jornada evolutiva e complementou:

– A desencarnação de um filho rompe paradigmas existenciais dos seres humanos, na medida em que subverte uma suposta ordem natural, ordem esta de criação puramente humana, na qual os mais velhos, em teoria, deveriam preceder os mais jovens no retorno à pátria espiritual. As dificuldades aumentam quando esta pretensa inversão da ordem desencarnatória encontra corações não despertos para as realidades espirituais, ainda arraigados às coisas da matéria. Nestes casos, a perda de um ente querido vem acompanhada de um vazio absoluto; do nada sem fim. Segue-se o desespero, a desesperança, a depressão e, em casos extremos, a morte em decorrência da perda das forças e da vontade de prosseguir. A pior parte desse tenebroso processo reside no fato de que o sofrimento exacerbado dos que permanecem encarnados prejudica sobremaneira a vida do recém-desencarnado, que sequer teve tempo de se adaptar à nova vida.

– Estamos constatando isso com nossa Vânia – continuou a avó –, que luta bravamente para se recuperar e busca o recomeço, mas, ao receber toda esta carga energética do plano material, tem o restabelecimento atrapalhado, na medida em que seus pensamentos são monopolizados pela mesma dor e saudade, que, apesar de naturais, são prejudiciais quando em excesso, assim como acontece com os encarnados. Vânia recebe e sente todo o sofrimento da mãe, ainda que nós a tenhamos poupado de notícias dos entes que permaneceram encarnados, angustiando-se diante da impotência.

– Esquecem-se os encarnados que seus filhos, pais, irmãos e amigos que aqui se encontram, ao se depararem com a dor, a revolta e o sofrimento dos que ficaram, sofrem com a incapacidade de auxiliá-los, de não disporem de condições para, de alguma maneira, ajudá-los a minorar as dores dos que permanecem no plano terrestre. Esta impotência, muitas vezes, transforma-se em desespero.

– Através de seus princípios básicos – atalhou Ângelo –, a Doutrina Espírita tenta explicar que o retorno de jovens ao plano espiritual não tem nada de antinatural, muito pelo contrário. Obviamente é forçoso reconhecer que a morte de um filho deixa uma cicatriz indelével e desestabilizadora nos pais, produzindo uma dor eterna, ou como a própria Iracy repete diuturnamente: *"dói para sempre"*. Entretanto, à medida que se aprende que o lapso temporal que separa o berço do túmulo não resume toda a nossa existência; quando se compreende que nosso Espírito é imortal e que o período existente entre o nascimento e a morte são apenas um breve estágio na longa jornada do Espírito eterno, a dor e a revolta pela perda tendem a minimizarem-se em virtude do conhecimento, ou melhor, da certeza de que, muito em breve, encontraremos todos aqueles que nos precederam na viagem de retorno à nossa verdadeira casa, ou seja, o mundo dos Espíritos.

– A Doutrina Espírita conclama a todos que, mesmo em situações tão difíceis, como é o caso da perda inesperada de um filho, busquem o entendimento da origem de suas causas e, quando não encontrarmos o fator desencadeador nesta existência, podem ter a certeza de que os motivos da partida precoce estarão presentes em acontecimentos ou atitudes relacionadas a existências pretéritas. Tudo o que Vânia, Iracy, Belarmino e até mesmo Cecília estão passando neste momento guarda relação direta com encarnações anteriores, principalmente a última, aquela em que estavam todos reunidos num cenário de ódio, amor, confiança e traição.

✳✳✳

A aceitação da perda da filha por parte de Belarmino não diferia em muito do estado da esposa, porém, o sofrimento de Belarmino era mais contido, limitado por sua personalidade mais fechada e até mesmo por seu estado físico, cuja debilidade agravara-se após a partida prematura da filha. O homem, que já questionava Deus em virtude de sua doença, passou a fazê-lo com mais frequência depois da desencarnação de Vânia.

Por outro lado, a morte da filha mudou a forma com que o sofrido pai encarava a sua própria doença, que evoluía rapidamente e de forma avassaladora. Apesar de, frequentemente, blasfemar contra Deus, por julgar-se vítima de tanto sofrimento, paradoxalmente, via-se como uma pessoa de muita ventura.

– No fim das contas, sou uma pessoa de sorte – dizia aos amigos e demais filhos que o visitavam. – Morrerei, isso é um fato, mas a morte não é uma prerrogativa exclusivamente minha, pois alcançará a todos que estão vivos, esta é a lei. Entretanto, a doença terminal, e esta é uma peculiaridade que poucos têm, permite-me planejar despedidas, dizer coisas que não foram ditas, tomar providências, enfim, melhor amparar os que ficarão após a minha partida. Quantos têm este privilégio? Veja a minha filha Vânia, que partiu inesperadamente sem ter tempo para fazer nada. Vânia não conseguiu sequer nos dizer adeus ou nos agraciar com um último abraço – dizia com lágrimas nos olhos.

Quando se tem uma doença terminal, com dia marcado para morrer, você tem a oportunidade de fazer tudo isso, de despedir-se das pessoas amadas olhando nos olhos, dizendo tudo aquilo que o coração sente vontade, bem diferente do que ocorre em uma morte trágica. Sou ou não sou uma pessoa de sorte?

Iracy, por sua vez, entrara em profundo e perigoso estado depressivo. Seu rosto envelhecera muito – dez anos, diziam os mais próximos – em poucos meses. Desenvolveu uma adoração doentia pela imagem da filha desencarnada, a ponto de distribuir fotografias de Vânia por todos os cômodos da casa. Além disso, deixou intocado o quarto que pertencera à filha, que mais parecia um altar que mantinha imaculado, proibindo qualquer um de tocar ou desfazer a ordem com que os objetos estavam dispostos, exatamente como Vânia os havia deixado no seu último dia de vida.

Amigos mais próximos compadeciam-se do sofrimento daquela mãe, que, diariamente, peregrinava até o túmulo onde o corpo de Vânia foi sepultado, passando horas atualizando a filha das novidades da fazenda ou acerca da saúde do marido.

Durante as refeições, Iracy arrumava os pratos e talheres na mesa de forma a garantir o lugar para a filha, como se esta ainda permanecesse no plano terreno e fosse chegar de um momento para o outro.

O retorno de Vânia era sempre esperado pela mãe que, por vezes, sentada em uma cadeira de balanço colocada no alpendre, mantinha-se, por horas a fio, em doloroso compasso de espera; outras vezes, Iracy andava pelos cômodos a procurá-la pela casa, chamando seu nome em voz alta.

Vivia isolada e sem gosto pela vida. Era flagrada diariamente chorando abraçada a uma peça de roupa da filha. Evitava conversas com outras pessoas e, quando o fazia, as transformava em lamentos.

– Por que, meu Deus, por quê? – exclamava com as mãos na cabeça, aturdida.

Iracy martirizava-se e repetia, afirmando, constantemente, que não haveria de existir na Terra outra criatura que pudesse sofrer mais do que ela.

Todo seu organismo desequilibrou-se e, com isso, seu sistema imunológico definhou a tal ponto que um pequeno desgosto era suficiente para pô-la acamada, incapacitada para enfrentar o menor e mais simples de seus afazeres diários. Queixava-se de dores na alma.

– Sinto muitas dores, mas não são dores quaisquer, são dores dilacerantes, sinistras, indescritíveis. Vivo num insuperável pesadelo.

A única companhia de que disponho, desde que minha Vânia partiu, são suas lembranças e a esperança de que um dia Deus permitirá que eu a reencontre, afinal era nisso que ela acreditava, que a morte não seria o fim. Iracy repetia esta assertiva constantemente para os amigos, os quais não tinham certeza se ela própria acreditava no que dizia ou apenas reproduzia a tese por ser a crença da filha falecida. Independentemente das razões, deixavam que repetisse aquele verdadeiro mantra, pois isso lenificava suas dolorosas ânsias.

Nove meses transcorreram, vagarosos, desde que a figura sinistra da morte, na maioria das vezes incompreendida pelos seres humanos, visitara a Fazenda São João da Prosperidade, trazendo com ela a dor e a desolação para a rotina de Iracy e Belarmino, que agiam como se suas próprias vidas houvessem sido sepultadas com o corpo da filha. A dor que se abateu sobre o idoso casal, principalmente sobre a mãe, era intraduzível, não havendo elementos no vocabulário humano que pudessem representá-la, sequer por analogia. Não era incomum que o silêncio da casa fosse quebrado por choros, raivosas blasfêmias ou interrogativas dirigidas diretamente a Deus, repetidas pelo sofrido casal, que rogava por explicações capazes de aliviar as dores de seus corações ulcerados pela perda prematura da filha amada.

Naquele dia, porém, a triste rotina da fazenda seria quebrada com a visita de Cecília, por quem Iracy e Belarmino desenvolveram um amor quase filial, por conta do carinho e da dedicação que a moça demonstrou por Vânia no dia do acidente e durante as exéquias. Cecília, horas atrás, ligara informando que tinha um assunto a tratar com o casal.

Para Cecília, o impacto da perda da amiga começou a produzir seus efeitos somente alguns dias após o ocorrido, quando findaram todas as providências práticas e legais envolvendo a morte de Vânia que, voluntariamente, prontificou-se a resolver para a família.

Após o cumprimento das formalidades, quando a vida começou a, lentamente, acomodar-se sobre o leito da rotina diária, foi que a saudade de Vânia começou a entrar em sua vida. Viveu momentos amargos.

Não obstante a grande amizade e a forte ligação que mantinha com Vânia, foi somente depois de sua partida que Cecília sentiu, por razões que só o sentimento era capaz de explicar, que suas vidas estavam interligadas por laços afetivos construídos em outras existências e cujos arquivos permaneciam ocultos pela bênção do esquecimento.

Em sua busca pessoal por entendimentos, Cecília mergulhou com mais profundidade nos estudos da Doutrina Espírita, ingressando em um grupo de estudos voltado para questões relativas à mediunidade. A comunicabilidade com os Espíritos e, principalmente, a possibilidade de auxiliá-los, através de trabalho desenvolvido com seriedade, era uma temática que achava fascinante e, a partir da morte da amiga, passou a ser sua principal meta na casa espírita.

Desde a morte de Vânia, Cecília estreitou os laços de amizade com os pais de Vânia. A devoção que Iracy despendia à filha desencarnada a preocupava.

Estudiosa da Doutrina Espírita, tinha certeza de que o desequilíbrio do casal estaria prejudicando a readaptação de Vânia em sua nova jornada nas plagas espirituais, temores que eram confirmados, com fartura, pela literatura espírita.

Algumas vezes até tentou tocar no assunto, mas não encontrava a abertura necessária em Iracy, o que a fazia recuar. Penitenciava-se pela omissão, mas sabia que a mãe de Vânia ainda não estaria pronta para uma conversa onde seria acusada de atrapalhar a vida espiritual da filha em razão de seu sofrimento desmedido. Friamente, eram estes os fatos, mas não tinha coragem de tocar no assunto com tamanha objetividade.

– Vânia se foi. Isso é uma circunstância dolorosa, é verdade, mas precisamos deixá-la ir – disse Cecília na única oportunidade em que encontrou uma brecha na redoma que Iracy ergueu sobre si e a imagem de Vânia.

Lembre-se do que disse o mestre Jesus – prosseguiu –: "é preciso deixar que os mortos enterrem seus mortos". A fala do Cristo nos ensina a não nos inquietarmos com o corpo ou com a ausência física, mas que devemos pensar no Espírito, auxiliando-o a encontrar o caminho da evolução e da luz em seu retorno à Espiritualidade, onde os chamados mortos os auxiliarão em sua jornada eterna. Este é, na linguagem metafórica do Cristo, o real significado de "deixar os mortos enterrar seus os mortos".

Iracy balançava a cabeça em concordância, enquanto derramava pesadas lágrimas. Cecília podia sentir que ela, no fundo, não queria que "a filha fosse" e mostrava-se pouco disposta a ouvir qualquer tentativa de explicação de caráter filosófico religiosa.

O astro-rei iniciava sua lenta caminhada na direção do poente quando Cecília, acompanhada de colegas, chegou na Fazenda. Portava uma notícia que, em circunstâncias normais, poderia ser considerada uma boa nova, mas sabia, de antemão, que o convite que faria aos pais de Vânia provocaria novos sangramentos numa ferida que permanecia exposta, muito longe da completa cicatrização.

Quando Cecília e os amigos de Faculdade entraram, encontraram o casal na sala principal, um evento raro, pois Belarmino, por conta da doença, permanecia no claustro particular em que o quarto do casal se transformara.

Logo na entrada, os jovens não puderam deixar de notar a presença marcante de Vânia na casa, através dos inúmeros retratos da amiga espalhados pelos cômodos, até onde suas vistas alcançavam, inclusive na cozinha, onde foi possível identificar, de relance, um grande porta-retratos que se destacava na extremidade de um móvel.

Cecília apresentou os amigos Eduardo e Rosimeire aos pais de Vânia, os quais cumprimentaram-nos com carinhosa saudação, seguida de convite para que todos se acomodassem nas poltronas.

Por alguns minutos, conversaram de forma descontraída sobre assuntos diversos. Até que Belarmino resolveu saciar a sua curiosidade – que também era da esposa –, interpelando os jovens acerca das razões daquela visita conjunta, que o surpreendeu, muito embora estivesse acostumado com a presença de Cecília na casa.

Foi Cecília que, por razões óbvias, assumiu o papel de interlocutora do grupo.

– Estamos aqui para lhes fazer um convite muito especial e esperamos sinceramente que o aceitem.

– Agora quem ficou curiosa fui eu – sorriu Iracy.

– No meio deste turbilhão de acontecimentos dos últimos meses, talvez vocês tenham esquecido, mas, em três meses, acontecerá a nossa formatura da faculdade. Seria a formatura de Vânia também e por isso estamos aqui.

Bastou o simples pronunciar do nome de Vânia para que as lágrimas de Iracy viessem à superfície.

– Nossa turma decidiu homenagear Vânia como "o nome de turma de formandos". Motivo pelo qual prestaremos uma singela homenagem a ela. Ficaríamos muito felizes e lisonjeados se vocês comparecessem à solenidade de colação de grau para representá-la.

– Agradeço-lhes o convite em meu nome, em nome de Iracy, mas principalmente em nome de Vânia. Realmente não nos lembrávamos que sua formatura estivesse tão próxima – falou Belarmino, visivelmente emocionado. – No que depender de nós, faremos o possível para estarmos presentes na cerimônia, mas você sabe, Cecília, que minha condição física talvez seja um problema e por isso não lhe posso dar a certeza de que ambos compareceremos ao evento, mas pode confirmar a presença de algum membro de nossa família.

Chorando copiosamente, Iracy levantou-se e abraçou cada um dos futuros formandos, agradecendo-lhes por se lembrarem da filha, pedindo que o cumprimento fosse extensivo a toda turma.

No restante da noite, Iracy passou contando aos jovens histórias da infância da filha. Todos ouviram pacientemente e com boa vontade, pois compreendiam que aquela era a oportunidade que ela encontrara para relembrar de Vânia.

Após despedirem-se, já do lado de fora da casa, Eduardo alertou Cecília para que estivessem preparados para amparar Iracy no momento da homenagem. Ponderou, prudentemente, que a comissão de formatura deveria tomar medidas preventivas para eventual emergência, mantendo-se a postos para socorrê-la em caso de desencadeamento de algum processo físico em razão da emoção.

– A noite não será fácil para a família de Vânia, e precisamos estar preparados para picos emocionais – ponderou o Eduardo.

Todos aquiesceram, não sem deixar de destacar a ironia da situação, ou seja, contratar um aparato médico para uma formatura de medicina, com grandes especialistas no quadro docente e outro tanto na plateia.

Ainda sob o impacto das lembranças que o convite desencadeou, Belarmino e Iracy permaneceram na sala folheando alguns álbuns de fotografias e relembrando alguns momentos da família.

– Tempos felizes – suspirou Belarmino. – Hoje, nossa família é incessantemente castigada por cruéis tempestades que não amainam. Primeiro, minha doença, depois, a morte de nossa filha.

– Não bastasse os estragos já causados, no horizonte vejo apenas nuvens carregadas – complementou Iracy, melancólica.

Absorto, o casal não percebeu o tempo passar. O manto escuro da noite já havia caído sobre a fazenda quando Belarmino, avisado pelas dores, percebeu que era hora de tomar mais uma de suas doses diárias de medicamentos e recolher-se. Iracy auxiliou o marido a chegar até o quarto, entregou-lhe um punhado de comprimidos coloridos, que Belarmino engoliu reclamando. Acomodou-o na cama, certificou-se de que não necessitava de seu auxílio e, então, retornou para os álbuns de fotos na sala.

Através das centenas de fotos, Iracy relembrava e revivia a curta vida de Vânia, até que o cansaço a envolveu e o sono tornou-se invencível. Ali mesmo no sofá, seu corpo pendeu para o lado esquerdo e, abraçada a um dos álbuns, adormeceu.

Na dimensão espiritual, dois Espíritos esperavam por aquele entorpecimento. Chegara o momento em que Ângelo e Catarina aguardavam para realizar uma tentativa de ajudar a filha Iracy com sua maior dificuldade: a aceitação da desencarnação de Vânia.

Não demorou muito tempo para que um sonho povoasse os pensamentos da sofrida mãe: caminhava por lindo bosque, ricamente ornamentado com flores de variadas espécies. Enquanto admirava o cenário foi surpreendida por dois seres de luz, que se aproximaram lentamente. Mesmo não conseguindo distinguir suas feições, Iracy sentia uma energia balsamizante proveniente daquelas criaturas de luz.

– Quem são vocês? – indagou.

– Viemos para ajudá-la, mas é necessário que você ouça com atenção, sem interrupções e perguntas. Nosso tempo é limitado e falaremos uma única vez – respondeu um deles com voz firme.

– Tudo bem – assentiu com ligeiro assombro.

– Minha filha – falou uma voz feminina que soou familiar para Iracy, muito embora não se lembrasse de onde a conhecia –, as vibrações emanadas em razão da não aceitação da perda e da revolta estão prejudicando consideravelmente a readaptação de sua filha Vânia no mundo espiritual.

– Vânia? Onde ela está?

– Ela está bem, mas poderia estar melhor. O choro pela perda de um ente amado deve ser aquele choro respeitoso, de saudade, de gratidão a Deus por lhe ter permitido conviver com sua filha pelo curto período de tempo em que a mesma desfrutou desta encarnação. Você precisa compreender que esta separação não passa de uma contingência temporária. Deus não levou a sua filha para sempre, como você tanto repete em seus rompantes de revolta, simplesmente porque ela vive, literalmente falando. Dado o grau evolutivo dos habitantes da Terra, este planeta de provas e expiações, a morte é simplesmente o instrumento

333

pelo qual Ele se utiliza para nos conduzir de volta a nosso verdadeiro mundo, aquele que deixamos, temporariamente, quando reencarnamos.

É perfeitamente natural prantear nossos entes desencarnados – prosseguiu Catarina, não reconhecida por Iracy por estar envolta em um brilhante halo de luz. – O choro de saudade, equilibrado, é até benéfico, pois higieniza a alma, livrando-a da acumulação de sentimentos deletérios. Entretanto, quando este choro vem acompanhado de uma carga de revolta, blasfêmia, lamúrias e dor, tende tornar-se nocivo para todos, inclusive para sua filha que, na dimensão em que se encontra, recebe toda esta carga de energia negativa. Além disso, ao identificar que o sofrimento provém de pessoas queridas que permaneceram na experiência carnal, sofre diante da impotência de nada poder fazer para ajudar. Há muito desassossego na vida dos desencarnados, na Espiritualidade, quando seus familiares não aceitam a separação. O choro quando desmedido, na maioria das vezes, aprisiona.

Não pense que somos insensíveis à sua dor, mas acredite que seus excessos e também de seu marido, que, apesar de pouco chorar, também emite vibrações de revolta, estão dificultando a recuperação e a readaptação de sua filha.

Quando a saudade conspurcar seu coração, ore. Ore por você, por seu marido, por sua filha. Envolva-a com vibrações carinhosas, com vibrações amorosas e com lembranças felizes. A prece direcionada aos Espíritos que deixaram a Terra, além de constituir prova inequívoca de simpatia, auxilia-os na difícil tarefa de libertação das ligações materiais relacionadas à vida terrena, auxiliando sua adaptação à nova realidade no mundo espiritual. A prece feita por um coração sincero, não por obrigação ou por puro convencionalismo, encontra ressonância no Espírito a que se destina. Imagine pétalas de luz, cada qual contendo energias calmantes, balsamizantes, caindo sobre o ente desencarnado. Lembre-se desta imagem sempre que for orar por sua filha ou por qualquer outro Espírito que já tenha deixado o plano terreno, ela auxiliará na emanação de eflúvios benéficos ao destinatário da oração.

Por fim, minha querida filha, vá, aos poucos, desfazendo-se dos pertences materiais que eram de Vânia. Nem ela nem você precisam mais deles, mas há muitas criaturas que podem ser beneficiadas com estes bens, hoje inservíveis na sua casa. Doe-os a pessoas que necessitam. A caridade realizada em memória da pessoa desencarnada contribuirá em muito para sua felicidade; dar-lhe-á paz, animando-a para a continuidade da sua jornada.

Lembre-se de nossas palavras e coloque-as em prática no dia a dia e, junto com seu marido, tentem preparar-se para, mental e emocionalmente, reprogramarem suas vidas. Fique em paz e que Jesus a acompanhe, minha filha amada.

Dizendo isso, os dois seres de luz viraram-se e desapareceram no bosque, na mesma direção de onde surgiram. Iracy olhou para os lados e viu que todo o cenário ao seu redor afastava-se rapidamente de sua vista. Imagens borradas, desconexas e em movimento cruzavam a sua frente, dando a impressão de que o tempo avançava na velocidade da luz.

Iracy despertou impressionada. Olhou ao seu redor e reconheceu o relógio da sala de sua casa. Os ponteiros anotavam que já passavam dezessete minutos da meia-noite. Uma dor aguda no pescoço denunciava que dormira sentada, em posição inadequada. Olhou mais uma vez para o álbum de fotografias da filha que tinha nos braços e conscientizou-se de que sonhara. Esforçou-se para se lembrar dos detalhes, mas as lembranças eram confusas. Sonolenta, levantou-se e seguiu direto na direção do quarto do casal, que, nos últimos meses, passou a ser privativo do marido. Pela fresta da porta, notou que a luz estava acesa. Ainda aturdida pela experiência onírica e, lutando para rememorar as nuanças perdidas e não esquecer as lembranças mais vívidas, penetrou silenciosamente no cômodo. Aproximando-se da cabeceira da cama, percebeu que o marido dormia, inquieto.

Iracy ficou por alguns segundos a fitar o marido e, antes de sair, pegou a ponta caída do lençol e começou a cobri-lo com todo o cuidado para não despertá-lo. Quando a mão que puxava o lençol aproximou-se do peito, Belarmino, num sobressalto, gritou:

– Esperem!

Surpreendida pela reação do marido, Iracy soltou um estridente grito, assustando também Belarmino, que ainda não havia despertado completamente. Segundos depois, já refeitos, riram da cômica situação.

– Você quase me mata de susto, homem – falou a esposa, colocando a mão no peito.

336

– Estava sonhando – disse Belarmino.

– Sonho? Foi justamente para contar o estranho sonho que tive que vim até o quarto.

– Com o que exatamente você sonhou? Espero que seja tão real quanto este que acabei de ter.

– Sonhei com dois anjos ou santos, não consegui definir, pois estavam envoltos por uma luz clara e brilhante, que me impedia de fixar os olhos neles.

Aquele primeiro detalhe do sonho da esposa chamou a atenção de Belarmino. A mulher acabara de descrever os seres que estavam no seu próprio sonho.

– Eles estavam no meu sonho também.

– Eles quem?

– Os anjos! Também estavam no meu sonho e, assim como você, não consegui identificá-los, mas me lembro de estar com eles numa espécie de praça ou jardim, com flores bem diferentes das que conheço. Por falar em flores, ela eram lindas, todas com cores vivas e vibrantes.

– O que você está dizendo, Belarmino? Este jardim que você está descrevendo é idêntico ao lugar onde eu conversei com os anjos durante o meu sonho.

– Será que tivemos o mesmo sonho, Iracy? – perguntou embasbacado.

– No meu sonho, Belarmino, eu estava caminhando por este jardim florido quando os dois anjos vieram até mim e começaram a narrar coisas das quais não me recordo totalmente, está tudo muito confuso. Por mais que eu não me lembre do conteúdo da mensagem, sei que tem a ver com alguma dificuldade que Vânia estaria passando no que eles chamaram de "mundo dos Espíritos". Será mesmo que existe um mundo habitado por aqueles que morreram, como Vânia nos dizia ter aprendido naqueles livros espíritas que vivia lendo?

– A nossa forma de agir tem sido o problema de Vânia.

– Do que você está falando, Belarmino?

– Foi isso que um dos anjos me disse: nossa revolta tem prejudicado Vânia nesse tal mundo espiritual.

– Estou boquiaberta. Agora que você comentou, recordo-me disso também. O anjo falou-me para rezar muito por Vânia e que a prece lhe faria muito bem, desde que feita com o coração.

– Coincidentemente ou não, pelo visto tivemos o mesmo sonho. Como é possível? Estariam estes anjos tentando nos dar um aviso, alertar para alguma coisa? Estou muito confuso.

– Se foi isso que aconteceu, Belarmino, fico perguntando-me: como estes seres podem exigir que não soframos? Qual a fórmula para não chorar? Como não se desesperar? Vânia foi tirada do nosso convívio muito jovem. Não é fácil aceitar isso.

– Também não tenho esta resposta e não sei o que dizer, o que pensar e, principalmente, o que fazer, pois precisamos admitir que não é comum duas pessoas sonharem

338

com a mesma coisa, ao mesmo tempo. Incomoda-me pensar na possibilidade de que nosso comportamento possa estar prejudicando nossa filha.

– Não pode ser, eu jamais, na minha vida, faria algo para prejudicar nossa filha.

– Desde que recebi o diagnóstico terminal, a morte passou a fazer parte de meus pensamentos, mas sempre analisava este evento sob a minha perspectiva, ou seja, de que eu morreria antes de todos e aí acontece isso com Vânia, e eu fico aqui. É inevitável questionar a justiça de Deus. É impossível deixar de se perguntar onde está a bondade divina nessas tragédias que se abateram sobre nossas cabeças, muito embora eu acredite e tenha fé que ela, a bondade divina, esteja presente em algum lugar de nossa história, mas não estou conseguindo encontrá-la.

Nas horas seguintes, o casal, ainda admirado com a coincidência dos sonhos, tentou montar todas as peças daquele estranho quebra-cabeça, em busca de explicações. O episódio parecia indicar que o mundo dos Espíritos seria mesmo uma realidade e que sua filha estaria viva em algum lugar, mas anos de ceticismo e uma mente cristalizada em dogmas seculares não seriam modificados de uma hora para outra, num estalar de dedos.

– Podemos criar quaisquer teorias mirabolantes sobre o assunto ou simplesmente negar os fatos, fazendo de conta que isso não aconteceu, mas de uma coisa não tenho dúvidas: subconsciente algum coloca duas pessoas no mesmo sonho, com a mesma história e com os mesmos diálogos. Está acontecendo algo que não conseguimos encontrar explicações aceitáveis. O problema é que esse "algo" envolve nossa filha – concluiu Belarmino.

* * *

– Mais uma semente lançada, Catarina.

– Com o tempo, compreenderão a realidade. O amor possessivo que nutrem pela filha será usado para abrir seus próprios olhos para as questões espirituais.

– Belarmino, em razão da sua doença, apesar de não admitir para a família, vinha lentamente aproximando-se das questões do Espírito, transformando-se em terreno mais fértil que nossa filha Iracy, Ângelo.

– Verdade, Catarina. A doença e a certeza do fim tornou Belarmino mais aberto à compreensão e à busca de valores espirituais, abandonando a velha roupagem de materialista convicto e intransigente. A perspectiva da morte próxima lançou Belarmino na direção do autoconhecimento, e esta silenciosa introspecção será de grande valia para seu Espírito quando aportar novamente em nosso plano. Neste aspecto, ele está sabendo tirar proveito da expiação que lhe foi imposta pela lei de causa e efeito

– Sigamos com o nosso trabalho, meu querido. Muito em breve, para seu próprio bem, precisaremos colocar Vânia a par do sofrimento dos pais. Ela terá que aprender a combater as energias pesadas que chegam da Terra, em decorrência do sofrimento desmedido dos genitores que, inconscientemente, prejudicam-na.

340

– Catarina, tire-me uma dúvida?

– Claro. Diga?

– Foi bom para o ego ser confundida com um anjo? – gargalhou Ângelo.

– Até que a ideia não me desagradou.

– Para mim, foi normal, afinal já me considero um ser angélico. Até possuo um toque angelical no meu próprio nome.

E foi entre brincadeiras e sorrisos que Catarina e Ângelo retornaram para junto da neta, em sua casa, na colônia espiritual Recanto da Paz.

***

Passaram-se os dias, depois as semanas e, por fim, os meses, sem qualquer mudança acentuada na situação da fazenda São João da Prosperidade. Apesar dos esforços, principalmente nos dias imediatos ao sonho, o comportamento de Iracy em relação à aceitação da perda da filha não sofreu mudança significativa. O quarto de Vânia permanecida intocado e as refeições continuavam a realizar-se com a arrumação do lugar que a filha ocupava.

Belarmino, por sua vez, foi quem apresentou mudanças positivas, não tanto em relação à perda da filha, pois continuava revoltado com esta situação, mas principalmente na aceitação da sua própria doença. As conhecidas sessões de lamúrias e reclamações deixaram de ser o enredo principal de suas conversas, assumindo a coadjuvância. Havia dias em que o tema "Deus e suas injustiças" era relegado à categoria de figurante: estava presente, mas sua passagem era tão rápida que ninguém percebia. Dias assim eram raros, mas não deixava de ser um bom começo.

Na colônia Recanto da Paz, a situação de Vânia melhorava gradativamente. Intercalava momentos de paz e felicidade com períodos de angústia e sofrimento, cuja ocorrência continuava atrelada às energias e vibrações emanadas pelas atitudes de seus familiares.

Por vezes, Vânia era acometida de súbito mal-estar. Reclamava com os avós que tinha uma estranha sensação de fastio, como se tivesse exagerado na alimentação:

– Parece que alguém me obriga a me alimentar mesmo contra a minha vontade. A sensação é angustiante.

Catarina e Ângelo sabiam que as reclamações da neta coincidiam com as ocasiões, cada vez mais frequentes, em que Iracy, não satisfeita em somente colocar pratos e talheres no lugar em que Vânia sentava, ainda servia alimentos em homenagem à filha. Quando isso acontecia, os avós eram forçados a aplicar passes na neta, isolando-a das pesadas energias oriundas de sua casa terrena, a fim de manter o equilíbrio da neta.

∗∗∗

O sábado agendado para a realização da cerimônia de colação de grau, do curso de medicina da turma da qual Vânia fazia parte, amanheceu ensolarado, com céu extremamente límpido, dissipando o restante das gotículas da chuva que tinham chegado com o amparo da madrugada.

Quando Cecília ligou para confirmar a presença dos pais de Vânia no evento que a homenagearia, Iracy informou que não poderia confirmar a presença de Belarmino. Na realidade, o seu comparecimento à cerimônia estava descartado, mas preferiu não confirmar a ausência.

O estado de saúde do pai de Vânia piorara muito desde a semana anterior. Belarmino perdeu totalmente a força muscular das pernas, sendo necessária a utilização de uma cadeira de rodas para qualquer incursão fora do quarto. Também sua capacidade respiratória reduziu significativamente, obrigando-o, ainda que contrariado, a lançar mão de um tubo de oxigênio. Dia após dia, tornava-se cada vez mais dependente dos préstimos da esposa, inclusive para as necessidades fisiológicas e de higiene básica, fato que o deixava muito deprimido.

**

Na colônia, Vânia prosseguia com o cuidadoso processo de readaptação em sua nova morada. Tão logo mudou-se para a residência dos avós, manifestou desejo de ser útil de alguma forma. Observava que a colônia, apesar de pequena, oferecia muitas oportunidades de trabalho, ao menos foi o que deduziu quando presenciou a constante movimentação de Espíritos, todos demonstrando estarem muito compenetrados e ocupados com alguma tarefa.

Paralelamente, perquiriu aos prestativos avós em relação à possibilidade de estudar. Como resposta, Catarina informou que o pedido era louvável e certamente seria atendido, mas pediu um pouco mais de paciência para a neta, ao menos por algumas semanas. O repouso – não o ócio, deixava claro – será extremamente profícuo para sua recuperação neste momento.

– Você gostava de ler enquanto estava encarnada, não? – perguntou a avó.

– Claro! Era, ou melhor, sou apaixonada por leitura. Há livros aqui? – perguntou ansiosa.

– Por que não haveria, minha querida? – sorriu a avó.

– Que tipo de livros?

– Todos os tipos, inclusive daqueles autores cuja leitura você se afeiçoava.

– Sério? Desculpe a surpresa, mas parece estranha a ideia de livros no mundo espiritual.

– Você não pode olvidar da premissa básica de que a Terra é uma sombra imperfeita do plano espiritual. Seria ilusório pensar o inverso. A influência do nosso mundo sobre os encarnados é maior do que você possa supor, ou você acredita que somente obras psicografadas são criadas no mundo dos Espíritos e repassadas aos encarnados? Muitas obras são concebidas aqui, neste plano, e repassadas sob a forma de inspiração a pintores, escritores, etc. Obviamente que estes têm seu mérito de transpor, para o papel ou para a tela, as sutis informações recebidas deste plano por inspiração.

344

Temos acesso às principais obras que enriqueceram o acervo cultural da humanidade, mas por ora, pode servir-se de alguns livros que separei especialmente para você. São obras muito úteis para a compreensão de seu momento atual.

– Não vejo a hora de começar, então.

– Aproveite muito bem a oportunidade de aprendizado. Nos próximos dias, você poderá inscrever-se em um dos diversos cursos regulares existentes na colônia, de acordo com sua área de interesse. Quanto ao seu desejo de trabalhar, saiba que, em nossa organização social, impera justamente a chamada "Lei do Trabalho", pois o trabalho ensina, educa, nos traz cultura e nos faz evoluir. Quando, na oração do Pai Nosso, pedimos a Deus que nos conceda o pão de cada dia, seja o pão do corpo ou do Espírito, Deus não nos concede a título gratuito, mas nos conclama a obtê-lo através do trabalho incansável na senda do bem. Em breves dias, você já reunirá as condições necessárias para desempenhar alguma função nos muitos departamentos existentes na colônia.

– É tudo que quero, vovó, realizar alguma atividade produtiva. Ser útil!

– Entendo sua ansiedade, mas antes é necessário que você auxilie a si mesma. Com o tempo, perceberá que em toda e qualquer atividade laboral realizada por aqui ocorre uma troca de energias. Portanto, é necessário muito equilíbrio para não se deixar contaminar pelas energias prejudiciais emanadas por criaturas que ainda atuam em baixo padrão vibratório. Além disso, um trabalhador desequilibrado transferirá para um recém-desencarnado todo o seu desequilíbrio, prejudicando-o, em vez de ajudá-lo.

Vânia calou-se diante das explicações da avó, pois sabia que não tinha total controle de suas emoções e principalmente de seu equilíbrio.

Neste ponto, Ângelo acercou-se das mulheres, mudando completamente o rumo da conversação.

– Como parte do seu processo de aprendizagem, hoje você nos acompanhará em uma incursão até a crosta terrestre, onde poderá visitar sua casa, além de comparecer a um outro local que revelaremos mais tarde, mas dependerá do seu desempenho na primeira parte da missão.

Saiba que o pedido para visitar o antigo lar somente foi autorizado porque chegou-se à conclusão de que será de grande valia para sua adaptação. Obviamente não a deixaremos só e seguiremos, a postos, monitorando eventual desequilíbrio que possa dar margem a influências perniciosas de Espíritos menos evoluídos, mas acreditamos que você já reúne condições mínimas para essa excursão.

Vânia não podia esconder a alegria, tampouco a ansiedade de rever o torrão natal e os entes amados que permaneciam trilhando seus caminhos no plano físico.

A noite pedia passagem quando Vânia, acompanhada de Catarina e Ângelo, adentrou nos limites da fazenda São João da Prosperidade. Emocionada, com lágrimas nos olhos, permanecia calada, limitando-se a acompanhar os experientes Espíritos que, atentos às reações da neta, recebiam seu pranto com naturalidade.

– Querida, em instantes, vamos penetrar no interior da casa que você tanto conhece. Este será um dos momentos mais críticos de nossa breve incursão, pois as emoções advindas de lembranças afetivas podem levá-la ao desequilíbrio. Tente manter a serenidade e a calma e, acima de tudo, mantenha-se em constante oração, que é uma maneira bastante eficaz para manutenção do equilíbrio. Abortaremos esta visita ao menor sinal de problema. Tudo bem? – expôs Ângelo de maneira firme e direta.

Vânia balançou a cabeça em concordância. Estava nervosa.

Quando o grupo cruzou a soleira da porta principal, transpondo o umbral que os levou ao lado interno da residência, Vânia, perspicaz, logo percebeu os acréscimos realizados na decoração da casa. Havia fotos suas por todo o canto. Continuou explorando e percebeu que o padrão decorativo repetia-se pelos demais cômodos.

– Qual o motivo para tantas fotos minhas? – perguntou-se em voz alta.

– Sofrimento – respondeu Catarina. – Seus pais, mais especialmente sua mãe, estão tendo muitas dificuldades para lidar com a sua partida, pois não aceitam sua desencarnação. Por essa razão, protelamos a resposta as suas constantes perguntas relativas à situação deles. Muitas de suas dificuldades de adaptação, a saudade exacerbada, por exemplo, é fruto do comportamento possessivo, principalmente por parte de Iracy, que, desde a sua partida, vem cultuando sua imagem de forma idolátrica.

– Então quer dizer que a saudade excessiva, a angústia, o aperto no coração e, até mesmo, a dor pela separação que eu vinha enfrentando era por influenciação de meus pais? – perguntou aturdida.

– Na maioria das vezes, sim, muito embora boa parte venha de você mesma – afirmou a avó ao mesmo momento em que conclamava a neta a prosseguir.

Vânia seguia os avós pela casa em que nasceu, mas não deixava de pensar no grau de sofrimento que os pais vinham enfrentando, a ponto de transformar o local num verdadeiro santuário com suas fotos.

Continuando a sua expedição, rumaram para o quarto do casal. Catarina e Ângelo sabiam que, naquele cômodo, encontrariam a filha Iracy.

Admirada, Vânia contemplava cada centímetro da casa e catalogava, em sua mente, as mudanças que, a não ser pelos seus retratos e por um ou outro objeto, nem eram tantas. Mesmo assim, a sensação que tinha era de estar em um lugar estranho, como se aquele mundo não mais lhe pertencesse.

O quarto do casal ficava situado após um corredor cujo acesso se dava por estreito *hall* de entrada. Quando encontraram a porta do *hall* fechada, Vânia ficou apreensiva, pois vislumbrou a necessidade de transposição do obstáculo material. Percebendo a aflição da neta, os carinhosos mentores seguraram-na pelas mãos e atravessaram a porta de madeira. Ao saírem do outro lado, a primeira reação de Vânia foi de ficar apalpando-se no intuito de investigar se estava tudo intacto e no seu devido lugar.

– Gostou de suas novas habilidades, Vânia? – sorriu Catarina, achando engraçada a reação da neta.

348

– Lembro de ter lido sobre isso no Livro dos Médiuns, de Allan Kardec, no grupo de estudos do qual participava no Centro Espírita, mas é a primeira vez que vivencio o fenômeno na prática e confesso que é muito estranho.

– Como tudo em nosso plano é sempre uma questão de adaptação – falou a avó, carinhosamente. – O que fizemos não tem nada de mágico, sensacional ou milagroso. No Livro dos Médiuns, que você citou, o codificador da Doutrina Espírita explicou que o perispírito – como chamamos nosso atual corpo – possui uma propriedade inerente a sua natureza etérea, que é a penetrabilidade. Disse Kardec, textualmente:

"Matéria nenhuma lhe é obstáculo: ele as atravessa todas como a luz atravessa os corpos transparentes. É por isso que não há recinto fechado que se possa opor à entrada dos Espíritos; vão visitar o prisioneiro em seu cárcere tão facilmente como ao homem que está no meio dos campos[3]".

– Como a senhora consegue se lembrar do texto?

– Nossos sentidos e faculdades encontram-se amplificados, minha querida. Com o tempo e adaptação, olha esta palavra aparecendo novamente – sorriu Catarina – você descobrirá que não é tão difícil.

– Não sei, acho que não sou tão bem provida de luzes intelectuais como a senhora – brincou Vânia.

– Gostei de ver – falou Ângelo –, o bom humor é sempre bem-vindo. Continuemos? Estamos a poucos

---

[3] *O Livro dos Médiuns*, Allan Kardec, Cap.VI, 2ª parte, item 106, Ed. IDE.

metros do lugar onde nossos queridos Iracy e Belarmino estão.

A frase de Ângelo calou de imediato o riso de Vânia, trazendo de volta a ansiedade.

O mesmo sentimento que a impulsionava na direção do cômodo em que os pais se encontravam era responsável por frear seu ímpeto, em virtude do temor de não resistir à emoção de estar novamente frente a frente com eles, ainda que não a vissem.

Caminharam lentamente. Aqueles poucos passos que separavam Vânia dos pais pareciam intermináveis. Quando finalmente conseguiu vislumbrá-los, a imagem que seus olhos espirituais testemunhavam era uma cena a que já estava habituada: o pai deitado em sua cama e a mãe sentada na poltrona posicionada junto à cabeceira.

Ângelo e Catarina posicionaram-se ao fundo do quarto, deixando a neta livre para extravasar as emoções do reencontro. Vânia, por sua vez, acercou-se dos pais e, com lágrimas nos olhos, começou a acariciá-los ternamente.

– Quanta saudade senti de vocês – disse emocionada.

As vibrações de amor e carinho emanadas naquele instante não passaram despercebidas pelos pais. Imediatamente veio-lhes à mente a imagem da filha.

– Sabe, Iracy, estava pensando em Vânia agora. Lembro que ela vivia com aqueles livros, tentando nos convencer de suas crenças: da sobrevivência do Espírito, da existência de um mundo não corpóreo, da possibilidade de comunicação com os mortos. Na hipótese de que tudo isso seja verdade, onde será que ela estaria neste instante?

– Também pensava nela neste momento – comentou a esposa –, mas não tenho resposta a sua pergunta. Não foi assim que aprendemos e fica difícil acreditar em algo contrário aos ensinamentos que nos foram transmitidos por gerações.

– Estou viva e ao lado de vocês agora. Mãe, pai, eu ainda existo! Queria que pudessem me ver e ouvir – disse Vânia, enquanto as lágrimas que misturava saudade e felicidade caíam em profusão.

– Como minha mãe está magra, envelhecida – comentou Vânia, virando-se para os avós.

– A doença de seu pai e a sua desencarnação constituíram-se num duro fardo para sua mãe.

– O que posso fazer para ajudá-la?

– Somente ela é quem pode ajudar-se, Vânia. Deus nos concedeu o livre-arbítrio, e sua mãe – podemos incluir Belarmino também – insiste em se manter num ciclo vicioso de apego e dor, mas, se quer realmente ajudá-los, ore por eles, para que compreendam que a morte não é o fim; que a sua vida continua da mesma maneira que a deles também precisa continuar. Viver, morrer, renascer são ciclos da nossa jornada imortal.

– Aprendi, desde criança, a rezar pelos desencarnados, mas nunca pensei no inverso. Tenho muito a aprender ainda.

– Reaprender – corrigiu a avó. – Enquanto encarnados, temos a míope visão de que a prece é lenitivo de uso exclusivo dos chamados "vivos" em benefício dos ditos "mortos". Hoje, vivenciando esta nova realidade, com os sentidos expandidos e compreendendo que estamos todos vivos, apenas habitando dimensões distintas, você perceberá que há mais emanações partindo daqui para lá, do que o inverso. O dia em que os encarnados descobrirem o real poder da prece sincera, o mundo jamais será o mesmo.

Vânia e os avós permaneceram ao lado dos pais por mais algum tempo, até que Iracy comentou com o marido que já estava na hora de se aprontar para sair e que lamentava o fato de ele não ter condições de acompanhá-la na formatura.

A afirmação da esposa arrancou suspiros de Belarmino, que desejava muito acompanhar a solenidade e principalmente a homenagem que a turma de Cecília prestaria à filha.

– De que formatura eles estão falando? – perguntou Vânia, espantada.

Os avós nada disseram, apenas fixaram os olhares na neta, que imediatamente entendeu o significado daquela linguagem corporal.

– A formatura da minha turma da faculdade?

Catarina e Ângelo permaneciam em silêncio, apenas encarando Vânia com olhares exclamativos, deixando que ela mesma fosse respondendo às suas próprias indagações até chegar no cerne da questão: há quanto tempo estava desencarnada.

– Desde que retornei à Espiritualidade, minhas preocupações giraram em torno do estado de meus pais, irmãos e amigos. Também canalizei as energias na minha própria recuperação. Entretanto, em nenhum momento detive meus pensamentos na contagem do tempo decorrido desde a minha desencarnação, que julgava ter acontecido há poucos dias. Neste instante, ao perceber que estão falando daquela que seria a minha formatura, significa que um ano já se passou desde que deixei o plano terreno. Meu Deus!

– Não podíamos alertá-la quanto ao decurso do tempo, pois isso atrapalharia sua adaptação. Este tipo de informação só traria mais preocupações e angústias.

Os meses em que você passou recuperando-se na instituição hospitalar foram complicados, pois a carga de vibrações danosas que chegavam da Terra a todo instante, obra do sofrimento desmedido de sua família, debilitavam-na e por isso foi necessário mantê-la dormindo e isolada destas emanações – esclareceu Ângelo.

– Meses no hospital? Achei que houvesse sido dias.

– Talvez, se considerar somente os períodos em que você esteve desperta, aí poderíamos catalogar como dias.

– Quer dizer que dormi todo esse tempo? Recordo-me da sonolência, do sono frequente, mas não tinha ideia de há quanto tempo isso ocorria. Estou perplexa!

– Bom, agora que você tomou conhecimento destes detalhes, precisamos saber se está em condições e se deseja empreender uma última incursão nesta nossa breve passagem pela crosta terrestre, acompanhando a formatura que também é sua? – perguntou a avó, carinhosamente.

– E posso? – perguntou, sem disfarçar o desejo e a satisfação.

– Foi também para isso que viemos aqui.

– Então, o que estamos esperando? Quero muito rever meus amigos.

– Calma, menina, você nem está vestida para a ocasião – brincou Catarina.

– Esta é uma das vantagens de ser invisível, vovó.

Antes de deixar o local que lhe serviu de casa na sua curta experiência da carne, Vânia despediu-se do pai, osculando-lhe o rosto.

Ladeada pelos avós, Vânia adentrou nas dependências do clube onde o cerimonial de formatura desenrolava-se e, mais uma vez, precisou reunir forças para não permitir que as emoções lhe tolhessem o equilíbrio. Aproximaram-se dos presentes, Catarina e Ângelo mantiveram-se a distância novamente, mas alertas em relação à neta.

Vânia seguiu até a área reservada aos formandos, parou diante de Cecília, fitou-a demorada e carinhosamente, beijou-lhe a face e sussurrou no seu ouvido palavras de agradecimento pela amizade que tiveram. A moça, influenciada pelas vibrações amorosas de Vânia e pelo turbilhão de emoções da noite, olhou para a imensa foto da amiga falecida, a homenageada da noite, que havia sido colocada no centro da decoração, e sorriu.

Quem pudesse ter uma visão panorâmica e completa

do cenário logo perceberia o paradoxo daquele momento: viva – plenamente –, Vânia assistia às homenagens que lhe eram destinadas sentada na cadeira vazia, ao menos aos olhos dos presentes, que fora inserida no cenário justamente para simbolizar a sua ausência.

A cerimônia atingiu seu ponto culminante no quesito emoção quando dois formandos foram convidados a homenagear a acadêmica falecida com a entrega de flores e um diploma simbólico a sua mãe.

Iracy, que até então tentava conter as lágrimas, não suportou quando a imagem da filha foi projetada no telão, entregando-se a copioso choro. Por longos e sofridos segundos, tudo que se ouviu no recinto foi uma mãe dilacerada pela dor da perda da sua joia mais preciosa, de braços abertos, implorando a Deus que trouxesse a filha de volta. A comoção foi geral. Poucos foram os que se mantiveram impassíveis diante daquela senhora que, despida de qualquer convenção social, extravasava todo seu sofrimento.

Vânia, mostrando um equilíbrio que ela própria não imaginava possuir, aproximou-se da mãe, envolveu-a com os eflúvios benéficos de sentida prece, recebendo o auxílio de Catarina e Ângelo, que aplicavam passes magnéticos na filha.

O sentimento de carinho que o choro da mãe causou nos presentes, juntamente com a atuação dos desencarnados, criou uma psicosfera balsamizante, materializada – espiritualmente – pela chuva de gotículas de energia que desciam sobre os presentes como plumas suspensas no ar, que lenta e inexoravelmente são atraídas ao chão pela força da gravidade.

Vencido o momento de consternação, a cerimônia transcorreu dentro das expectativas, e a noite encerrou jubilosa. De um lado, formandos – e seus familiares – alegres por terem completado mais um ciclo na vida; do outro, Vânia, satisfeita por ter serenado a saudade dos pais e dos amigos e conseguido suportar aquele dia de provações, muito embora a situação da mãe ainda fosse preocupante. Também ela conseguira vencer mais um ciclo da vida.

Catarina e Ângelo também estavam satisfeitos com os resultados da visita de Vânia ao antigo lar terreno. A moça deu provas inequívocas de que já possuía condições de enfrentar o nível seguinte da readaptação no plano espiritual: o trabalho. A julgar pelos avanços, os avós projetavam que, muito em breve, Vânia também já poderia ter acesso gradual aos arquivos de suas vidas anteriores.

Capítulo 16

Vingança

Os meses sucederam-se, e Elvira Pereira seguia sua rotina de vida, oscilando momentos de remorso depressivo e ódio incomensurável. Nos dias em que o pesar ditava os rumos dos seus pensamentos, prostrava-se inconsolável. A culpa era como um chicote a lhe dilacerar o coração, castigando-o incessantemente. Inversamente, nos períodos em que o ódio apoderava-se do seu Espírito, caminhava furiosa de um lado para o outro no quarto, como um animal enjaulado, maquinando formas de se vingar daqueles que considerava responsáveis pelo seu sofrimento.

Com o tempo, aprendeu que não necessitava da morte, tampouco deslocar-se para as profundezas da Terra a fim de experimentar o sofrimento do inferno de que falavam os religiosos. O peso do remorso e o dedo em riste da consciência a lhe apontar as faltas eram suficientes para trazer para sua vida sofrimentos incomensuráveis.

– O inferno é aqui! Desconheço a existência de um paraíso; mas no inferno sobre a Terra, neste acredito com toda minha alma – afirmava quando ouvia alguém conversando acerca de sofrimentos eternos após a morte.

Dia após dia, Elvira enredava-se cada vez mais nas teias da vingança, a ponto de transformá-la na razão de sua existência. O desejo de desforra era o único motivo que a mantinha viva. Estava disposta a qualquer coisa para levar a termo suas intenções funestas e, para isso, já havia maquinado uma forma de se vingar daquele a quem mais odiava, seu ex-amado Frei Bernardo Quintavalle.

Fazia alguns dias que a ama Amália vinha cumprindo as ordens dadas por Elvira para usar sempre as mesmas roupas – peças largas que não retratavam as formas do corpo – e um chapéu que lhe cobrisse totalmente o rosto, toda vez que saísse dos domínios da estância para cumprir alguma tarefa da casa.

O plano de Elvira alicerçava-se nas lembranças que guardava das muitas conversas que tivera com Bernardo, quando o frei narrou-lhe a rotina que adotou desde que chegara em Taquaruçu. O padre revelara-lhe que desenvolvera o hábito de caminhar pela vila e cercanias todas as manhãs, religiosamente no mesmo horário, antes do alvorecer e do início das atividades na Igreja. Dizia o frade que se apaixonara pelo raiar do dia dos campos de cima da serra, antes mesmo de a cidade acordar, pois aquele momento contemplativo o conectava ao Criador, era quando podia senti-Lo com mais intensidade. Aquele hábito de Frei Bernardo era visto pela filha de Coronel

Venâncio como uma excelente possibilidade de colocar seu plano de vingança em funcionamento e não estava disposta a desperdiçar a oportunidade.

– Vou ajudá-lo na tarefa de conectar-se com o Criador – resmungava Elvira sarcasticamente.

O Sol não havia raiado quando Amália entrou no quarto da patroa, trazendo nas mãos algumas peças de roupa, as mesmas que usara nos últimos dias, cada vez que precisava ir à cidade. Elvira vestiu-as e contemplou-se no espelho, percebendo que o efeito era mesmo aquele que havia imaginado.

Como Amália deslocava-se diariamente até a cidade, sempre pela manhã, conduzindo ela mesma uma carroça, esta foi a maneira que Elvira planejou para sair da fazenda sem chamar a atenção dos empregados, que tinham ordens expressas – passíveis de castigo severo em caso de falha – para não deixá-la passar das linhas demarcatórias da propriedade.

Elvira mandou que a ama trocasse de lugar consigo e ficasse trancada no quarto, fechando a porta pelo lado de dentro para que todos na casa pensassem que ainda dormia. A ama deveria permanecer trancada no quarto até seu retorno, este era o plano.

O Sol despontava no horizonte, pincelando o céu com as primeiras cores da alvorada, quando, vestida com as roupas de Amália, Elvira saiu sorrateiramente do quarto e pegou a carroça já preparada pela ama. Não encontrou dificuldade alguma para manejar a condução, pois era algo que havia aprendido, desde criança, com os empregados da fazenda. Ao se aproximar do portão, inclinou ligeiramente a cabeça para a frente, que, coberta pelo longo chapéu de Amália, impedia a identificação do rosto. Assim foi que passou sem qualquer dificuldade pelo sonolento peão que guarnecia a entrada da propriedade, já acostumado com aquela cena, muito embora não pudesse imaginar que não era Amália quem ali estava, mas a própria filha do Coronel Venâncio, um erro que poderia custar-lhe a vida caso descoberto pelo patrão.

Como conhecia o itinerário dos passeios de Frei Bernardo, Elvira postou-se em compasso de espera, sem descer da carroça, em um ponto do caminho onde não havia casas ao redor. A geografia do terreno era favorável aos seus intentos, pois a carroça ficou parada justamente num declive formado entre dois pequenos morros. O passante perceberia a carroça somente quando estivesse no alto da primeira elevação.

Pontual, pois não podia atrasar para seus afazeres matinais, Frei Bernado aproximou-se distraidamente da carroça parada à beira do caminho, imaginando tratar-se de alguma moradora da vila que resolvera iniciar mais cedo sua jornada de trabalho.

– Bom dia, senhora. Tudo bem? – cumprimentou, gentilmente, o frade.

– Bom dia, Frei Bernardo – saudou Elvira, tirando o chapéu e revelando um olhar severo e ameaçador.

– Você? O que faz aqui, no meio do nada, a esta hora, e vestida desta maneira?

– Esperava pelo senhor, padre, preciso confessar

360

meus erros e, como o senhor é quem realiza confissões fora da igreja, resolvi esperá-lo.

Frei Bernardo notou que os olhos negros da ex-amada o fitavam de maneira ferina e traiçoeira e havia uma energia negativa permeando suas palavras.

– Não há mais o que conversarmos, Elvira.

– Como não? Muita coisa aconteceu desde que você bancou o covarde e negou o nosso relacionamento.

– Você não me deixou alternativa, expondo nossa situação na frente de todos. Seu ato impulsivo colocou em risco não só a mim, mas todo o futuro da Igreja neste vilarejo. Não havia como agir diferente.

– Em razão de sua covardia, padre, fiquei refém das arbitrariedades de meu pai. Por sua falta de hombridade, o coronel obrigou-me a abandonar nossa filha Margarida no meio da floresta, para morrer à míngua – falou Elvira, cadenciando a voz e com uma boa dose de sadismo.

Fez-se prolongado silêncio. Frei Bernardo permaneceu impassível, olhando fixamente para sua ex-amada, sem saber ou por não ter o que dizer.

Elvira ajudou-o a sair daquela situação desconcertante, quebrando a inação da cena.

– Meu tempo é curto, Frei Bernardo, pois meu pai não permite que eu saia da fazenda, e, se não voltar em breve, descobrirão meu desaparecimento, mas, antes de retornar para casa, gostaria de lhe dizer apenas uma coisa:

– Há tempo de plantar e tempo de colher e, neste

instante, chegou o momento de você receber os frutos da sua semeadura.

Dizendo isso, Elvira olhou para todos os lados, certificou-se de que não havia ninguém nas proximidades, sacou de uma arma que subtraiu do pai, e que trazia escondida sob a roupa larga, e apontou para o ex-amado que, percebendo tarde demais o perigo, lançou-lhe um olhar indefeso, como o de uma criança.

Sem abalar-se com a súplica silenciosa do frei e sem demonstrar qualquer resquício de piedade, disparou três tiros à queima-roupa contra Bernardo, que tombou mortalmente ferido, com o peito trespassado pelas balas.

Perpetrado o ato, a moça deu meia-volta na carroça e rumou rapidamente para casa, deixando o corpo daquele que um dia julgou tratar-se do grande amor da sua vida esvaindo-se em uma poça de sangue.

Sempre solícita e dedicada com todos aqueles que a procuravam pedindo ervas e chás para tratamento dos mais diversos males, principalmente os mais humildes, Joana angariou ao longo dos anos a simpatia e a gratidão dos moradores das propriedades que circundavam a floresta e foi a eles a quem recorreu na sua busca por leite para sua nova hóspede.

Generosos, os amigos atenderam prontamente ao pedido da curandeira, que tomava apenas o cuidado de pedir sempre em lugares diferentes, pois não queria despertar a curiosidade dos amigos, muito embora em nenhuma das casas houvesse sido questionada acerca do destino do alimento. Seu maior medo era que descobrissem, ao menos naquele momento, que estava criando uma criança recém-nascida e que esta informação acabasse parando nos ouvidos do responsável pelo abandono da menina.

Para não perder o precioso líquido, Joana adotava uma técnica largamente utilizada por seus antepassados indígenas na conservação de alimentos perecíveis.

O processo era relativamente simples: a índia pegava dois potes de cerâmica de diferentes tamanhos, sem qualquer orifício ou trinca nas laterais, depositava areia no fundo do pote maior e, então, colocava o recipiente menor em seu interior. Depois de acomodado o pote menor dentro do maior, preenchia com areia todo o espaço vazio existente entre os dois recipientes e, em seguida, encharcava toda a areia com a água gelada que tirava do riacho. O leite era armazenado no interior do pote menor, que Joana cobria a boca com um pano, guardando tudo à sombra. Com a evaporação da água existente na areia entre os dois recipientes, o pote menor ficava mais gelado, conservando o leite por até dois dias, desde que tomasse o cuidado de manter constantemente molhada a areia que preenchia os vãos entre os dois recipientes.

A curandeira, de hábitos franciscanos, sempre encontrou na floresta todo o alimento necessário a sua subsistência, complementando sua dieta com hortaliças cultivadas nos fundos do casebre em que morava. Com o aparecimento de Ereíma em sua vida, encontrar alimentos que pudessem integrar o cardápio da menina passou a ser sua maior preocupação.

Com o passar dos dias e com o crescimento do apego por aquele presente dos deuses que mudara sua vida, aumentava também as incertezas quanto ao futuro da criança, justamente por desconhecer a real história por trás de seu abandono, até que um dia a verdade caiu em seu colo por obra do acaso, muito embora Joana não acreditasse em casualidades e coincidências.

Após alimentar Ereíma e fazer a menina dormir, a curandeira trancou bem a casa e saiu rapidamente em busca de mais leite. Dirigiu-se até a propriedade de um pequeno agricultor, conhecido nas cercanias como Venuto Baiano – seu nome de batismo era ignorado por todos, inclusive por ele, diziam os mais próximos – cujo filho João a índia ajudou a tratar desde pequeno, pois nascera com sérias dificuldades respiratórias, que culminavam com terríveis acessos de asma. Sempre que o menino piorava, lá estava Joana preparando um chá de semente de abóbora misturada com unha-de-gato e mel.

Quando adentrou na propriedade, Venuto Baiano e sua esposa Madalena logo correram para saudá-la. Joana tratou logo de explicar que estava necessitando de um pouco de leite para preparar uma garrafada. Joana tentava disfarçar a pressa, mas seus pensamentos estavam todos na menina que deixara dormindo sozinha.

– Não temos muitas vacas, mas leite fresco é uma coisa que nunca nos falta. Sempre que precisar pode vir até nós, pois somos muito gratos por tudo que vosmecê fez por nosso filho João, senhora Joana – disse o humilde agricultor.

– Não fiz nada que qualquer cristão não faria e,

quanto ao leite, não preciso de muito, um pequeno jarro é mais do que suficiente, não quero abusar dos amigos.

Enquanto Madalena providenciava o leite, os três conversavam sobre assuntos da região, até que a dona da casa, adepta de uma boa conversa sobre a vida alheia, relatou uma história interessante:

– Você soube o que aconteceu com a filha de Coronel Venâncio Pereira? – falou a matrona, já sabendo a resposta.

– Não, dona Madalena. Como vivo no meio do mato, não tenho muita companhia e acabo não sabendo das novidades.

– Há alguns meses, a moça acusou, na frente de toda a igreja, um padre de ser o pai de seu filho, e, como o homem negou, Coronel Venâncio trancou-a em casa e não a deixa mais sair.

– Que história, dona Madalena – disse Joana, tentando esconder o desinteresse.

– Mas não é só isso: a filha do Neco da Tereza, domador de cavalos, trabalha lá na fazenda Monte Alegre e contou que a filha do coronel deu à luz uma menina, mas que o pai gritava que não queria aquela criança dentro de casa, pois iria matá-la. Contam que, numa bela manhã, a filha do coronel saiu cavalgando com a criança no colo e voltou para casa sozinha. Ninguém naquela casa sabe o que aconteceu, mas a menina, Margarida era o nome dela, nunca mais foi vista na fazenda.

Os empregados da fazenda dizem que a criança foi abandonada na floresta. Dá para acreditar numa cruelda-

365

de dessas, Joana? Abandonar uma criança na floresta, sem água nem comida?

Quando ouviu os detalhes da história, Joana logo percebeu que estavam falando da pequena Ereíma, ou Margarida, e o medo logo tomou conta do seu ser.

O que faria o Coronel Venâncio – que Joana sabia tratar-se de um dos homens mais poderosos da região – caso descobrisse que a neta ainda estava viva? Se fosse realmente verdade que a criança tinha um padre como pai, o conservador coronel moveria céus e terra para não deixar que o fruto desse romance sobrevivesse.

Diante dessa revelação, Joana precisava mais do que nunca criar uma história convincente para justificar a presença de uma menina recém-nascida em sua casa, caso alguém aparecesse por lá. Para sua sorte, fazia alguns meses que ninguém a procurava em busca de chás e ervas, mas, quando isso acontecesse, não haveria como esconder uma criança do visitante.

Joana decidiu que era preciso manter a menina oculta e ganhar todo o tempo possível, vivendo um dia de cada vez, e contar com a sorte de ninguém suspeitar que aquele bebê em sua casa era a neta abandonada de Coronel Venâncio. Quanto mais o tempo passasse, maiores seriam as chances de manter em segredo a origem da criança que estava criando. Precisava esconder-se até que outro acontecimento relevante surgisse e se tornasse o centro das conversas do povo da vila, fazendo com que o boato acerca do abandono da neta do Coronel Venâncio caísse no esquecimento das línguas e ouvidos populares.

Depois de mais alguns breves minutos de conversa,

Joana despediu-se do casal, muito agradecida pela ajuda. Além do leite e de duas peças de queijo que Madalena – conhecedora das dificuldades diárias da curandeira – fez questão de ofertar, levava consigo algo muito mais precioso: a verdade sobre a criança que encontrou na mata. Rogou a Deus proteção e sorte, para que a menina fosse esquecida por aqueles que desejavam seu mal.

Infelizmente para Joana, acontecimentos já em curso no Arraial de Bom Jesus do Taquaruçu reacenderiam a chama da discussão em torno da história da gravidez da filha do Coronel Venâncio Pereira.

Assim como aconteceu quando deixou a fazenda, Elvira não encontrou nenhuma dificuldade para retornar ao seu interior. O portão de entrada da fazenda Monte Alegre abriu-se sem qualquer desconfiança por parte do empregado que, acostumado a dar passagem para Amália, mais uma vez não percebeu que era Elvira quem guiava a carroça, camuflada pelas roupas da ama.

Tão logo saiu do raio de visão do sentinela do portão, Elvira desceu rapidamente da carroça e correu o mais rápido que a roupa folgada permitia para dentro do celeiro. Lá chegando, abriu um velho baú abandonado, retirou algumas roupas que havia escondido na noite anterior e vestiu-a com impressionante destreza. Minutos depois, minimamente recomposta, correu até um velho poço abandonado e desfez-se da arma com a qual alvejara Frei Bernardo. Chegando à porta de casa, reduziu a velocidade, retomou o fôlego e entrou lentamente. O caminho até seu quarto nunca fora tão distante.

Chegando na entrada do quarto, Elvira retirou uma grande chave escondida no busto, inseriu-a na velha fechadura e girou-a, provocando um ruído descomunal. Segurou a maçaneta e torceu-a até abrir a porta, que rangeu, em protesto. Olhou para os lados e, constatando que não havia ninguém, meteu-se como uma flecha para o interior do quarto, trancando-o, aliviada. O plano havia funcionado.

Mais calma, encontrou Amália, que a aguardava sentada na cama, nervosa, tremendo incontrolavelmente.

– Graças a Deus que a sinhá chegou, pensei que ia ter um troço trancada neste quarto – suspirou aliviada enquanto fazia o sinal da cruz.

– Pois trate de se acalmar, Amália, porque já estou de volta e tudo correu como planejado.

– O que foi que a sinhá fez?

– O Frei recebeu o pagamento que merecia por todo o sofrimento que me causou – disse, com satisfação e prazer irradiando pela face.

– Mas o que aconteceu?

– Você saberá em breve. Chega de perguntas, Amália. Quanto menos você souber melhor para sua segurança, e este assunto morrerá aqui, entendido?

– Sim, senhora sinhá – disse a ama, fazendo novamente o sinal da cruz.

– Agora saia normalmente e, se alguém perguntar o que fazia, diga apenas que eu a chamei logo cedo.

A ama saiu do quarto e rumou na direção da cozinha, não conseguindo disfarçar todo o seu nervosismo. Para sua sorte, não cruzou com ninguém da casa.

Não muito longe dali, dois agricultores que seguiam na direção da cidade para vender e trocar alguns itens da sua produção na mercearia do falecido comerciante Praxedes, agora administrada pela viúva e pelos filhos, avistaram o corpo de um homem caído de costas à beira do caminho. A surpresa foi ainda maior quando perceberam que o homem estava vestindo uma batina e que havia sido alvejado por vários tiros. Não conseguiram precisar o número de disparos devido à quantidade de sangue.

Desceram da carroça para tentar fazer algo pelo desconhecido, mas, ao se aproximarem, constataram que era tarde demais, que não havia mais vida naquele corpo. Ajeitaram seus produtos na parte frontal da condução, abrindo espaço atrás para transportar o corpo sem vida do padre.

A aglomeração foi geral quando os dois trabalhadores apearam na frente do templo católico e anunciaram a descoberta do corpo de um padre à beira da estrada, o qual muito provavelmente havia sido assassinado a tiros.

Toda a congregação correu para a frente da igreja, mas foi Frei Marcos o primeiro a chegar e a reconhecer o corpo como sendo de Frei Bernardo Quintavalle, o membro mais novo da ordem local.

Não demorou para que os presentes começassem a associar o assassinato do padre à acusação de ser ele o pai do neto do Coronel Venâncio Pereira, ocorrida na assembleia pública tempos atrás.

Comovidos com o triste e anunciado fim do irmão, os demais frades fizeram condoída prece em favor do falecido e, em seguida, encarregaram-se de levar o corpo para o interior da igreja, para preparar o seu velório. No fundo, assim como o povo, todos desconfiavam da autoria daquele crime, mas sabiam que nada poderia ser feito, porque os principais suspeitos eram as únicas autoridades da região. Além disso, uma coisa ficou muito clara nos longos anos que professavam seu credo naquela longínqua região: qualquer voz que se levantasse nesse momento contra os coronéis, certamente teria o mesmo destino de Frei Bernardo.

A notícia da morte de Frei Bernardo correu os quatro cantos do lugarejo e, em algumas dezenas de minutos, encontrou os ouvidos dos sátrapas de Taquaruçu, Coronel Feliciano e Coronel Venâncio, que estavam reunidos na intendência. Quando souberam da notícia, nenhum dos dois lamentou o passamento do padre.

– Sabe que seremos apontados como os principais suspeitos pela morte desse padreco? – ponderou o Coronel Feliciano.

– A culpa recairá sobre mim, compadre, principalmente depois da lambança que minha filha fez na igreja durante a última reunião.

– Talvez o compadre tenha razão.

– *Bueno*, a morte de um padre bota preço na fama de um homem – filosofou Coronel Venâncio, não demonstrando muita preocupação com a possível acusação.

– Precisamos ficar atentos para as reações dos de-

370

mais padres. Esses miseráveis podem nos causar problemas através da Diocese, compadre Venâncio.

– Causam nada! A esta hora estão todos encagaçados, um debaixo da saia do outro. Sabem exatamente o que lhes acontecerá se resolverem nos afrontar.

– Nisso o compadre tem razão, mas teremos que investigar e encontrar quem deu cabo no padre. Ninguém sai por aí caçando vigários em nossa cidade sem o nosso consentimento.

– Concordo com vosmecê, compadre Feliciano. Este homem, quem quer que seja, apesar de nos ter livrado daquela peste de saia, indiretamente nos causou aborrecimentos.

– Mais dia menos dia, descobriremos quem foi que matou o sujeitinho, pode ter certeza.

– Certamente que sim, mas não se preocupe com isso agora. Uma coisa de cada vez. Vamos até a igreja ver como está tudo por lá. Primeiro é preciso chegar até o rio, depois a gente pensa num modo de atravessá-lo – filosofou Coronel Venâncio.

Na igreja, as exéquias de Frei Bernardo ocorreram de forma discreta. Apesar da presença maciça dos moradores do vilarejo, muito embora a maioria tenha comparecido movida apenas pela curiosidade que o ser humano nutre pela morte.

Não obstante os problemas com Elvira, em linhas gerais, Frei Bernardo conseguira manter sua imagem imaculada perante a população mais carente da região e era benquisto por todos, pois adotara a rotina de caminhar entre o povo, dar conselhos na vida cotidiana das pessoas. Dentre todos os grupos, a perda do frade foi sentida principalmente por aqueles que recebiam seu auxílio no hospital-farmácia comandado por Frei Lucas.

Nas rodas de conversa, como era de se esperar, os comentários giravam exclusivamente em torno das circunstâncias e da autoria do crime. O burburinho cessou imediatamente quando o Coronel Feliciano e o Coronel Venâncio adentraram no templo. Um silêncio sepultural tomou conta do local, enquanto as pessoas afastavam-se e abriam passagem aos dois homens, desobstruindo o caminho até o esquife.

Os coronéis detiveram-se por alguns instantes defronte o cadáver e, sem demonstrarem qualquer sentimento pelo morto, seguiram na direção dos demais padres, anunciando que desejavam ter uma conversa reservada com os líderes da Igreja. Frei Marcos e Frei Mateus adiantaram-se e fecharam-se com os coronéis na sacristia, atiçando ainda mais a curiosidade do povo.

– Bom, vocês nos conhecem há algum tempo para saber que não somos pessoas de rodeios e floreios – iniciou Coronel Feliciano. – Por mais que o desaparecimento desse padre nos desse o maior gosto, por toda espécie de afronta e problemas que já nos causou, em consideração à instituição a qual os senhores pertencem, e só em consideração a ela, viemos aqui para deixar bem claro que não tivemos nada a ver com essa morte.

– Os senhores sabem que todas as desconfianças recaem sobre a figura de vocês – atalhou Frei Marcos.

– Eu também suspeitaria de mim mesmo – disse Coronel Venâncio, sorrindo –, mas apesar de a ideia ter me passado pela cabeça, não fomos nós que despachamos o vigário.

– Não devemos satisfações a vocês, tampouco estamos preocupados com o que este povo pensa ou deixa de pensar, mas estamos aqui, repito, em consideração à Igreja, para dizer que, além de não sermos os responsáveis, vamos investigar os fatos para descobrir quem foi o caboclo que ousou praticar este tipo de ato na minha cidade. Isso é tudo que precisam saber e pouco me importa se acreditam ou não – falou ríspido o intendente da cidade.

Os coronéis deixaram a sacristia sem mais nenhuma palavra e cruzaram toda a extensão da nave da igreja com passadas firmes e sem olhar para o defunto. Como na chegada, o povo afastou-se, formando um corredor para ambos passarem. Quando estava no átrio, Coronel Venâncio virou-se rapidamente, flagrando os olhares que os seguiam e disse em tom de ameça:

– Quem não viu com os olhos não testemunhe com a boca. Estão avisados.

Na sacristia, os padres tentavam digerir a negativa de participação na morte de Frei Bernardo apresentada pelos coronéis. Aquela revelação os deixou ainda mais perplexos. Não que a palavra dos mandatários da cidade fosse digna de fé, mas não era do feitio daqueles orgulhosos homens justificar quaisquer de suas ações, ainda mais considerando que tinham a impunidade e o poder como seus principais aliados.

– O simples fato de homens que, acostumados a matar e ainda por cima alardear seu feito pela cidade como forma de intimidação, comparecerem ainda durante o velório de um desafeto, tão somente para deixar claro que suas mãos estavam limpas em relação àquela morte, é por si só merecedor de crédito – constatou Frei Mateus. – Realmente, esta atitude não faz parte do perfil de Coronel Feliciano e principalmente de Coronel Venâncio. Logo, podemos concluir que falam a verdade.

A perplexidade dos freis emergia justamente da dúvida mais óbvia que a negativa dos coronéis produziu: se não foram eles, quem assassinou Frei Bernardo? Quem o fez? Por quê? Jamais descobririam.

Quando soube da notícia do assassinato de Frei Bernardo, Amália quase teve uma síncope, pois não podia acreditar que sua patroa fosse capaz de um ato tão cruel. Correu imediatamente até o quarto de Elvira e, lívida como uma vela, quis ouvir a verdade da boca da menina, a quem ajudara a criar e guardava no seu coração como uma filha.

– O padre foi assassinado, sinhá – falou gaguejando e fazendo o cacoético sinal da cruz.

– Qual a razão do espanto? Disse a você que ele teve o fim que merecia. Não disse?

– Sim, mas não imaginava que a sinhá tivesse coragem para... – interrompeu a frase no meio.

– Assim como o corpo daquele covarde traidor, melhor que este assunto seja enterrado e esquecido, Amália. Não gostaria de ter esta conversa com você novamente.

Amália concordou. Não reconhecia mais na patroa

374

a menininha que viu crescer lépida pela fazenda. Sua postura cruel e insensível fazia lembrar seu pai, Coronel Venâncio.

Em seu íntimo, Elvira não sentia nenhum pesar pelo assassinato de Bernardo, pois definia culpa como a consciência de um erro cometido e não via a morte de seu algoz – assim o chamava – como um erro, mas tão somente como um ato de justiça.

O único remorso de sua vida, aquele que realmente a fazia sofrer e enclausurar-se na própria dor, era o abandono da filha Margarida na floresta. Para este ato, era incapaz de perdoar o pai e também de conceder-se o autoperdão.

A despeito das incontáveis dificuldades de cuidar de uma criança no meio do nada, privada do básico e tendo que improvisar quase tudo, principalmente no que se referia a alimentação e higiene, Joana via a pequena Margarida – deixou de chamar a menina de Ereíma após a descoberta do seu verdadeiro nome, já que era bastante comum – crescer forte e saudável. Já com alguns meses de vida a criança ultrapassou a fase mais crítica das primeiras semanas de existência.

Para a sorte da curandeira, Margarida era uma criança extremamente silenciosa e chorava somente quando alertada pela fome. Além disso, naqueles primeiros meses, a índia não recebeu nenhuma visita, facilitando a ocultação da nova habitante do seu reduzido mundo particular.

Margarida, que conheceu o abandono logo nos primeiros dias de vida, encontrou em Joana o amor materno que lhe fora renegado pela mãe sanguínea. Mesmo sem consciência do que acontecia ao seu redor, a pequenina, talvez guiada pelo instinto inato de sobrevivência, apegou--se à nova mãe de maneira comovente, a ponto de a simples presença de Joana no ambiente ser o suficiente para acalmá-la, e seu colo tornar-se o estopim para longos e graciosos sorrisos.

Totalmente alheias às questões relativas ao mundo dos Espíritos, as duas personagens protagonizavam, na Terra, o reencontro de duas almas afins e irradiavam toda a energia e todo o amor que aquela conjugação de almas é capaz de produzir, independentemente da idade do corpo físico, pois, circunstancialmente habitando uma roupagem infantil, Margarida era, assim como Joana, um Espírito secular, com muitas passagens pelos palcos da Terra, e ambas estavam ligadas por laços de amor que tempo e local eram incapazes de destruir.

Capítulo 17

Fazendo
CONTATO

– Bom dia, Vânia, vejo que despertou bem-disposta para mais um dia de trabalho. Está gostando da sua função no Departamento da Comunicação da colônia? – perguntou Catarina.

– Totalmente disposta, vovó. Estou muito feliz com a possibilidade de auxiliar os irmãos na comunicação com seus entes queridos que permanecem encarnados, muito embora minha tarefa seja tão somente recebê-los, catalogar os pedidos e encaminhá-los para análise dos responsáveis pelo departamento, quem realmente determina quais Espíritos estão aptos a contatar com os encarnados. São os mentores que definem também a forma de comunicação a ser adotada e o médium receptor.

– Não se diminua. Aqui não há graus de importância entre os trabalhos realizados. Somos todos parte ativa de uma gigantesca engrenagem, onde cada peça é de vital importância para o bom desempenho da complexa máquina. O trabalho proficiente decorre da contribuição de todos.

– Minha estada aqui melhorou muito desde que iniciei este trabalho e fui matriculada em uma das turmas de estudos do Evangelho que o Departamento do Ensino disponibiliza aos recém-chegados. Agora, sinto-me mais produtiva e menos inútil.

– Não diga isso! Inutilidade é um termo muito pesado e, mesmo compreendendo a conotação que você está dando, saiba que ela se aplicaria somente a casos em que a pessoa, mesmo estando apta ao trabalho, prefere manter-se desocupada. A situação é diversa quando o Espírito deseja trabalhar, mas necessita, primeiramente, vencer um período de readaptação e de reeducação para, só então, ser acomodado em alguma função laborativa, como foi o seu caso. De qualquer forma, entendi o contexto da sua afirmativa, que não deixa de ser um pensamento louvável.

– E existem pessoas na Terra que, em velórios, na tentativa de consolar ou simplesmente mostrar compaixão para com o falecido, valem-se do antigo e repisado clichê "finalmente descansou". Mal sabem eles que, por aqui, o que não falta é trabalho, basta a criatura ter disposição para ele – sorriu Vânia.

– Imagine você a chatice que seria ficar aqui na esfera espiritual sem ocupação alguma, num estado de eterna contemplação, em tediosa inutilidade? Deus jamais nos criaria para o ócio. A essência da felicidade do Espírito está diretamente ligada ao trabalho, seja aquele desenvolvido em prol do aperfeiçoamento pessoal ou do labor em bene-

378

fício de nosso próximo. O céu verdadeiro é o céu do trabalho, da evolução pelo aperfeiçoamento.

– Vejo que as pessoas ainda estão muito equivocadas quanto ao real significado de Céu e também de inferno.

– Tudo a seu tempo. Com a evolução do conhecimento humano, gradativamente, a noção tradicional de Céu e de inferno foi se tornando inconsistente e incompleta. A deficiência conceitual abre espaço para inevitáveis questionamentos e destes surge o esclarecimento. Um dia, todos aprenderão que Céu e inferno não são locais fisicamente circunscritos, mas estados de espírito. São suas ações e o seu modo de vida que construirão o Céu e o inferno pessoal. Não tenhamos pressa, pois cada um despertará para as verdades espirituais na hora certa; nem antes, nem depois.

– Falou bonito, dona Catarina – disse Vânia, enquanto abraçava a avó.

– Trocando um pouco de assunto, desde a visita ao antigo lar terreno fiquei muito apreensiva com a situação de meus pais. Continuo sentindo o peso da revolta e de seus clamores a me chamarem, consciente ou inconscientemente, levando-me à conclusão de que persistem as dificuldades de aceitação da minha desencarnação.

– De fato, a situação deles também nos preocupa, pois ainda não conseguiram aceitar a perda. Eu e seu avô, inclusive, já estamos aguardando autorização para uma nova visita e também para que você mande uma mensagem a eles. Nossa ideia é aproveitar a idolatria, todo o culto que fazem da sua imagem, para tentar esclarecê-los e conscientizá-los do equívoco que vêm cometendo e dos malefícios provocados por suas condutas. Uma mensagem vinda de você talvez surta o efeito que desejamos, mas é preciso ter muito cuidado para não interferir no livre-arbítrio de Iracy e Belarmino.

– Da minha parte, farei tudo o que for preciso para auxiliá-los – disse Vânia, resoluta –, mas a senhora acredita que teremos mesmo a autorização necessária?

– Precisamos aguardar a resposta de nossos superiores, mas minha experiência diz que sim, pois o caso reúne todos os requisitos necessários para que seja tomada este tipo de medida. Além disso, nossas tentativas de esclarecimento através dos sonhos, em curso há quase um ano, não têm produzido os resultados desejados.

– Há quase um ano, vovó Catarina? Já passou tanto tempo assim desde que os visitei e acompanhei a formatura da minha turma? Olha eu tendo problemas com a contagem do tempo novamente.

– Sim, minha querida, faz quase um ano que você visitou seu antigo lar terreno.

– Minha nossa! Como foi que não percebi, ou não me dei conta do tempo passar?

– Isso é perfeitamente natural considerando a sua condição de recém-chegada. O tempo como conhecemos enquanto encarnados – dia, mês e ano – não passa de uma convenção, mensurada através de situações transitórias, suas referências. Sabemos que um dia se passou pela ocorrência do amanhecer e do entardecer, alvorada e ocaso.

380

Não há relação entre o mundo material e o mundo espiritual no que se refere à contagem do tempo, pois aqui os parâmetros não são os mesmos. Espíritos podem passar meses, até séculos, fixados em um acontecimento sem perceber que a vida mudou na Terra, porque outros são seus pontos de referência. Para o Espírito imortal, séculos não passam de um minúsculo ponto na eternidade e esta, por sua vez, carece de qualquer unidade de medida.

– Certa vez, li uma passagem de um livro intitulado "O Culto Comum", cujo autor é um norte-americano chamado Henry Von Dyke, que dizia: *"O tempo é muito lento para os que esperam; muito rápido para os que têm medo; muito longo para os que lamentam; muito curto para os que festejam; mas, para os que amam, o tempo é eterno".*

– Perfeito, Vânia, não há melhor forma de definir o tempo e seus parâmetros transitórios. Voltada aos estudos, ao trabalho e, acima de tudo, para o seu melhoramento, sua percepção de tempo tornou-se totalmente diferente daquela em que estava habituada enquanto encarnada e talvez por isso não tenha percebido e tenha ficado tão espantada com o decurso de quase um ano na Terra. Lembre-se de que as convenções materiais de medida de tempo não se aplicam na dimensão dos Espíritos, por isso o tempo passa de maneira bem diferente aqui. Mas não se preocupe, pois não é tão fácil livrar-se de uma hora para outra de todas as convenções e sensações terrenas, acostumando-se à nova realidade.

– Complexo demais para minha cabeça. Tudo que sei é que não vi o tempo passar – brincou Vânia.

– Esqueçamos deste assunto, por enquanto. Por falar em tempo, como você ainda tem de sobra antes de iniciar o trabalho, gostaria de levá-la a um lugar. Que tal?

– Adoraria – respondeu empolgada.

Mesmo estando totalmente habituada à vida na colônia, Vânia ainda não a conhecia totalmente. Extremamente metódica, mantinha uma rotina que pouco variava. Seu dia era preenchido com as atividades laborais no Departamento da Comunicação e dos estudos de aprendizado ao Evangelho. Nos períodos vagos ficava em casa, na companhia dos avós ou de bons livros.

Catarina, sem revelar previamente o destino, caminhou com a neta para um setor localizado na ala norte da colônia Recanto da Paz, caminho oposto ao itinerário que Vânia estava acostumada a percorrer diariamente no cumprimento de seus compromissos pessoais.

A paisagem naquele lado não era muito diferente do cenário do restante da colônia. Percebeu que, também naquela região, as construções seguiam o mesmo padrão arquitetônico das demais áreas da cidade espiritual, mas sempre primando pelo esmero, simplicidade, mas acima de tudo pela funcionalidade.

Depois de cruzarem uma simpática ponte, que se elevava sobre um pequeno riacho, as duas seguiram através de uma ruela ladeada por casas multicoloridas, porém com o mesmo padrão de construção. Todas as residências eram ornamentadas com flores de raríssima beleza, que variavam de acordo com o gosto pessoal do morador.

Vânia tentava absorver cada detalhe, mas havia algo que a intrigava.

– Este lugar não lhe parece familiar? – perguntou a avó, enigmática.

– Agora que a senhora comentou, parece que foi com este vilarejo... as casas, as flores, as cores, a rua... é tudo exatamente igual a meus antigos e recorrentes sonhos.

Percorreram mais algumas centenas de metros, e Vânia interrompeu a caminhada, exclamando eufórica:

– A igreja! Eu vi aquela igreja no meu sonho, vovó. Aliás, devo confessar que minha primeira impressão foi de que a construção, totalmente branca, destoava do colorido do restante da paisagem.

– Você ainda não consegue compreender o que aconteceu naquela noite?

– Eu... sonhei com este lugar?

– Não foi bem isso que aconteceu. Racionalize com calma, levando em consideração todos os conceitos que você já aprendeu desde que retornou ao plano espiritual.

– A senhora está querendo dizer que aquilo não foi um sonho comum, mas que eu, de alguma forma, estive efetivamente neste lugar enquanto dormia?

– Exatamente, minha querida. A sua desencarnação já estava programada, sabíamos que seu tempo como encarnada estava se encerrando. Então, seu avô e eu a trouxemos para este lugar, com duplo propósito: ambientá-la, ainda que inconscientemente, naquele que seria seu futuro lar, já iniciando o processo de readaptação e, em segundo lugar, fazê-la interessar-se pelo estudo das questões relativas ao Espírito, conhecimento que seria, como acabou sendo, de vital importância no inevitável processo de desencarnação, que se aproximava.

Vânia embriagava-se com as palavras da avó e benfeitora. Com seus olhos espirituais marejados de lágrimas, conscientizava-se da magnitude do trabalho daqueles Espíritos, todo ele visando amenizar os efeitos perturbadores da futura desencarnação. Mensurou, por fim, a dívida de gratidão que tinha para com os avós e para com aquela aprazível estância espiritual.

– A eternidade não seria suficiente para agradecer o que você e vovô fizeram e continuam fazendo por mim.

– Agradecimentos são desnecessários. Além do amor que sentimos por você, eu e seu avô também temos nossos débitos para com a lei de causa de efeito e o trabalho que desenvolvemos neste plano é parte do reajuste. Um dia fomos auxiliados por bons Espíritos, agora chegou a nossa vez de retribuir o benefício recebido.

– Lembro-me de que, no sonho, fiquei encantada com um jardim de rara e acolhedora beleza, algo que nunca havia visto na vida. Ele existe?

– Não se esqueça de que a experiência não fora um sonho, muito embora tenha se parecido com um. Você foi transportada para este local, consequentemente o jardim do qual você fala existe e fica logo depois da igreja, podemos ir até lá quando você quiser.

– Gostaria muito de rever aquele maravilhoso lugar, vovó, mas tem uma questão que me intriga: qual a finalidade de uma igreja aqui na Espiritualidade, considerando que o único seguimento religioso existente por aqui é a religião do amor ao próximo, da caridade, do trabalho e do aprimoramento pessoal?

– Há várias razões: primeiramente, estes templos são palcos de belíssimas conferências de estudo, onde Espíritos de esferas elevadas nos brindam com palestras, difundindo seus ensinamentos. Estes lugares também são aproveitados para realização de trabalhos de orações e irradiações destinadas a irmãos estacionados em regiões umbralinas que se recusam a mudar suas atitudes, renegando o resgate que lhes é ofertado constantemente. Há também concertos, eventos culturais de toda espécie.

– Tenho percebido que, cada espaço existente em nossa colônia, é sempre muito bem aproveitado.

– Nada aqui se presta à inutilidade. Mas estes eventos que elenquei não foram o motivo da construção desta igreja. É preciso compreender que nada mágico acontece conosco após o desenlace do corpo físico. Quando aqui aportamos, trazemos conosco nossas virtudes, defeitos, crenças, preconceitos. Há Espíritos que, na Terra, foram devotos sinceros e fervorosos da religião católica, por exemplo. Estes, após a desencarnação, necessitam de suas igrejas para prosseguirem com seu credo, que não desapareceu ou foi esquecido em razão do aniquilamento orgânico.

Construções como estas, então, servem de instrumento de readaptação e manutenção do equilíbrio de muitas criaturas que se mantêm arraigadas as suas filosofias e religiões até que, gradativamente, possam despir-se integralmente dos hábitos terrenos.

Vânia estava realmente impressionada com a explicação prestada pela avó, pois não imaginava que os templos terrenos e o sectarismo religioso eram mantidos na Espiritualidade, constituindo-se em poderoso instrumento de auxílio a Espíritos recém-desencarnados.

Absorta, refletia sobre a gama de novas informações recebidas, quando foi retirada de seus pensamentos pela vista da maravilhosa e acolhedora pracinha que tanto povoou seus pensamentos naqueles dias – hoje longínquos na memória – em que buscava esclarecimentos sobre os intrigantes e recorrentes sonhos, que hoje descobrira não se tratar de experiências oníricas, mas de um evento real.

Imediatamente, veio-lhe à mente a imagem da amiga Cecília que, desde o princípio, acreditou que os sonhos eram experiências espirituais. Cecília estava com a razão.

– É exatamente como eu me lembrava, inclusive este chafariz – apontou para o ornamento central da praça. – Como é lindo este lugar: as flores, as árvores, as cores, não há palavras capazes de descrever de forma eficiente tamanha beleza.

– Vamos nos sentar? – sugeriu Catarina, aproximando-se de um banco localizado bem próximo ao chafariz, que era rodeado por estátuas de seres angelicais, a cereja do bolo daquela formosa e imponente paisagem.

Banhada por suave luminosidade, Vânia sentia uma energia balsamizante atravessando seu corpo, aquele lugar transbordava eflúvios de paz, com poderes manifestamente reconfortantes.

– Vovó, tem uma coisa que ainda não consegui compreender até agora: tendo o meu Espírito sido transportado para este local através do fenômeno de emancipação da alma, como me foi explicado, por que minhas lembranças sobre esta experiência são incompletas, fragmentadas, e até mesmo confusas em certos pontos?

– A explicação é simples: nosso corpo, como você sabe, permanece dormindo enquanto o perispírito se desprende, libertando-se para visitar os lugares da sua predileção, de acordo com interesse, grau evolutivo e padrão vibratório de cada um. Para que este desprendimento se transforme numa lembrança completa é necessário que a experiência seja registrada não somente no cérebro espiritual, mas também no cérebro físico. Quando isso ocorre, as lembranças da viagem do perispírito são nítidas. Entretanto, a grande maioria das ocorrências vividas durante o sono não chegam a passar pelo cérebro físico, permanecendo na esfera do cérebro perispiritual e isso faz com que não nos lembremos de nossas andanças noturnas ou que tenhamos recordações difusas e retalhadas.

– Faz sentido – concordou.

– Além disso, muitas vezes, Espíritos Superiores utilizam-se deste fenômeno para prestar esclarecimentos aos encarnados, como fizemos com seu pai e sua mãe ao tentar alertá-los sobre os prejuízos causados pelo sofrimento excessivo e pelo sentimento de revolta relacionados a sua desencarnação. Em muitas dessas situações, são utilizadas algumas técnicas para causar o embaralhamento proposital das imagens presenciadas pelo Espírito ou para a criação de enredos que mesclam realidade com imagens quiméricas ou desconexas, a fim de que somente a essência da mensagem fique gravada na memória da pessoa.

– Mas por que isso? Se a finalidade é instruir, qual a razão para dificultar as lembranças?

– Porque não podemos interferir no livre-arbítrio dos encarnados. Entretanto, é preciso que compreenda que, apesar das dificuldades de rememoração, o aprendizado não se perde, pois fica gravado no perispírito e emergirá das profundezas do campo mental no momento adequado, cabendo ao encarnado decidir se se autodeterminará ou não por ele. Nossa tarefa é possibilitar a elaboração de novos pensamentos, mas cabe ao destinatário a decisão de usá-los ou não.

– Entendo que não deva ocorrer interferências no livre-arbítrio, mas ainda não consigo compreender os motivos da exclusão da memória física da experiência vivida durante o sono.

– Você acredita que todos os encarnados estejam realmente preparados para ter a lembrança total de suas andanças durante o desprendimento do sono? Imagine o exemplo da mãe que perdeu seu filho ainda criança e, para mitigar seu sofrimento, é levada pela Espiritualidade maior, durante o desprendimento do sono, até o local onde esta criança encontra-se amparada na Espiritualidade. Se, ao acordar, a mãe mantiver a consciência total da excursão ao local onde o filho habita, certamente pautará sua existência na tentativa de encontrar maneiras de retornar ao convívio deste, visitando-o com mais frequência, deixando, com isso, de viver a sua própria vida. Aliás, em casos extremos, uma lembrança desta natureza pode levar a mãe ao suicídio, por acreditar que a antecipação da sua desencarnação a levaria a reencontrar-se com o filho mais rapidamente, situação que seria trágica.

Veja que a informação pode ter consequências gravíssimas para um Espírito incauto, por isso é necessária toda sorte de precauções.

Vânia ouvia com insofreável espanto os esclarecimentos da avó, percebendo a seriedade e o grau de complexidade em que estão envoltos os trabalhos nas esferas espirituais.

À medida que conversavam, avó e neta eram banhadas por ondas de perfumes que partiam dos magníficos exemplares de flores existentes no fabuloso jardim e, prosseguindo com as elucidações do sonho, Vânia indagou à avó:

– No sonho – desculpe continuar tratando o evento como um sonho –, recordo-me da existência de um aviso alertando que os limites de uma sinistra floresta não fossem transpostos. Como não obedeci ao letreiro, acabei incursionando no interior de um estranho lugar. Após a escuridão da mata, registrei uma imagem que jamais esquecerei: trata-se de um vale de sofrimento, habitado por pessoas disformes, esfarrapadas. Seria esse o umbral mencionado pela literatura espírita?

– Minha querida, aquele vale para o qual você se

389

deixou levar no sonho, na verdade, foi fruto de uma construção mental sua, produzida por uma queda no seu padrão vibratório. De fato, a visão que você teve foi realmente de uma região de sofrimento, das chamadas zonas umbralinas existentes em dimensões de transição, bastante densas, situadas entre os planos material e espiritual.

Aqueles Espíritos sofredores que você citou são dignos de nossa comiseração, pois são irmãos nossos que ainda se mantêm presos a resíduos mentais deletérios criados por eles mesmos, lixo este que os intoxica, causando sofrimentos atrozes.

– Por que me deixei levar àquele local?

– Por ora, tudo o que você precisa saber é que há páginas da sua história que ainda permanecem ocultas pelo véu do esquecimento. Quando você tiver consciência plena das informações relativas as suas vidas pregressas, compreenderá por quais forças seu Espírito foi atraído para regiões inferiores durante o período de desdobramento da alma. Felizmente, na oportunidade, eu e seu avô, que a acompanhávamos bem de perto, percebendo a queda do seu padrão vibratório, decidimos retirá-la daquela situação.

– Meus Deus! Recordo-me nitidamente da presença de dois seres que acudiram ao meu pedido de auxílio. Eram vocês, então?

– Não abandone as esperanças! – sorriu Catarina.

– Foi essa frase que um deles, com voz feminina, falou ao meu ouvido. Quando eu poderia imaginar que eram vocês aquelas criaturas iluminadas? Vovó, desculpe-me a insistência, mas sigo não compreendendo como pude ser atraída para um lugar tão tenebroso.

– Mudemos de assunto, minha querida. No devido momento, tudo será esclarecido e nenhuma pergunta ficará órfã de resposta.

Catarina resolveu interromper os questionamentos da neta, pois sabia que ela ainda não estava preparada para a resposta àquelas perguntas, pois se relacionavam diretamente à sua pretérita encarnação.

– Desculpe a curiosidade excessiva, é mais forte que eu.

– Compreendo sua ânsia por esclarecimentos, é perfeitamente natural, mas existem coisas com as quais você ainda não conseguiria lidar sem se desestabilizar, colocando em risco todo o progresso alcançado desde que retornou para esta colônia.

– Não consigo parar de admirar este lugar, vovó Catarina. Tudo é tão vívido e vistoso, mesmo aquelas árvores e flores, cujas espécies são conhecidas na Terra.

– Você não é a única admiradora deste jardim, que realmente é muito belo. Muitos Espíritos visitam este local aprazível durante o repouso noturno, para contemplá-lo ou, então, para parlamentar com outros Espíritos. Esta praça tem se transformado em ponto de encontro entre Espíritos encarnados e desencarnados. Este local serve, inclusive, de inspiração para artistas, principalmente, pintores que o têm retratado em seus trabalhos. Alguns o fazem inconscientemente, sob a forma de inspiração; outros, valendo-se de faculdades mediúnicas.

391

– Já ouvi falar em quadros produzidos mediunicamente. São raros, não?

– A psicopictografia é uma modalidade raríssima de manifestação mediúnica, e poucos são os médiuns que detêm esta capacidade de produzir pinturas e desenhos através da mão de Espíritos desencarnados.

– Aliás, uma destas obras servirá aos nossos propósitos de auxiliar Iracy e Belarmino a compreenderem que você continua viva. Está vendo aquele homem? – Catarina apontou para um senhor que observava, absorto, todo o cenário da praça.

– Sim, o que tem ele?

– Aguarde aqui um instante, por favor.

Vânia não entendeu quando a avó se levantou e caminhou na direção do senhor que observava maravilhado o jardim, e com ele passou a manter breve entendimento. Alguns minutos mais tarde, despediu-se do desconhecido com leve reverência de cabeça, em sinal de agradecimento, gesto que foi retribuído com um aceno.

– A curiosidade está me dando urticárias, se é que posso ter isso aqui – brincou Vânia.

– Pode ter coisa pior, mas acalme-se que já explico, não quero ser responsável por qualquer adereço na sua pele.

Aquele homem com quem conversei não é um Espírito desencarnado, mas, sim, um encarnado visitando a Espiritualidade, em desdobramento.

– Pois poderia jurar que era um morador da nossa colônia – observou Vânia.

– Na verdade, trata-se de um médium com faculdades especiais, que detém, dentre outros atributos, a capacidade de desdobrar-se até nosso plano, gravar detalhadamente, em sua memória espiritual, tudo que observa para depois, em transe mediúnico, remontar no papel as imagens retidas na memória.

– Não compreendo como essa faculdade, ou aquele senhor, possam ser utilizados para auxiliar minha mãe? – sorriu Vânia diante do novo rompante de curiosidade.

Desta vez, saciando os desejos da neta, Catarina revelou todas as minúcias de seu plano, obtendo aplausos da ouvinte.

– Quando será isso, vovó? – perguntou ansiosa.

– Hoje, durante o repouso de Iracy. Na noite passada, eu e seu avô examinamos o assunto cuidadosamente e concluímos que você já reúne condições para participar, equilibradamente, de mais este trabalho em benefício de seus pais.

– Tentarei não decepcioná-los.

A madrugada seguia seu curso quando a caravana formada por Vânia e seus avós encontrou Iracy, já desprendida do veículo material, que repousava tranquilamente.

Os benfeitores encontraram a sofrida senhora caminhando pelos domínios da fazenda. Mantendo elevada a vibração de seus corpos perispirituais, Catarina e Ângelo permaneciam ocultos da filha e, de mãos dadas, auxiliavam Vânia a vibrar na mesma faixa e também manter-se invisível aos olhos espirituais da mãe.

Permaneceram observando Iracy até que Ângelo aconselhou a neta:

– Agora é com você, minha querida. Procure manter a calma e a serenidade e lembre-se de que nossa missão é auxiliar Iracy a aceitar a sua desencarnação e qualquer desequilíbrio da sua parte pode prejudicar ainda mais este processo, pois ela não suportaria vê-la manifestando qualquer espécie de problema ou sofrimento. Acreditamos que você seja a pessoa mais indicada a realizar esta tarefa, dado o apego idólatra que sua mãe nutre por você. Como das outras vezes, manter-nos-emos a postos, vibrando positivamente e em prece constante para intervir ao menor sinal de problema. Confiamos em você.

Dizendo isso, os avós soltaram a mão da neta. Como não tinha a experiência de seus benfeitores, Vânia ainda não conseguia manter-se demoradamente, por si só, em faixa vibracional que a ocultasse da vista do Espírito da mãe. Sem o auxílio dos avós, a moça tornou-se visível.

– Mãe... – chamou ternamente.

Iracy observava, pensativa, a grandeza do firmamento, quando ouviu aquela voz, cujo timbre seu coração materno reconheceria em qualquer lugar; a mesma voz que um dia, através de um choro agudo e renitente, anunciou sua chegada ao mundo; a voz que havia se calado naquela trágica noite. Virou-se rapidamente e as lágrimas imediatamente brotaram-lhe no rosto, no exato instante em que seus olhos espirituais fitaram a filha querida ali, parada a sua frente, com os braços estendidos à espera de um abraço.

Naquele momento sublime, as palavras se fizeram inúteis, e mãe e filha perderam-se nos braços uma da outra, cingindo-se num saudoso abraço.

A emoção espalhou-se pelo ambiente, marejando os olhos de Catarina e Ângelo, que a tudo observavam sem serem percebidos. Vânia também estava profundamente emocionada com o reencontro, mais intenso do que o ocorrido na visita anterior, quando não pôde interagir com a mãe, mas apenas observá-la.

– Quanta saudade! Perdi a conta das vezes que clamei a Deus pela oportunidade de reencontrar você, ainda que fosse uma última vez, para poder confidenciar tudo aquilo que sua partida prematura me impediu de fazer.

– Estou aqui justamente para, mais do que dizer, mostrar que estou viva, que a morte aniquila somente o corpo, o físico, mas o Espírito, a consciência e a individualidade sobrevivem.

– A separação física imposta pela morte machuca, cria no peito um vazio silente e doloroso. A vida tem sido muito difícil depois da sua partida.

– Também sinto muito a falta de todos, principalmente de você, papai e Cecília, mas é preciso prosseguir com a nossa jornada, conservando a fé em Deus e na Sua lei.

Quero que a senhora saiba que vovô Ângelo e vovó

Catarina têm me auxiliado desde que cheguei ao mundo espiritual.

– Papai e mamãe estão com você? Como eles estão?

– Estão muito bem, vovó e vovô são dois seres iluminados, cuja bondade é canalizada para o auxílio a Espíritos recém-desencarnados, como aconteceu comigo. Hoje, como disse, resido com eles em uma colônia espiritual.

– Por que não estão com você? Gostaria muito de revê-los – perguntou Iracy.

– Talvez, em uma outra oportunidade, eles possam se fazer presentes, pois nossa missão hoje é outra e preciso muito de sua ajuda – asseverou com brandura.

– Diga, minha filha, farei tudo o que estiver ao meu alcance para ajudá-la.

– Preciso que a senhora e papai dediquem-se a cuidarem um do outro e fiquem descansados em relação ao meu estado, pois, como a senhora está vendo, estou muito bem, e, sempre que for possível, poderemos nos encontrar durante o repouso do corpo físico.

O desespero e a revolta são prejudiciais para vocês e também para mim. As maiores dificuldades que tenho enfrentado após a morte do meu corpo físico estão diretamente relacionadas à carga de energias nocivas que recebo quando a senhora e papai clamam pela minha presença ou desesperam-se e blasfemam contra Deus, em razão da minha desencarnação. Vocês não imaginam quão angustiante é para mim sentir o sofrimento de vocês e nada poder fazer para auxiliar.

– Não sabia que estávamos causando mal a você através de nosso comportamento. Prometo esforçar-me, pois não quero prejudicá-la – falou a mãe, ligeiramente envergonhada.

– Tenho um presente, ou melhor, uma dica de presente para a senhora procurar.

– Presente? Diga, minha filha.

– Na verdade, é algo para a senhora recordar da minha nova vida sempre que o desânimo tomar conta de seus pensamentos – explicou Vânia.

Os Centros Espíritas, Cecília sabe, participam de uma feira onde são comercializados livros, artesanatos e todo tipo de produtos confeccionados pelas entidades assistenciais da região. Gostaria que a senhora fosse até esta feira e procurasse por um pintor de quadros. Com ele, haverá uma tela em que uma pracinha arborizada e florida é retratada. Há outros detalhes que a auxiliarão no encontro da pintura: além das plantas, a senhora verá, na paisagem, um chafariz rodeado por estátuas de anjos e, ao fundo, sobre a copa das árvores, uma pequena igreja, pintada de branco.

– Parece interessante, mas o que tem esse quadro de especial?

– A paisagem, imortalizada através dessa obra, na verdade, é meu cenário preferido na colônia espiritual em que vivo atualmente. Próximo ao chafariz, há um banco de praça que é onde eu e vovó nos sentamos para conversar sobre os novos desafios que a vida no mundo dos Espíritos nos oferece.

– É maravilhoso. Gostaria muito de ter essa lembrança do lugar em que você vive.

– Então, faça o que lhe pedi: procure por este homem e pela pintura.

Mãe e filha conversaram por mais algum tempo. Amanhecia quando o corpo espiritual de Iracy retornou ao corpo físico, que dormia serenamente. Vânia acompanhou-a até o momento em que o perispírito acoplou-se totalmente à matéria, produzindo um ligeiro e involuntário espasmo corporal.

A moça permaneceu velando, distraidamente, o sono da mãe, quando os avós surgiram atrás de si. E vendo-os, disse:

– Espero que a tenhamos ajudado.

– Ao acordar, ela se lembrará de um belo sonho, cujo personagem principal era você. Na sua memória, ficará retida a inspiração para ir até a feira para procurar o pintor e o quadro. O restante serão lembranças esparsas e esmaecidas, misturando o real com o quimérico, mas o aprendizado ficará retido no subconsciente e emergirá no momento oportuno.

Não demorou muito tempo para que Iracy despertasse, ainda sob o impacto do sonho envolvendo a filha. Sentou-se na cama e retirou do criado-mudo um caderno e uma caneta, então, começou a anotar rapidamente todos os detalhes da experiência onírica. Registrou integralmente, sob os olhares dos três Espíritos, a parte do sonho em que a filha orientou-a a buscar um quadro em uma espécie de exposição ou feira, cujo cenário retrataria o local onde

Vânia atualmente reside na Espiritualidade. Aprendera aquela técnica de anotar os sonhos, assim que acordava, com a própria filha.

Aquilo era muito estranho para a sofrida mãe. A existência de uma cidade espiritual com jardins e construções ia na contramão de tudo o que acreditou durante a vida inteira, muito embora torcesse para que a experiência vivenciada durante o sono tivesse sido real, pois teria certeza de que, em algum lugar, Vânia estaria viva e que poderia se comunicar com ela.

Desde o falecimento da filha, Iracy recusou-se a aceitar as sugestões de familiares para buscar conforto no Espiritismo, principalmente em razão dos esclarecimentos prestados pela doutrina acerca da sobrevivência do Espírito e da possibilidade de intercâmbio entre os planos material e espiritual. Desta feita, entretanto, não havia como ignorar a experiência de que participou, pois a imagem de Vânia estava muito vívida na sua mente. Não bastasse isso, seu instinto maternal dizia que a filha vivia em algum lugar. Mesmo assim, colocaria tudo à prova, procurando a tal exposição e o quadro mencionado pela filha durante o sonho.

Feliz com a nova determinação da mãe, Vânia osculou-a nas mãos e foi, neste instante, que a genitora sentiu um perfume familiar, um aroma inconfundível, que julgara nunca mais poder sentir. Tratava-se de uma fragrância doce que só a percepção aguçada de uma mãe poderia distinguir: Vânia!

– Filha? – perguntou esperançosa. – Não houve resposta. Trêmula, repetiu o chamado: – Vânia? – A voz saiu quase inaudível, abafada pelo nervosismo – e mais uma vez sua pergunta perdeu-se no vácuo do silêncio.

Sob os olhares consternados da filha e dos pais, Iracy tentou uma terceira chamada, que mais uma vez mostrou-se infrutífera.

Com pena da mãe, Vânia bem que gostaria de ter respondido aos apelos de alguma forma, mas sabia que alimentar este tipo de experiência não traria benefício algum para aquele confrangido coração.

Vânia acariciou novamente a mãe, que sentiu instantaneamente um frêmito pelo corpo, como se uma corrente de ar estivesse roçando-lhe o rosto, depois os cabelos. A sensação era de que uma mão invisível tocava-lhe a face. Com lágrimas nos olhos, Iracy entregou-se àquele momento ímpar.

Antes de deixar a casa, Vânia dirigiu-se até o quarto do pai, encontrando-o desperto, assistindo TV. Temerosa de que Belarmino tivesse a mesma percepção da mãe, preferiu ficar olhando-o da entrada do cômodo. Depois de alguns instantes contemplando o pai, notou a presença de uma cadeira de rodas junto à cama, dando conta de que o mesmo perdera a capacidade de andar, consequência que o médico havia alertado a todos, no dia do diagnóstico da doença fatal.

Vânia caminhava lentamente na direção da rua, onde se juntaria aos avós, quando seus passos foram interrompidos pela presença de uma criança de pijama, segurando um ursinho de pelúcia, parada no centro da sala. Precisou de alguns segundos para reconhecer sua sobrinha Malú –

diminutivo de Maria Luíza –, filha de seu irmão mais velho, Matias, que, em visita à casa dos avós, havia deixado a cama para aninhar-se com a avó, algo que sempre fazia quando pernoitava na fazenda.

Vânia quase não reconheceu a sobrinha, devido às mudanças fisionômicas, mas principalmente de estatura. A última vez que vira a menina foi quando esta tinha cinco anos – hoje já devia ter completado o sétimo aniversário. – Nestes dois anos, Malú praticamente dobrara de tamanho; os cabelos compridos fizeram desaparecer aquele semblante de bebê.

– Se Matias estivesse por aqui, eu poderia matar a saudade de meu irmão também – pensou Vânia. – Uma pena! Quem sabe em outra oportunidade.

Ajoelhou-se em frente à menina e ficou a observar seu rosto angelical, enquanto a sobrinha permanecia em silêncio, olhando fixamente para a frente.

Ângelo e Catarina, que se encontravam do lado de fora da casa, sempre alertas, retornaram ao seu interior, postando-se discretamente no canto da sala, enquanto aguardavam o desfecho da cena.

Ainda sem dizer nada, a filha de dona Iracy levantou-se e mandou um beijo para a sobrinha, fazendo o tradicional gesto de beijar a mão espalmada e depois assoprá-la na direção da menina.

Malú, também sem nada falar, acompanhou os movimentos da tia com os olhos e, com o dulçor da ingenuidade infantil, retribuiu o beijo gestual.

Diante do gesto inesperado da sobrinha, Vânia,

espantada, olhou para os avós que, segurando o riso, pediram à moça para sair, com um leve movimento de cabeça e de olhos.

– Malú consegue me ver e me ouvir? – perguntou, desconsertada, já no lado de fora da casa. – Vocês estão rindo? Sabiam que ela estava me vendo e não disseram nada?

– Você não nos perguntou, querida – gargalhou a avó.

– Quanto à sua primeira pergunta, a resposta é: nem sempre – respondeu pausadamente o avô, dando tempo para a neta processar esta primeira informação. – As crianças têm sua sensibilidade mediúnica mais aflorada que os adultos. Isso ocorre porque o processo de reencarnação, iniciado com a concepção, completa--se entre sete e oito anos de idade, aproximadamente, variando para cada Espírito. Neste período, é como se o infante mantivesse os pés nos dois mundos, ficando, desta forma, mais suscetível às experiências de ordem mediúnica.

Hoje, as circunstâncias, que não convém esmiuçar neste momento, convergiram favoravelmente para que a pequena Malú percebesse a sua presença. Foi só isso o que aconteceu.

– Somente isso não, Ângelo, não há como negar que a cara de espanto de Vânia quando Malu lhe devolveu o beijo foi impagável e já valeu nossa excursão à Terra. Pode soar estranho o que vou dizer agora, mas até parecia que você estava vendo um fantasma.

– Muito engraçado, dona Catarina, muito engraçado.

– E pensar que o fantasma era você – completou Ângelo, arrancando gargalhadas de Catarina.

Conformada por ter virado a piada da noite, Vânia abeirou-se dos avós e, juntos, retornaram para Recanto da Paz, embalados pela doce satisfação da tarefa cumprida.

***

Malú permaneceu estática, acompanhando a tia deixar a casa, e, assim que se viu sozinha no ambiente, saiu em disparada para o quarto da avó, encontrando-a sentada na beirada da cama, refletindo sobre o sonho que tivera com a filha.

– Desta vez, você não chegou a tempo para dormir com a vovó – disse Iracy, abraçando a neta.

– Vovó, eu vi a "Tia Danda" lá na sala – essa era a maneira com que Malú se referia à Vânia, a única na família a tratá-la pelo carinhoso apelido.

– O que você disse, Malú? – perguntou a avó, alterando sensivelmente a fisionomia.

– A "Tia Danda" passou por mim antes de eu vir aqui para o seu quarto.

– Conte esta história com calma, minha querida.

– Eu estava vindo para o seu quarto deitar um pouquinho com você quando encontrei a "Tia Danda" ali na sala. Ela estava saindo do quarto do vovô e, quando me viu, parou bem na minha frente, ficou me olhando por um tempo. Depois, ela se levantou, mandou um beijo e foi embora. Ela está mais bonita que nesta foto – observou a menina, apontando para o porta-retratos sobre o criado--mudo.

– Ela disse alguma coisa para você, Malú? – perguntou a avó, aturdida.

– Não, vovó, ela não disse nada. Ela só olhou para mim, mandou um beijo e depois saiu pela porta da frente.

– Havia mais alguém com a titia, Malú?

– Não vi mais ninguém.

A sofrida senhora estava simplesmente estupefata com a história que Malú estava contando. Era coincidência demais a menina afirmar ter visto o Espírito de Vânia justamente na noite em que sonhara com a filha, que, além de dizer que estava viva, pediu para que ela procurasse uma pintura que retrataria o local onde vive. Não bastasse isso, pouco tempo antes do momento em que Malu afirmou ter visto Vânia, ela própria sentiu o perfume da filha no quarto.

Iracy puxou a neta para perto de si, beijou-a na testa e abraçou-a demoradamente, disfarçando assim o esforço que fazia para segurar as lágrimas, até mesmo para não preocupar a menina.

Paciente, mas quase não cabendo em si de emoção, Iracy ficou conversando com Malú por alguns minutos, convencendo-a a deitar-se na cama. Não demorou muito para que a pequena médium fosse derrotada pela necessidade de complemento do sono.

A avó, então, cobriu-a com o lençol e ajustou o travesseiro, deixando-a o mais confortável possível, e seguiu rapidamente para o quarto do marido, para quem fez um relato pormenorizado da realística experiência sonial da noite anterior e da surpreendente história contada por Malú.

Belarmino ouvia a tudo boquiaberto, pois o que a esposa estava relatando continha muitas evidências de que a filha continuava viva em algum lugar e que esteve ali, visitando seu antigo lar, ainda que a revelação ferisse mortalmente as teorias nas quais acreditou durante a vida inteira – a impossibilidade de intercâmbio com os chamados "mortos" –, da qual não era fácil livrar-se de súbito, afinal, não há nada mais sedutor do que uma mentira ou uma meia verdade cristalizada na mente de uma criatura: ela escraviza o pensamento e transforma a verdade real em algo difícil de se acreditar.

Depois de muito conversar, especular, tentar encontrar explicações, que chamavam de "sensatas", o casal de idosos concordou em um ponto: a junção de todos os fatos recentes ocorridos na casa produzia um conjunto de evidências incontestes de que a morte não insere um ponto final e definitivo na individualidade do homem.

O próximo passo era procurar a pintura sugerida em sonho por Vânia que, caso encontrada nos moldes aconselhados, não deixaria qualquer margem para dúvida de que a filha estaria viva, residindo com os avós em uma cidade espiritual.

O principal de tudo era que Vânia não havia se esquecido da família.

Apesar das dúvidas, fruto de crenças tradicionais, passadas de geração a geração, cristalizadas em suas mentes, no íntimo, o casal desejava encontrar a prova definitiva, o elemento consolador que demonstrasse, de forma cabal, que a filha sobrevivera à morte e que a vida continua para os que partiram do plano material.

Foi através de Cecília que Iracy tomou conhecimento do dia e local da realização de uma feira organizada por entidades filantrópicas de toda a região, incluindo as casas espíritas. Este foi o primeiro sinal de que a orientação recebida no sonho estava correta, afinal, a feira existia e Iracy não tinha conhecimento dela, fato que inviabilizaria a tese de que o sonho fora obra do subconsciente.

Segundo Cecília informara, o objetivo do evento era angariar fundos para as obras assistenciais mantidas pelas organizações participantes.

Cecília prontamente ofereceu-se para acompanhar Iracy até o local, gentileza que esta não recusou.

No sábado, dia do evento, alguns minutos haviam decorrido desde que o Sol surgira com toda a sua imponência, tingindo o céu com tons suaves, dissipando o orvalho da madrugada e anunciando o início de uma manhã de céu azul, quando Cecília chegou à fazenda São João da Prosperidade, encontrando Iracy já preparada para sair, com a disposição de quem rumaria na direção do seu destino, renovada pela esperança de encontrar – ou comprovar – a verdade já acalentada no imo do seu ser.

O início do percurso até o centro da cidade vizinha,

local onde a feira aconteceria, desenrolou-se de forma tranquila e animada, com uma Iracy falante e sorridente, para espanto de Cecília, acostumada com o estado taciturno da mãe de Vânia.

Em dado momento, porém, a senhora mudou as feições, baixou a cabeça e calou-se repentinamente. Inicialmente, Cecília não viu razões aparentes para a sensível mudança de comportamento de Iracy, mas esta impressão durou somente até o próximo quilômetro do trajeto, foi quando a moça tomou consciência de que se aproximavam do ponto da rodovia onde Vânia sofrera o acidente fatal.

– Imagino o quanto deve ser difícil para a senhora transitar por este ponto da rodovia – falou Cecília em tom consternado.

– Alguns dias após o sepultamento de Vânia, estive no local do acidente, acompanhada de Matias e Belarmino, pois precisava ver com os meus próprios olhos o local onde ocorreu o acidente que ceifou a vida de minha filha. Depois daquele dia, nunca mais passei por este caminho – confidenciou Iracy, para surpresa de Cecília.

– Mas como a senhora tem feito quando necessita deslocar-se até lá?

– Em razão da doença de Belarmino, cada vez mais dependente de mim, pouco tenho saído de casa, mas, quando o deslocamento é inevitável, tenho optado por um caminho mais longo, para fugir desta rodovia.

– É um caminho bem mais longo, dona Iracy.

– Mais longo, porém menos doloroso, minha filha.

Cecília calou-se, compreendendo o quão angustioso deveria ser para Iracy transitar pelo local onde aconteceu o acidente que mudara a vida de todas as pessoas de sua família. "O sofrimento desta mulher deve ser sobre-humano" – pensou.

– Desculpe-me, dona Iracy, poderia ter evitado este caminho para poupá-la deste dissabor.

– Você não teria como saber, não se preocupe com isso. Imagino que para você seja difícil também, afinal, vocês duas eram grandes amigas e, além disso, foi você quem esteve aqui naquele trágico dia, imediatamente após o acidente, presenciando toda aquela cena bárbara, que fico mal só de imaginar.

– Tento não pensar no assunto quando preciso transitar por este trecho, mas é inevitável. As cenas que vi naquela noite ficarão gravadas na minha memória para sempre. Também sinto muita a falta dela. Nossa ligação era muito forte. Vânia era como uma irmã para mim.

Percebendo a emoção de Cecília, a quem Vânia, por diversas vezes, havia comentado que também considerava como uma irmã, Iracy afagou os cabelos da moça e consolou-a:

– Quem sabe hoje não teremos a prova de que o sonho que tive foi real, e que Vânia encontra-se viva?

– Disso eu não duvido, pois minha crença baseia-se justamente neste ponto. Entretanto, a convicção de que a vida não termina com a morte orgânica, não diminui a emoção do recebimento de notícias – ainda que durante o sono – de alguém que se encontra no plano espiritual, principalmente se esse alguém é Vânia. Estou muito ansiosa para ver se conseguiremos encontrar a pintura que a senhora mencionou.

– Não mais do que eu, minha filha, que nunca acreditei na vida após a morte, pelo menos não da forma com que Vânia descrevia quando narrava o conteúdo dos livros que lia. Parece que estava preparando-me para o que estava por vir.

– Nada acontece por acaso. Coincidências não existem! – afirmou Cecília com convicção.

Por alguns minutos, o mutismo imperou no interior do automóvel, até que Cecília quebrou-o com um assunto que há muito tentava falar com Iracy e também com Belarmino, mas nunca encontrou a abertura necessária para fazê-lo.

– Qual o sentimento de vocês, refiro-me à senhora e a seu Belarmino, em relação aos rapazes envolvidos no acidente?

– Nossa formação cristã nos orienta a perdoar todos aqueles que nos causaram mal, esvaziando o coração de qualquer mágoa de nossos ofensores, mas ainda não conseguimos colocar em prática estes preceitos em nossas vidas. Não consigo – nem tento, confesso – conceder o perdão àqueles jovens, a quem considero criminosos.

Tomei conhecimento de que ambos ficaram com sequelas em razão do impacto: um deles, o motorista, paraplégico; o outro teve uma das pernas amputadas. Mesmo assim, talvez por egoísmo, reconheço, comparo a situação das famílias e revolta-me pensar que as suas os têm próximos sempre que quiserem, enquanto nós fomos privados, por eles, da companhia de nossa filha.

Ainda que tenhamos provas inequívocas de que Vânia vive em outro plano, e reconheço que isso será um grande alento para nossas almas condoídas – continuou Iracy –, Belarmino e eu continuaremos privados – nesta vida, como vocês espíritas dizem – da presença física de nossa menina e ainda não disponho de virtudes suficientes para aceitar e perdoá-los por isso.

Na verdade, o sentimento que nutro em relação aos jovens ainda é de revolta. Tenho consciência de que nosso pensamento não se coaduna com os ensinamentos do Cristo, que nos orientou a perdoar setenta vezes sete e a dar a outra face, mas não posso ser hipócrita e negar meus verdadeiros sentimentos.

Cecília sabia que os trabalhos na feira iniciavam logo cedo, sempre no último sábado de cada mês. Ela e Vânia já haviam participado algumas vezes daquele serviço voluntário. Vendiam livros e bordados, cuja renda era integralmente revertida na compra de cestas básicas e roupas destinadas a famílias carentes auxiliadas pela casa espírita da qual participavam, mas estava curiosa com o resultado da busca de Iracy, impulsionada pelo sonho com Vânia, afinal, nunca vira nesta feira nenhum expositor de quadros, que, para ela, era uma completa novidade, mas preferiu omitir este fato de Iracy justamente para não minar sua empolgação.

Iracy não conseguiu esconder a ansiedade quando avistou o primeiro estande da feira, no qual uma associação que auxiliava a recuperação de viciados em drogas e álcool expunha e colocava à venda belíssimos exemplares de orquídeas de cores, formas e tamanhos variados.

Percebendo a situação, Cecília enlaçou carinhosamente a nervosa mãe, passando o braço direito sobre seus ombros. As duas mulheres caminharam lentamente por entre os estandes, parando muitas vezes para que Cecília cumprimentasse um amigo aqui, outro acolá.

Iracy deteve-se por instantes em frente a uma pequena barraca onde o lar de idosos da cidade vendia peças de tricô e crochê produzidas pelos seus membros.

Alguns metros adiante, notaram uma concentração de pessoas fora dos padrões em volta de algo que não conseguiram distinguir. Aguçadas pela curiosidade, Iracy e Cecília aproximaram-se e infiltraram-se por entre os poucos espaços vazios e perceberam tratar-se de uma campanha de adoção de filhotes de cães e gatos organizada por uma ONG de proteção aos animais.

– Muito bonito o trabalho realizado por esta ONG que retira e recupera animais de rua e depois os coloca para adoção – comentou Cecília.

– De fato, uma atividade muito importante – concordou Iracy enquanto acariciava, por sobre um pequeno cercadinho de tela, um filhote de raça não definida, popularmente chamado de vira-lata, que balançava o rabo freneticamente ante os carinhos da bondosa senhora.

– Acho que ele gostou da senhora.

– Talvez um desses fosse ideal para me fazer companhia, já que Belarmino pouco sai daquele quarto – falou, baixando a cabeça.

– E por que não? Seria um ótimo companheiro, e se tem uma coisa que não falta na sua casa é espaço para um cachorro fazer suas estripulias e diverti-los.

Nos minutos seguintes, as duas mulheres travaram uma saudável batalha de argumentos: de um lado, Cecília tentando a todo custo convencer a mãe de Vânia a levar o animalzinho; do outro, uma Iracy temerária e reticente, mas que, no íntimo, aprovava a ideia de adotar o cachorrinho. Pelo tempo que durou a contenda sobre a adoção do animal, Cecília pôde presenciar o ressurgimento da antiga Iracy, aquela que conhecera antes da perda da filha: sorridente, disposta e bem-humorada. Até mesmo suas feições modificaram-se e, por breves instantes, chegou até a se esquecer do motivo que a levara até a feira.

Quando retomaram o foco, reiniciando a procura pelo artista indicado por Vânia, Iracy e Cecília já haviam incorporado, à equipe de busca, a pequena Peteca, como foi batizada a cadelinha vira-lata, a mais nova moradora da fazenda São João da Prosperidade.

O trio percorreu quase toda a extensão do calçadão da cidade, local onde estava sendo realizada a feira. Quase no final, começaram a surgir as primeiras barraquinhas com temática espírita: algumas vendiam livros, outras, artesanatos e havia também um pequeno brechó. Caminharam mais um pouco e foi então que as duas avistaram um senhor sentado sobre uma banqueta, com diversas pinturas espalhadas no chão, dispostas sobre um pano branco.

Havia ali todo o tipo de telas, desde aquarelas até peças produzidas com giz de cera. Em uma análise superficial, perceberam que não havia uma temática padrão nos trabalhos daquele artista: paisagens misturavam-se com retratos, e estes, por sua vez, com desenhos abstratos.

Iracy e Cecília não precisaram de muito tempo para encontrar aquilo que vieram procurar. No canto inferior direito, acomodado sobre o pano, lá estava, emoldurada singelamente, a pintura de uma praça ricamente ornamentada com flores multicoloridas, onde corredores de pedras serpenteavam por todas as direções. No centro, um chafariz que fazia jorrar água pela boca de figuras angelicais, formando uma dúzia de parábolas que se cruzavam no centro, onde os raios do sol produziam um pequeno arco-íris. Sobre o chafariz, destacava-se o campanário de uma singela igreja, totalmente pintada de branco, não faltando o banco de praça, descrito por Vânia.

Iracy entregou a cadelinha Peteca para Cecília, pediu licença ao artista e, segurando o quadro, abraçou-o, entregando-se ao choro, que misturava a dor da perda e o alívio pela comprovação inequívoca da continuidade da vida.

Discreto, o homem silenciou, deixando que aquela senhora extravasasse todo o sentimento contido e fizesse a sua catarse.

– Desculpe-me pelo choro – falou Iracy, retirando um lenço da bolsa e tentando recompor-se.

– Não diga isso, senhora. Esperava por sua visita – disse o pintor, serenamente.

– Esperava-me? Como assim?

Desde criança, demonstrei gosto pela pintura, e levava jeito até, modéstia à parte. Entretanto, na minha adolescência, comecei a desenvolver a faculdade de transportar-me até o plano espiritual e gravar minhas visões, seja de lugares visitados ou de pessoas que lá encontrava, em pinturas e desenhos, como as que as senhoras veem aqui.

– Então, todos estes desenhos são de lugares e pessoas que você visitou ou encontrou no mundo dos Espíritos? – perguntou Cecília, impressionada.

– Exatamente, moça, tudo o que desenho são lugares e pessoas reais, mas que apenas vivem em outro plano, em uma das muitas moradas que Deus nos oferta – respondeu gentilmente o pintor.

– Muitas vezes trabalhei nesta feira, e nunca vi o senhor por aqui antes.

– Não costumo fixar residência. O objetivo maior de minha vida é tentar trazer um pouco de consolação às pessoas, através das imagens do mundo espiritual que reproduzo. Não raras vezes, através das faculdades mediúnicas que possuo, os Espíritos amigos solicitam que eu leve um material específico a determinado local, como este quadro que a senhora tem nas mãos – apontou para Iracy –, que é o motivo de eu estar pela primeira vez neste local.

Assim levo a minha vida, de cidade em cidade, vivendo da caridade dos irmãos e daquilo que as pessoas estejam dispostas a contribuir, pois não cobro pelas obras que pinto, principalmente por aquelas que têm destino certo. Materialmente, graças a Deus, recebo o suficiente para manter meu modo de vida franciscano, porém, as lágrimas de uma mãe com o coração despedaçado pelo sofrimento que recebe o consolo e a certeza de que seu filho continua vivo é minha maior remuneração. Esta paga constante tornou-me um homem muito rico, praticamente um milionário espiritual. Isso é tudo o que importa e me basta.

Todos, incluindo a cadelinha Peteca, que demonstrava sua alegria abanando o rabinho, muito bem acomodada no colo de Cecília, ouviam atentamente as palavras daquele homem simples, que irradiava uma energia contagiante.

– Minha filha, que faleceu há aproximadamente dois anos, apareceu-me em sonho e pediu para que eu procurasse, nesta feira, uma pintura com esta paisagem, exatamente igual a que vejo neste quadro. Inicialmente não acreditei, reconheço, mas outros acontecimentos, não menos incríveis, ao menos para meus olhos incrédulos, fizeram-me vir até aqui para, digamos, tirar a prova. Por isso não consegui segurar a emoção quando vi o quadro que minha menina disse que encontraria. Foi demais para mim.

O homem sorriu de satisfação diante da história narrada por aquela mãe, agradecendo mentalmente aos Espíritos por terem permitido que se tornasse instrumento de consolo para mais uma família esfacelada pela perda de um filho.

– O que o senhor poderia nos contar sobre este quadro? – perguntou Cecília, despertando também a curiosidade de Iracy.

– A história deste quadro é muito semelhante à de todos os outros que vocês estão vendo. Uma bela manhã, há poucos dias, estava repousando, quando meu Espírito transportou-se para este lugar. Lembro-me de ter caminhado por aquela praça e ficar inebriado com a beleza da paisagem, até que uma senhora muito gentil apresentou-se, dizendo chamar-se Catarina...

– Minha mãe! – interrompeu Iracy, emocionada.

– Essa senhora, Catarina – prosseguiu calmamente o pintor –, estava acompanhada de uma jovem...

– Espere! – interrompeu novamente.

Iracy abriu a bolsa e tirou uma foto de Vânia que trazia consigo, mostrando-a ao artista.

– Esta é a moça que acompanhava a senhora que falou com você?

– Desculpe-me, senhora, gostaria muito de poder afirmar que se trata da mesma pessoa da foto, mas seria leviandade da minha parte fazê-lo, pois minhas lembranças mediúnicas mais vívidas restringem-se ao local e à senhora que conversou comigo, ainda que tenha a percepção de que esta última estava acompanhada de uma jovem que permaneceu a distância, sentada no banco da pracinha.

– Prossiga, por favor – solicitou Cecília, angustiada.

– A senhora aproximou-se e pediu para que eu registrasse a paisagem, o que fiz tão logo despertei. Quando a obra estava pronta, a mesma mulher visitou-me e pediu que o quadro fosse trazido para este local, pois era aguardado por alguém e, diante da solicitação daquele Espírito de escol, aqui estou. Essa é a história deste quadro.

Mais calma, Iracy explicou que seus pais já haviam desencarnado há muito tempo, e que sua filha havia relatado que vivia com ambos em uma cidade espiritual, e que esta praça era seu local preferido.

– Quando reunirem todas as peças deste quebra-cabeça, peças estas que só vocês possuem, mais ninguém, perceberão todo o trabalho da Espiritualidade para, por razões que não me dizem respeito, promover o encontro da senhora com a imagem retratada na pintura.

– Senhor... qual seu nome, desculpe? – perguntou Iracy.

– Paulo!

– Senhor Paulo, gostaria muito de ficar com este quadro.

– Ele já nasceu seu, minha senhora.

– Agradeço-lhe imensamente pela gentileza, mas por quanto o senhor o venderia?

– Como lhes disse anteriormente, não posso cobrar por esta obra, pois fui apenas o instrumento para sua materialização. Receba-a como um presente da Espiritualidade e de sua filha.

– Entendo suas razões, senhor Paulo, mas é inegável

que houve custos até chegar ao produto final que tenho nas mãos, e gostaria de reembolsá-lo. Além disso, o pagamento financeiro é a única maneira que disponho de contribuir para que o senhor continue realizando este maravilhoso trabalho de trazer consolo a quem já perdeu as esperanças. É o mínimo que posso fazer.

Depois de muita insistência, Iracy convenceu o artista a aceitar uma doação, que ele qualificou como excessiva, mas que a mãe de Vânia entendeu como insignificante diante da magnitude do significado que a obra teria para sua família. Aquele quadro era a comprovação de que sua Vânia estava viva.

As duas mulheres despediram-se do pintor e iniciaram o caminho de volta com os corações asserenados.

– Quando eu poderia imaginar que seria justamente na feira em que Vânia e eu trabalhamos tantas vezes como voluntárias que encontraria a prova material, para mim irrefutável, da vida após a morte – filosofou Cecília.

– Pois eu não tenho mais dúvidas de que Vânia continua viva, neste lugar – apontou para o quadro, tocando o dedo indicador sobre a igreja.

Quando chegou em casa, Iracy mostrou o quadro para Belarmino e relatou toda a história que o pintor havia contado. O patriarca da família Davoglio não conseguiu conter a emoção e chorou abraçado à esposa. Definitivamente, aquele quadro mudou a vida daquelas duas pobres almas, agora consoladas pela certeza da continuidade da vida após a morte do corpo.

Sequiosos por apreender e compreender tudo sobre

esta nova realidade, Iracy e Belarmino, incentivados por Cecília, passaram a estudar a Doutrina Espírita. A primeira, inclusive, começou a frequentar as reuniões públicas no Centro Espírita e só não tinha a companhia regular do marido devido as suas limitações físicas. Belarmino, entretanto, tornou-se leitor assíduo e compulsivo da literatura espírita.

A psicosfera da fazenda São João da Prosperidade e o estado de espírito de seus moradores mudou consideravelmente, cujos efeitos refletiram-se também no mundo espiritual.

Depois que cessaram as emanações provenientes do desespero e da revolta de seus pais, Vânia sentiu-se mais leve. A sensação era de que havia sido libertada de pesadas correntes, que a impediam de caminhar livremente. Assim foi que a moça pôde prosseguir sua caminhada mais tranquilamente.

Vânia encontrou espaço, entre os estudos e o trabalho no departamento de comunicação, para realizar visitas regulares aos pais e à amiga Cecília, cujo sentimento de gratidão era incomensurável.

**

O tempo movimentou suas engrenagens e um ano transcorreu, apressado, desde o encontro de Iracy e Cecília com o pintor de quadros mediúnicos, o dia que se tornara um divisor de águas em suas vidas.

A pintura passou a ocupar amplo lugar de destaque

na sala de estar da família, desde a sua chegada, transformando-se num instrumento de consolação quando a saudade de Vânia apertava. Além disso, a obra mostrava a todos as novas convicções religiosas de seus moradores.

Peteca, o outro ser que teve a vida para sempre modificada depois daquela iluminada manhã, crescia feliz em seu novo lar, convertendo-se em companheira inseparável de Iracy, seguindo-a por todos os cantos da casa.

Não obstante todas as mudanças salutares ocorridas na família, nem tudo foram flores naquele ano. O estado de saúde de Belarmino decaíra de forma galopante. A tetraplegia, que chegara lentamente, obrigava-o a ficar na cama em tempo integral. Sua capacidade pulmonar se reduziu a níveis críticos e os médicos cogitavam a possibilidade da realização de uma traqueostomia, cujo efeito colateral principal seria a perda definitiva da voz.

Os mesmos especialistas médicos alertaram, em conversa franca com Iracy e os filhos, que, para Belarmino, o tempo esgotava-se e precisavam preparar-se para o inevitável.

– Doravante, a família deverá canalizar seus esforços para proporcionar maior conforto ao paciente, principalmente nos momentos de lucidez completa, que se tornarão cada vez mais escassos – alertou o médico.

O zelo e a dedicação dispensados por Iracy ao marido comoveria qualquer pessoa. A mulher desdobrava-se para atender a todas as suas necessidades, rechaçando as ofertas dos filhos para contratação de uma enfermeira, sob o argumento de que cuidar do esposo era a maneira de, juntos, compartilharem os últimos momentos da sua atual existência. Após a desencarnação do marido teria tempo e solidão suficientes na sua própria vida para pensar em si.

***

Em Recanto da Paz, Vânia conversava com os avós a respeito do agravamento da situação do pai.

– O retorno de Belarmino à pátria espiritual está próximo; seus órgãos físicos aproximam-se do exaurimento – explicou Ângelo –, e esses meses de sofrimento físico serão extremamente úteis a ele, pois o silêncio imposto pela doença tem convidado Belarmino à introspecção, debelando a vaidade e o orgulho, já fragilizados por conta da completa dependência de Iracy. Seu pai, Vânia, é devedor da Lei Divina, com pesados débitos a serem resgatados, e, muito em breve, você será apresentada às reminiscências da reencarnação passada. Só então compreenderá a complexa cadeia de acontecimentos que ditou o rumo de nossa família – explicou Ângelo.

Por ora, saiba apenas que não houve sofrimento sem causa pregressa; a lei de causa e efeito mostrou-se justa, porém, implacável. Os seres humanos precisam compreender que a Lei Divina não privilegia uns, em detrimento de outros. Ninguém é vítima sem ter sido vilão em algum momento da longa jornada do Espírito imortal – complementou.

– Espero que minha mãe tenha forças para suportar essa nova separação que se avizinha.

421

– Essa é a nossa expectativa. Faz parte do planejamento reencarnatório de Iracy enfrentar a perda de pessoas que lhe são caras e a solidão decorrente destes afastamentos.

– Compreendo que estes fatos ocorridos na vida de mamãe sejam decorrentes da mão justa da lei de causa e efeito, o que não diminui em nada minhas preocupações com seu bem-estar – concordou Vânia, resignada.

– Iracy está mais preparada desta vez, ao menos é com isso que contamos – finalizou o avô.

Naquele mesmo dia, quando se apresentou para o trabalho no departamento de comunicação, Vânia foi surpreendida com uma proposta inesperada formulada por Tiago, seu orientador:

– Vânia, minha irmã, após todo esse tempo trabalhando neste departamento, presenciando centenas de mensagens serem escritas e enviadas aos amigos que permanecem estagiando na carne, indago se você não têm interesse em ditar uma carta para sua família?

– E eu poderia?

– Desde que esteja preparada para este mister, já que, no quesito merecimento, você foi aprovada há algum tempo – sorriu o orientador.

Vânia ficou constrangida com a observação. Apesar de desejar muito escrever uma missiva à família, seria muita pretensão de sua parte fazer uma autoavaliação, rotulando-se capacitada para a escrita.

Percebendo o desconforto da moça, Tiago tranquilizou-a:

– Obviamente que, se o departamento concedeu autorização para escrever a carta, é porque já a julga preparada para a tarefa. Minha pergunta não passou de mera retórica. Tudo que você precisa dizer, na verdade, é se deseja ou não escrever a mensagem.

– Ficaria imensamente grata pela oportunidade de trazer mais esse alento àqueles que amo, principalmente diante da prova que terão de suportar muito em breve.

– Esse certamente foi um dos fatores levados em consideração quando da análise da sua situação. Acreditamos que uma comunicação sua, neste momento, será o adubo de que a semente do entendimento, plantada há cerca de um ano nos corações de sua família, necessita para fazer brotar e fixar raízes, auxiliando-os no enfrentamento da desencarnação de seu pai, que está próxima.

– Hoje mesmo, vou iniciar a carta.

– Tão logo a tenha escrito, leve-a ao setor responsável pela análise do conteúdo. Bem, você já conhece o procedimento.

– Claro, Tiago. Muitas vezes, na ânsia de nos comunicarmos com nossos familiares, colocamos informações desnecessárias ou que eventualmente possam agravar seu estado em vez de consolar. É salutar que o texto passe pelo crivo de nossos mentores.

– Exatamente! Então, mãos à obra, menina.

***

Iracy estava no quarto alimentando o marido quando o telefone anunciou a chamada de um número bem conhecido do casal. Quando a matriarca atendeu, ouviu a voz de Marta, a filha que não via há quase cinco anos, desde que passou a residir na capital goiana. Marta não teve condições de comparecer ao velório e sepultamento da irmã devido a incompatibilidades com o horário dos voos.

Depois de perguntar pelo estado de saúde do pai e também da própria mãe, Marta revelou o verdadeiro objetivo da ligação:

– Mãe, a senhora está sentada? Pois, se não estiver, trate de sentar imediatamente, porque tenho uma notícia que vai deixá-la boquiaberta e extremamente feliz – sorriu ao telefone.

– Pois, então, pare de aguçar minha curiosidade e comece logo a contar essa novidade.

– A senhora sabe que frequento a casa espírita desde que morava por aí, hábito que mantive quando nos mudamos para Goiânia.

– Sim, minha filha, prossiga – falou a mãe, impaciente com a introdução feita pela filha.

– No Centro Espírita do qual faço parte, há um médium psicógrafo, e, nesta noite, durante a sessão, recebi uma carta assinada por Vânia. Posso garantir que o teor da mensagem me impressionou.

A notícia levou Iracy às lágrimas, desta feita de felicidade por mais este contato da filha, lágrimas que foram compartilhadas por Marta, à medida que o conteúdo da carta era revelado para a mãe. Por fim, a filha distante arrematou dizendo que a assinatura contida na carta que tinha em mãos assemelhava-se com a escrita de Vânia.

Misturando felicidade e ansiedade, Iracy pediu à filha que providenciasse o envio da carta, pois queria ter aquele documento em mãos o quanto antes, recebendo a promessa de Marta de que a carta seria encaminhada já no dia seguinte.

Três dias mais tarde, Iracy, após abrir com todo o cuidado o envelope plástico que acondicionou a carta na longa viagem de Goiânia a Vila Sossego, emocionada, lia para o marido Belarmino, que ouvia, com os olhos rasos d'água, a leitura da extensa mensagem psicografada de Vânia:

"Mãe, pai, irmãos, amigos.

Vejam vocês como são as coisas: num instante estamos vivos, fazendo mil planos; no outro, estamos "mortos", mas prosseguimos com o mesmo planejamento do futuro. A roda da vida não para e nos impulsiona para a frente, sempre. Somos todos viajores rumando na mesma direção, na eterna e incessante busca por valores evolutivos. Ora navegamos por águas tranquilas, ora enfrentamos a força dos ventos e das correntes, mas sempre em busca do nosso porto seguro.

Não vou me deter nas minúcias relacionadas ao meu acidente, pois não há utilidade nessa informação. Eu mesma tenho procurado apagar da minha mente as cenas daquele dia, pois também não me são úteis para o processo de evolução. Tudo o que posso dizer é que nada senti e quando dei por mim estava no plano espiritual, viva!

Quis a providência Divina que eu não chegasse ao final da viagem naquela noite, por isso, pais amados, pacifiquem seus corações, pois já estava determinado que eu regressaria jovem à pátria espiritual; que minha passagem pela Terra seria curta. Era necessário, acreditem. A morte é o caminho pelo qual Deus se utiliza para nos apresentar a vida eterna.

Perdoem os meninos que estavam no outro veículo, libertem seus corações dessa mágoa, principalmente quanto ao condutor do carro, pois tudo aconteceu da maneira como tinha de acontecer. Nada nesta vida é deixado ao encargo do acaso. Deus não improvisa. Nunca!

Fiquei feliz por terem encontrado a pintura. O jardim nela estampado fica bem próximo à casa de vovô Ângelo e vovó Catarina, com quem resido aqui na colônia Recanto da Paz, este é o nome do lugar.

Mãe, pai, peço-lhes que não guardem qualquer espécie de sentimento negativo relacionado à minha partida. Seus pensamentos e o choro de revolta são prejudiciais a vocês e a nós que estamos neste plano. Sei que a saudade dilacera o peito, mas todos nós precisamos seguir adiante em nossa caminhada rumo a Deus e Seu reino.

Diariamente dedico minhas orações a todos vocês e peço que o façam por mim, pelo vovô e pela vovó. Vocês não fazem ideia dos benefícios e do poder da prece sincera, construída com o coração.

A saudade, família querida, também machuca do lado de cá, mas a certeza de que vocês estão seguindo em frente, resignados com os desígnios Divinos, é a força e o incentivo de que preciso para prosseguir trabalhando e aguardando o dia em que nos reencontraremos todos.

É imperioso que nos desapeguemos da possessividade dos títulos e designações terrenas, pois, antes de filhos, pais, irmãos, amigos, somos todos companheiros de jornada evolutiva. Foi isso que Cristo quis demonstrar quando, atado ao madeiro da cruz, entregou seu discípulo a sua mãe, aconselhando: "mulher, eis o teu filho". Da mesma forma, entregou sua mãe ao discípulo amado, exortando: "eis a tua mãe". Essas duas pequenas sentenças configuram-se importante lição de desapego. Com suas palavras, o Mestre não fez apologia ao esquecimento dos entes queridos, simplesmente ensinou aos que ficaram que a vida prosseguiria. Aprendi esta lição com meus estudos. Sim! Continuo estudando. É maravilhoso.

Cecília, minha eterna amiga, como agradecer pelo carinho dispensado a minha mãe? Rogo a Deus que a abençoe e que permaneça na senda do bem. Saudade das conversas e das brincadeiras; por falar nelas, não esqueci do nosso acordo e, como eu desencarnei primeiro, aqui estou para contar, conforme prometido: a colônia espiritual não é como imaginávamos, é infinitamente mais organizada e bela.

Diga a Malú que ela está linda, mas que tomei um susto quando percebi que ela estava me vendo. Vovô e vovó riram muito da minha reação. Disseram que parecia que eu tinha visto um fantasma.

Vocês todos moram no meu coração. Seus sorrisos são o meu sorriso; sua felicidade, a minha felicidade. Deixo aqui minha lembrança, pois é isso que desejo ser para todos vocês: uma doce lembrança. Não chorem mais pela minha partida, pois, na realidade, eu nunca fui, e, quando nos reencontrarmos, vocês perceberão isso.

Não duvidem por um só instante da bondade e da justiça Divina. Lembrem-se: tudo está certo! Amem-se cada vez mais. Vânia".

O relógio do quarto assinalava dezessete horas e trinta e cinco minutos quando Iracy terminou de ler a carta, cuja assinatura, de fato, era idêntica àquela aposta nos documentos pessoais de Vânia.

Marido e mulher entreolharam-se e nada disseram. No silêncio da tarde que findava, entregaram-se a silenciosas reflexões.

Capítulo 18

DO TEMPO

Margarida caminhava com desenvoltura por entre árvores e arbustos da densa floresta, procurando alguns itens solicitados pela mãe, que necessitava reaparelhar a pequena despensa de plantas medicinais. Dezenove anos correram, açodados, desde o dia em que, recém-nascida, fora abandonada por sua mãe sob a sombra de uma araucária.

A criança, contrariando a lógica, sobreviveu e transformou-se numa linda jovem. Herdou os olhos verdes do pai, que contrastavam com os longos cabelos negros recebidos do material genético da mãe. De Joana, aquela que a salvou na floresta e a criou, recebeu como herança o exemplo de uma vida voltada para o bem e para a caridade, além do respeito e a devoção pela natureza, principalmente pelos animais e plantas da floresta, onde fizera sua morada.

Desde a infância, acostumou-se com a vida simples e

difícil da mata, retirando da natureza o básico para a subsistência, complementada com os minguados valores ou produtos recebidos pela mãe como pagamento pelas visitas, infusões e garrafadas que os moradores das fazendas circunvizinhas solicitavam, muito embora, na maioria das vezes, Joana se recusasse a receber pagamento pelo trabalho, sob o argumento de que tudo era extraído da natureza.

Apesar da vida difícil, Margarida frequentou a escola mantida pela igreja para as famílias carentes, tendo os padres como professores. Foi na escola dos padres que se alfabetizou e leu seu primeiro livro, um conto infantil chamado: "O Barquinho de Papel". Desde então, Margarida desenvolveu o gosto irrefreável pela leitura.

A modesta biblioteca da igreja municiava suas horas de leitura com boa literatura. A jovem adorava refugiar-se sobre os galhos das frondosas árvores da floresta para entregar-se de corpo e alma ao mundo encantado dos livros, que conduzia seus pensamentos por viagens a plagas distantes.

As dificuldades tiveram também seu lado profícuo, pois forjaram, de forma indelével em sua alma, uma incontável gama de valores morais. Assim como Joana, Margarida aprendeu a levar uma vida simples, totalmente desapegada de valores materiais e sempre disposta a doar-se em benefício daqueles que necessitassem de ajuda. Ofertava-lhes, na falta de bens materiais, o conhecimento das propriedades terapêuticas da vegetação existente na floresta.

Quando Margarida completou sete anos de idade, Joana, por entender que a filha já reunia condições para compreender sua situação, decidiu contar a verdade sobre como a encontrara na floresta. A curandeira sabia que a diferença na coloração da pele despertaria dúvidas na menina, mais cedo ou mais tarde. Joana, porém, temerosa com a segurança da filha, omitiu o fato de que conhecia a identidade de sua verdadeira mãe.

Na vila de Taquaruçu – principalmente em razão das exigências surgidas quando da sua matrícula na escola da Igreja –, a menina sempre fora apresentada como filha legítima de Joana, cujo pai havia abandonado a solitária moradora da floresta, história que não despertou qualquer desconfiança nos habitantes do vilarejo que, desde a chegada de trabalhadores temporários para a construção da ferrovia, acostumaram-se com histórias similares àquela contada por Joana

Margarida, por sua vez, sempre que indagada a respeito de sua origem, confirmava a versão engendrada pela mãe, que a orientou a proceder desta maneira em nome da sua segurança.

Margarida reagiu tranquilamente à revelação de sua origem. Uma única vez, muitos anos depois, foi que perguntou, em tom melancólico, os motivos que levariam um ser humano a abandonar uma criança no meio da floresta.

– Nem os animais abandonam seus filhotes a sua própria sorte para morrer ao léu – suspirou, encerrando o assunto.

Depois deste dia, Margarida nunca mais expressou ou demonstrou qualquer sentimento em relação à rejeição de sua mãe sanguínea, por quem era totalmente indiferente. De resto, sua origem e a história por trás do abandono no meio do nada não lhe interessavam, e isso não era um subterfúgio utilizado para esconder alguma dor ou frustração decorrente da rejeição, muito pelo contrário, o desinteresse expressava, de forma exata e sincera, seu pensamento a respeito da questão. Para Margarida, sua mãe e sua família confundiam-se na figura de uma única pessoa: Joana, a curandeira de sangue indígena que a salvou da morte certa na floresta.

Findava o dia outonal – mais curto naquela época do ano –, e o vento gelado do fim da tarde anunciava que o inverno já se punha a caminho, quando Margarida retornou da floresta, trazendo, na cesta de vime que carregava, as ervas que a mãe a incumbira de encontrar. Na cesta, também trouxe algumas frutas que encontrara no caminho.

Joana recebeu a filha na porta do casebre de madeira que as duas mulheres, sozinhas, a custa de muitas horas de trabalho árduo, conseguiram melhorar, devido à precariedade da estrutura que existia quando a menina fora encontrada.

Com quarenta e cinco anos completos, apesar da vida dura da floresta, Joana mantinha a aparência jovial de sua tez avermelhada, apenas com alguns fios prateados destacando-se por entre a longa cabeleira negra, algo raro em pessoas com descendência indígena.

A curandeira abraçou a filha do coração e, após verificar o conteúdo da cesta, agradeceu, não deixando de parabenizá-la por ter encontrado todas as ervas de que precisava para preparar a encomenda formulada pelo proprietário de uma fazenda nas cercanias.

Com a temperatura em queda, mãe e filha sentaram-se em torno de um improvisado forno de barro e serviram-se de uma generosa porção de pinhões assados na brasa, enquanto Margarida contava como foram suas peripécias na mata durante a tarde.

Elvira Pereira passara os últimos anos encarcerada por entre as cercas e divisórias da fazenda Monte Alegre. Há dezenove anos, o exílio foi imposto pelo seu pai, que determinou que os empregados a vigiassem. Entretanto, quando o Coronel Venâncio baixou a guarda, a segregação nos limites da estância perpetuou-se por sua própria vontade, habituada ao silêncio e à solidão.

Nos primeiros meses, após ter levado a efeito seus intentos de vingança contra Frei Bernardo, aquele que a abandonara, renegando também a filha que trazia no ventre, Elvira regozijou-se, satisfeita pela eficácia do plano macabro jamais descoberto, não obstante os esforços investigativos dos mandatários da região, incluindo seu pai.

Não demorou muito, porém, para que a embriaguez doentia promovida pelo sentimento de desforra cedesse lugar à ressaca moral, trazendo ainda mais remorso e culpa a um coração impregnado destes nocivos elementos.

Os anos tornaram-na uma pessoa amarga e solitária, cuja voz raramente era ouvida pela casa, principalmente depois que a morte levou a mãe, numa epidemia de gripe espanhola, e, três anos mais tarde, também carregou em seus braços impiedosos, vítima de tuberculose, a ama Amália, única conhecedora de seus segredos mais ocultos.

Elvira assumiu na fazenda as tarefas que eram desempenhadas pela mãe, mas as realizava com desprazer, mecanicamente, sem demonstração de qualquer sentimento.

Sempre que podia, procurava fazer as refeições isolada das demais pessoas, em horários alternativos, para evitar o contato com o pai. Entretanto, quando as circunstâncias a obrigavam a compartilhar a mesa com outras pessoas, o fazia de forma calada, mergulhada num obsessivo mutismo.

Nas raríssimas vezes em que o Coronel Venâncio a interpelava, Elvira baixava a cabeça ou, quando possível, respondia com alguma expressão facial ou movimento de mãos. Nas primeiras vezes em que isso aconteceu, o pai até chegou a ameaçá-la, por qualificar sua atitude como insolente, mas percebeu que castigo algum seria eficaz para impingir alguma espécie de sofrimento ou punição à filha, desistindo, então, de qualquer tentativa de arrancar uma frase da boca de Elvira. O silêncio da filha realmente o irritava.

Elvira desenvolveu verdadeira ojeriza pela figura paterna – ficava semanas sem vê-lo, pois fazia de tudo para evitar a sua presença –, a quem nunca perdoou a crueldade. Por meses, planejou dar ao coronel o mesmo fim que impusera a Frei Bernardo, mas sua vingança, neste caso, conservou-se no campo das cogitações, principalmente depois da morte prematura da mãe, um duro golpe para o inexpugnável e empedernido coração do Coronel Venâncio Pereira.

Em determinada oportunidade, encontrou o pai sentado sozinho à mesa, triste, alimentando-se sem vontade. Impiedosamente, externando todo o amargor de seu coração, parou em frente à combalida figura paterna e destilou seu ódio:

– Apreciando a dor da perda? Não se preocupe, com o tempo o senhor se acostuma com a solidão. Rezo a Deus para que o mantenha vivo e solitário por muitos anos.

Sem disposição, Coronel Venâncio até tentou redarguir, mas a filha já havia desaparecido pelos corredores da casa.

Décadas mais tarde, caminhando lentamente com o auxílio de uma bengala, Coronel Venâncio lembraria, olhando para os cômodos vazios da imensa casa, das longínquas palavras premonitórias da filha Elvira, que, vítima de uma doença desconhecida, juntara-se à mãe na mansão dos mortos.

Além do remorso a lhe corroer a alma lentamente nos períodos de vigília, Elvira também não encontrava a paz de espírito durante o repouso noturnal, constantemente interrompido por sonhos atrozes, algumas vezes envolvendo a figura da pequena Margarida, que quase sempre apresentava-se com feições disformes, acusando-a de assassina; noutras, era seu ex-amor, Frei Bernardo, quem surgia cobrando-lhe justiça.

Traumatizada pelas figuras macabras que assombravam suas noites, Elvira, supersticiosa e facilmente impressionável com histórias envolvendo o sobrenatural, desenvolveu verdadeiro terror por lugares escuros, assustando-se ao menor ruído, caraterísticas simplesmente terríveis para uma pessoa que levava uma vida de absoluta solidão. O medo tornou-se uma presença constante em sua vida.

Elvira Pereira há muito deixara de ser a moça fascinante, de beleza rústica, aura calma e serena, que atraía a atenção dos moços casadouros. A jovialidade e a beleza de outrora cedera lugar a um rosto macilento, com olhos fundos e olheiras negras a contrastar com a palidez cadavérica da pele. Vaidade foi uma palavra banida para sempre da sua vida, cujo significado não mais fazia sentido, considerando seu atual estado de espírito.

Os anos de tormentos pela culpa e a amargura da solidão excruciante – a morte de Amália ceifou sua única companhia e confidente –, produziram abalo irrefreável em seu equilíbrio físico e psicológico, prejudicando-lhe sobremaneira o sistema imunológico. Como consequência, seu organismo respondia precariamente ao surgimento de qualquer doença, até mesmo aquelas mais corriqueiras, como um reles resfriado, tão comum nas regiões de altitude devido às constantes oscilações climáticas, transformava-se num mal difícil de debelar, prostrando-a na cama por dias.

Nas quase duas décadas que separavam os dias atuais da manhã em que deu ordens para que a filha fosse até a floresta desfazer-se da neta, Coronel Venâncio Pereira não demonstrou nenhum arrependimento, remorso ou sentimento similar a respeito do episódio. O homem prosseguiu normalmente com sua vida nos anos que se seguiram.

Junto com o compadre e companheiro político, Coronel Feliciano, tentou descobrir o responsável pela morte de Frei Bernardo, mas todos seus esforços mostraram-se inúteis e nenhuma pista do assassino foi encontrada. Inicialmente, os coronéis mostravam-se curiosos e ansiosos para conhecer a identidade do audacioso que ousou matar alguém sem a sua aquiescência, mas, depois de alguns meses, o assunto caiu no vazio do esquecimento. O fato é que nenhum dos coronéis fazia questão de esconder que o responsável pela morte do frade prestara-lhes um enorme favor.

– Foi um crime perfeito – diziam todos.

Coronel Venâncio, orgulhoso e rancoroso, cumpriu a promessa que fizera de renegar a filha, apesar de a mesma viver sob o mesmo teto. Jamais tentou a reaproximação, rechaçando de forma grosseira as tentativas de reconciliação formuladas pela falecida esposa, que levou para o silêncio do túmulo várias mágoas, dentre elas a de viver os últimos anos no seio de uma família despedaçada.

– Não tenho filha! Como posso reconciliar-me com alguém que não existe? – respondia à esposa com ironia.

A gravidez de Elvira foi um divisor de águas na vida de toda a família Pereira, que, a partir do episódio, entrou em declínio até esfacelar-se por completo e transformar-se num grupo de estranhos que tinham em comum o fato de habitarem a mesma casa, isso mesmo antes da morte de Dona Ana, que partiu sem perdoar o marido pelo postura tomada em relação à neta e carregando a dor de nunca mais ter notícias da pequena Margarida, a quem julgava morta.

A viuvez e a idade a lhe pesar às costas, às quais se somava uma poderosa artrite, que lhe causava fortíssimas dores, principalmente nos dias mais frios, tão comuns nos campos de cima da serra, afastaram o Coronel Venâncio Pereira da fiscalização rotineira da lida da fazenda. As limitações físicas que o impossibilitavam de executar tarefas, que outrora eram consideradas simples e rotineiras, deixavam-no furioso.

Assim como ocorrera com as relações familiares da família Pereira, também a fazenda Monte Alegre entrou em processo de estagnação, deixando, num passado distante, os momentos de júbilo e supremacia alcançados nos dias de glória. Mesmo mantendo a produção de outrora, Venâncio acompanhou o crescimento das propriedades vizinhas, cujos estancieiros começaram a suplantá-lo em prestígio e poder, um duro golpe em sua imensa vaidade e no seu incomensurável ego.

Na política local, muita coisa havia mudado. Coronel Venâncio, havia uma década, deixara de ser aquela figura intocável, com impunidade garantida e que por isso tinha poder de vida e de morte sobre os moradores da região. Tudo começou quando seu compadre, Coronel Feliciano, deixou de ser influente junto ao Intendente, que fora, suplantado nas eleições por um outro Coronel, integrante da ala rival, quebrando assim uma sequência de treze anos consecutivos do poderoso coronel e seus partidários no comando da cidade.

Após o grande revés, que foi a perda do comando da intendência de Curitibanos, o seguimento político do ex-mandatário decidiu lançar a candidatura do Coronel Feliciano para a Câmara dos Deputados, mas este foi assassinado em dezembro de 1917, com dois tiros, quando se deslocava com o filho, Major Euclides Ferreira, até a fazenda Monte Alegre, do amigo Venâncio Pereira, em uma bucólica missão: buscar uma vaca de leite.

Participante ativo da Guerra do Contestado, de tantas batalhas sangrentas no currículo; político de acirradas disputas pelo poder, considerado pelos caboclos como ser humano de "corpo fechado", o Coronel Feliciano – que viveu para perpetrar seu nome, pois temia desaparecer num dos alçapões da história –, ironicamente, perdeu a vida de maneira inusitada, no cumprimento de simples lide de fazendeiro, fim que até mesmo os historiadores do futuro prefeririam omitir nos livros oficiais, deixando que as inusitadas circunstâncias de sua morte escorregassem por entre os dedos da história.

O assassinato do Coronel Feliciano ocorreu bem próximo do local onde Frei Bernardo Quintavalle fora encontrado morto, também a tiros. O local, por ter servido de palco de duas mortes, passou a ser conhecido pelos moradores da região como "Capão da Mortandade", título que se perpetuaria pelas gerações futuras.

A morte do Coronel Feliciano não provocou nenhuma comoção na população de Arraial de Bom Jesus do Taquaruçu e de toda Curitibanos. Apontado como um dos vilões e maiores responsáveis pelas atrocidades ocorridas na Guerra do Contestado, aliado ao modo cruel com que lidava com os assuntos do comércio, a morte do coronel chegou a ser comemorada – de forma silenciosa, é verdade – pelo populacho. O próprio jagunço, autor dos disparos que vitimou uma das mais poderosas figuras da região contaria, anos mais tarde, que fora procurado pelo

Coronel Henrique Paes de Almeida Filho para uma "encomenda", mas recusara o serviço, a princípio. Tudo mudou, entretanto, quando tomou conhecimento da identidade da vítima. Neste momento, Conrado não só aceitou a empreitada proposta pelo desafeto do Coronel Feliciano, como se ofereceu para executar o serviço gratuitamente.

– Quando eu soube que o encomendado seria aquele homem infame, respondi ao Coronel Henrique: – Faço de graça e com todo o prazer! – revelou Conrado Glober.

Como de costume naquela região sem lei, não houve punições para os criminosos, pois, apesar de o mandante e autor serem conhecidos, não havia provas contra ambos. Por ironia do destino, o crime perpetrado contra o Coronel Feliciano teve o mesmo resultado das muitas mortes cuja autoria eram atribuídas ao falecido: a impunidade.

Tudo continuava como antes: os detentores do poder acumulavam também as funções de legisladores, juízes e executores, para o azar de seus adversários, principalmente os opositores políticos.

A morte do amigo, aliado e compadre, Coronel Feliciano Ferreira de Albuquerque, selou definitivamente a participação do Coronel Venâncio no cenário político da região e do Estado. Desde então, passou a dedicar-se exclusivamente à administração da fazenda Monte Alegre, uma das inúmeras terras de que era proprietário, grande parte amealhada posteriormente à chegada da empresa americana, responsável pela construção da ferrovia de São Paulo a Rio Grande do Sul, um dos estopins da guerra ocorrida na região e que gerou expulsão, por parte dos coronéis, dos caboclos posseiros, gerando, posteriormente, episódios de especulação agrária jamais vistos em todo o sul do Brasil.

Os distúrbios gerados pela construção da ferrovia foram muito bem aproveitados pelo coronelato que ditava as leis naquelas terras ditantes dos campos de altitude de Santa Catarina e Paraná.

A rotina ditava o ritmo de vida na imponente fazenda Monte Alegre, assim como na casa humilde erguida no meio da mata fechada. Duas realidades contrastantes: riqueza e tristeza de um lado; pobreza e alegria do outro. Dois mundos que o futuro colocaria em rota de colisão muito em breve.

No cimo da serra do sul do Brasil, o inverno, sorrateiro, camuflado nas madrugadas de maio, trouxe seu frio um mês antes de o outono findar-se. Uma destas noites em que o inverno havia furado a fila das estações do ano, antecipando suas baixas temperaturas e que a brancura da geada e a beleza vítrea dos sincelos intrometia-se no negrume da madrugada, encontrou Elvira Pereira contorcendo-se devido a intensas cólicas abdominais, que lhe provocavam agudas dores em toda região abaixo do tórax.

Os empregados da fazenda, aturdidos, corriam de um lado para o outro com chás e compressas que não surtiam o efeito desejado de amenizar o sofrimento da patroa, que gritava desesperada.

Um dos peões, despachado para buscar o médico da vila, Doutor Santa Cruz, retornara informando que o clínico viajara até a cidade de Lages sem previsão de retorno.

Coronel Venâncio também não se encontrava, havia

três dias que deixara a fazenda rumo à capital paranaense para tratar da venda de gado, o que na prática não faria muita diferença em relação à sorte de Elvira, pois a insensibilidade do coronel era tamanha que, sua eventual presença, certamente não seria traduzida em auxílio à renegada filha, mas ao menos o forçaria a tomar decisões na medida em que os empregados eram obrigados a reportarem-se ao senhor das terras sempre que necessitavam de algo.

Sem médico disponível, a cozinheira Isabel sugeriu que alguém fosse até a igreja pedir ajuda aos padres, principalmente para Frei Lucas, responsável pelos atendimentos aos doentes da comunidade, opção que foi rechaçada veementemente pela doente, que encontrou forças em meio à dor lancinante para dizer que preferia a morte a ser tratada por alguém da igreja, que adjetivou de maldita.

Os empregados entreolharam-se, percebendo que o tempo não havia arrefecido o ódio que a patroa nutria pelos freis da igreja local, mesmo depois da morte daquele a quem acusou de ser o pai da sua filha, cujo nascimento foi do conhecimento de todos, mas o destino era ignorado, já que nunca mais fora vista na fazenda.

Corria entre os empregados o boato de que a menina havia sido morta pela própria mãe, a mando do avô. A filha de Elvira era um assunto proibido na estância, certeza de severa punição para quem fosse flagrado comentando a respeito do tema.

Depois de algumas horas de tentativas sem resultado, os empregados da casa viram-se impotentes diante do estado da filha do coronel, cuja dor agora era acompanhada de vômito.

Amanhecia quando José, antigo trabalhador de Monte Alegre, responsável pelos estábulos da propriedade, sugeriu e se propôs a buscar Joana, a índia curandeira – como era conhecida na região – que residia na floresta e era famosa pelo domínio do conhecimento das propriedades terapêuticas das plantas.

Dada a ausência de opções, o desespero provocado pela situação da patroa e a ausência do Coronel Venâncio para dar qualquer ordem em sentido contrário, os prestativos empregados resolveram buscar a curandeira. Sem perda de tempo, José pôs-se a caminho da floresta em busca de Joana.

O dia amanhecia carrancudo, nuvens escuras cobriam o céu quando José chegou ao destino, mas não encontrou Joana em casa, Margarida lhe explicou que a mãe saíra antes do amanhecer para entregar algumas encomendas nas fazendas vizinhas. Percebendo a expressão de urgência no rosto daquele senhor, Margarida perguntou o motivo de sua vinda. Após o relato do empregado, a moça ofereceu-se para ir até a fazenda, tentar auxiliar a doente, explicando a José que, há anos, vinha aprendendo com a mãe as variedades de plantas curativas da região e as técnicas de preparo de cada uma delas a fim de obter o máximo de eficácia de suas propriedades terapêuticas.

Lembrando-se do estado da patroa e da ausência do médico em Taquaruçu, ao menos nos próximos dias, José percebeu que a jovem era sua melhor opção, para não dizer a única.

Resoluto, o empregado decidiu seguir seus instintos e levar a moça até a fazenda. Explicou as queixas de

Elvira à filha da curandeira, que rapidamente reuniu algumas ervas e frascos, colocando-os em uma pequena bolsa de couro.

Antes de partir, Margarida deixou um recado para a mãe, escrevendo com um pedaço de carvão sobre uma pequena tábua de madeira, na qual informou seu destino. Depois disso, montou na garupa do cavalo conduzido pelo empregado e seguiu com o homem até a Fazenda Monte Alegre, sem desconfiar de que estava partindo para tentar ajudar sua mãe de sangue, a mesma que um dia lhe negara o carinho materno, abandonando-a para a morte no meio da floresta.

Quando chegou à fazenda Monte Alegre, Margarida foi levada imediatamente até o quarto de Elvira, encontrando-a gemendo de dor. Assim que pôs os olhos na mulher, sentiu uma estranha sensação, um misto de ternura e repulsa. Na fração de segundo que levara para fazer o percurso da porta do quarto até a cabeceira da cama da doente, pediu a Deus que os estranhos pressentimentos não atrapalhassem o trabalho que viera executar.

Mesmo cortada pela dor, a filha do Coronel Venâncio Pereira não deixou de externar seu estranhamento pela juventude da pessoa que viera em seu auxílio, recebendo a explicação de José acerca da ausência de Joana, mãe da moça que se apresentava para atendê-la.

– Não se preocupe com minha pouca idade, senhora. Cresci observando e aprendendo com minha mãe todos os segredos das plantas da região – explicou com confiança.

Colocando em prática tudo o que aprendera, a

jovem sabia que a chamada dor abdominal poderia ser causada por problemas em diversos órgãos: estômago, fígado, rins, vesícula, pâncreas, intestino. Por esse motivo, conversou pacientemente com a doente enquanto pressionava-lhe o ventre na tentativa de localizar o ponto de partida da dor, reduzindo com isso o campo de abrangência e de possibilidades que, até então, eram muito amplos.

A medicina caseira e o curandeirismo eram bastante comuns na região e contavam com grande aceitação popular, em decorrência da união de dois fatores principais: o forte sincretismo religioso – caraterística que os tornava mais permissivos a práticas místicas e ritualísticas – e a falta de acesso a profissionais da medicina, cada vez mais escassos e caros.

Não obstante o primitivismo aparente, as técnicas utilizadas por benzedeiras, curandeiros e fitoterapeutas não diferiam em muito – principalmente no que se refere aos últimos – daquelas utilizadas pelos minguados médicos existentes naqueles confins, com quase nenhum acesso a medicamentos produzidos artificialmente.

Após alguns minutos de conversa e exame, Margarida solicitou licença para ir até a cozinha, onde, esbanjando desenvoltura, começou o preparo do remédio que julgava ideal para o caso.

Tirou de sua bolsa um caroço de abacate e triturou-o num pequeno almofariz de madeira cedido pela cozinheira Isabel. Após, levou-o ao fogo, onde acrescentou algumas lascas de gengibre, folhas de louro e mel. Aquela infusão, cujo aroma agradável impregnara a cozinha, pelo que a mãe lhe ensinara, seria eficaz de aplacar a maioria dos casos de dores na região do abdome.

Depois de pronta, ministrou a infusão para Elvira, recomendando que continuasse tomando um copo do chá a cada três horas, até o desaparecimento por completo da dor. Paralelamente, retirou de sua sacola um frasco contendo uma espécie de xarope preparado de plantas com propriedades calmantes, tais como maracujá e camomila, dentre outras, solicitando que a senhora ingerisse uma generosa colher do concentrado nos intervalos do outro chá, pois isso a auxiliaria na estabilização do sistema nervoso, além de propiciar uma melhor qualidade de repouso.

Após Elvira tomar a primeira xícara do chá, Margarida solicitou permissão para continuar na fazenda, aguardando se as ervas produziriam os efeitos desejados, e, caso fosse necessário, estaria por perto para nova tentativa.

O pleito da moça foi prontamente atendido pela filha do coronel, cada vez mais encantada com o jeito delicado e meigo da jovem, apesar de ter crescido solitária em lugar tão remoto.

Demorou cerca de uma hora para que Elvira sentisse os primeiros efeitos do remédio preparado pela jovem curandeira. Depois de quase duas horas, a dor havia reduzido consideravelmente, persistindo apenas em grau tolerável. Excepcionalmente sentia dores mais agudas – ferroadas, como descrevia –, mas que estavam ocorrendo em intervalos cada vez maiores entre uma e outra.

Margarida explicou à sofrida senhora que, com as próximas doses e o calmante natural, a tendência era que a dor cessasse por completo. Recomendou, por fim, que Elvira procurasse o médico na cidade, já que tinha condições financeiras para isso, a fim de examinar a origem do mal com mais cuidado.

– Não sei o seu nome... – disse, interrogativamente.

– Margarida, senhora.

Ao ouvir aquele nome, Elvira baixou os olhos, que, imediatamente, marejaram de lágrimas.

– Tudo bem, senhora? O que está sentindo?

– Velhas lembranças, nada mais – respondeu Elvira que, perto de Margarida, sentia como se algo ou alguma força estranha a fizessem reencontrar a doçura de caráter, perdida desde o dia em que se envolveu com Frei Bernardo.

Margarida, por sua vez, identificava naquele rosto uma inexplicável familiaridade, como se já a conhecesse de longo tempo, produzindo-lhe sensações conflitantes, muito embora aquela fosse a primeira vez que a via.

Com a redução da dor, Elvira mostrou-se mais disposta, ensaiando, inclusive, alguns passos fora da cama. Margarida, diante da evolução do quadro da mulher, viu que seu trabalho naquela casa havia encerrado. Despediu-se de todos e recomendou à cozinheira Isabel que fizesse a patroa consumir bastante sumo de laranja, além de chá de hortelã após as refeições, pois isso "acalmaria o estômago", principalmente se houvesse novo episódio de vômito.

Margarida ainda se encontrava na cozinha, orientando Isabel quanto ao modo de preparo dos chás, quando José entrou no cômodo, solicitando que a jovem retornasse ao quarto da filha do coronel.

447

Receosa de que houvesse ocorrido algum retrocesso no estado de saúde de Elvira, Margarida, agora conhecedora do caminho, voltou rapidamente aos aposentos da doente.

– O que houve, senhora Elvira? – perguntou, preocupada.

– Por um lamentável lapso de minha parte, quase permiti que fosse embora sem pagá-la pelos serviços prestados. Peço que me desculpe a falha, que, garanto, foi involuntária.

– Ah! Foi isso? – suspirou Margarida, aliviada.

– Você acha pouco? Isso é muito sério.

– Aprendi com minha mãe a servir, despretensiosamente, aos que precisam de ajuda. Ganho financeiro está longe de ser o objetivo do nosso trabalho e de minha estada aqui. Somos cristãs e tentamos colocar em prática os dois maiores mandamentos que Jesus nos ensinou: amar o nosso próximo. Não levamos uma vida de luxo, mas de abundância. Em nossa casa, não temos fartura material, mas abunda partilha, o afeto e, acima de tudo, a paz de espírito. Que mais posso querer?

Não há necessidade de qualquer pagamento. O serviço que realizei nesta casa hoje não foi com intuito de receber dividendos; tudo que fiz foi atender a um pedido de ajuda formulado por José e auxiliar a uma pessoa que necessitava das minhas limitadas habilidades.

Elvira ficou impressionada com os valores morais daquela jovem, certamente provenientes de sua mãe.

Ficava claro para a filha do coronel que Margarida

encontrara a felicidade na sua simplicidade. Chegou a sentir uma ponta de inveja quando a moça falou em "paz de espírito", atributo que, havia muitos anos, desaparecera de sua própria vida.

– Sua postura é louvável, entendo-a perfeitamente e emociono-me ao ver alguém tão jovem já dotada de tamanha virtude moral, mas não estamos diante de um episódio de caridade, mas, sim, de justiça. Você executou um trabalho e nada mais justo que seja paga por ele. Disso não abro mão e receberei uma improvável negativa da sua parte como uma ofensa pessoal – argumentou com veemência.

Antes que Margarida pudesse redarguir, José, ao sinal de Elvira, entregou à moça um pequeno pacote contendo algumas centenas de réis, inicialmente recusado pela filha de Joana, que julgou ser o pagamento exageradamente desproporcional ao serviço prestado, mas que acabou aceitando, logo em seguida, diante da irredutibilidade da filha do Coronel Venâncio, que mostrou contundência quase imperativa na sua vontade.

Vencida a questão, Elvira solicitou a José que levasse a moça de volta até sua casa, na floresta, agradecendo-a pela gentileza de ter atendido tão rapidamente ao pedido do empregado, agradecimento que foi repetido pelo velho empregado assim que apeou do cavalo em frente à casa da jovem.

Com um sorriso cálido, Margarida dispensou o trabalhador da fazenda dos agradecimentos e colocou-se à disposição – ela e sua mãe – para eventual nova emergência.

Quando entrou em casa e viu-se sozinha, Margarida, que transbordava de contentamento por ter conseguido colocar em prática os conhecimentos recebidos da mãe a serviço do próximo, fez uma prece a Deus em agradecimento.

Horas mais tarde, Joana ouvia com satisfação o relato da filha, parabenizando-a pela atitude e também pela precisão na escolha das ervas indicadas para o caso.

– Eu utilizaria das mesmas plantas para combater dores abdominais – comentou Joana, orgulhosa da filha.

Durante a narrativa, Margarida relatou que fora chamada à Fazenda Monte Alegre. Focada apenas nos detalhes da doença e esperando a avaliação da mãe quanto ao tratamento escolhido, involuntariamente, deixou passar um detalhe muito importante, o nome da mulher a quem prestara auxílio, detalhe que Joana também não se importou em obter, por julgar irrelevante. Ela própria, quando relatava suas experiências à filha, nunca se preocupou em nominar as pessoas atendidas.

A noite cobriu a floresta com seu manto escuro, trazendo consigo uma aragem fria, típica do fim dos dias outonais, descortinando o brilho das estrelas do firmamento. Mãe e filha conversavam animadamente enquanto se serviam de pinhões assados na brasa da mesma fogueira que as aquecia.

Joana e Margarida mantiveram-se neste clima de descontração pelo restante da noite, até o momento em que o sono lhes cobrou o repouso para o corpo.

No dia seguinte, antecipando-se aos primeiros albores da manhã, sob espessa neblina, Joana reuniu alguns frascos que separara durante a noite, juntamente com um punhado de ramos e folhas e, silenciosamente, para não acordar a filha, pôs-se a caminho da mercearia comandada pela viúva do comerciante Praxedes. A mulher, que havia dias queixava-se de forte enxaqueca, solicitou os préstimos da índia.

Margarida não se incomodou quando acordou e percebeu da ausência da mãe. A jovem já estava acostumada com os hábitos de Joana, que, rotineiramente, levantava-se antes de o Sol nascer, independentemente da existência de compromissos. Joana sempre dizia que era no romper da aurora que podia sentir a presença dos Espíritos da floresta com maior profusão.

Ainda sonolenta, a jovem dirigiu-se até a porta. Assim que a abriu, sentiu uma lufada de vento gelado no rosto, provocando-lhe arrepios. Retornou rapidamente para o interior da casa, esfregando as mãos freneticamente sobre os braços para afastar a sensação de frio. Sentou-se em frente ao fogão a lenha, serviu-se de uma generosa caneca de chá de hortelã com erva-cidreira, que ainda fumegava sobre a chapa quente, adoçando-a com um pouco de mel. Completou seu desjejum com uma pequena fatia de bolo de milho que a mãe preparara no dia anterior.

Terminada a frugal refeição, dirigiu-se até o riacho localizado nos fundos da propriedade. O rio tinha seu curso a poucas dezenas de metros da casa, mas, entre ambos, havia um acentuado aclive no terreno, com cerca de cinco metros, característica do relevo que mantinha a propriedade a salvo das constantes inundações, muito comuns em rios que correm pelas encostas serranas.

Margarida venceu a inclinação do relevo, descendo por degraus naturalmente insculpidos no terreno pedregoso pela própria água da chuva e, chegando à beira do córrego, sentou-se ao Sol, sobre uma grande pedra, entregando-se à introspecção silenciosa – os sons da mata criavam ambiente prodigioso e convidativo à reflexão.

A moça continuava sentindo-se incomodada pela estranha sensação a respeito da filha do Coronel Venâncio, a quem auxiliara no dia anterior, e, por razões que desconhecia, vieram-lhe à mente recordações da sua própria história, principalmente a maneira como viera parar naquele lugar, abandonada pela mãe no coração da floresta.

Permaneceu à beira do rio, distante, totalmente absorvida por seus pensamentos e, pela primeira vez, começou a realmente pensar em sua mãe biológica, tentando entender a situação que a levara a tomar aquela atitude extrema.

Não havia rancor em suas reflexões, entregando-se a sincera e fervorosa prece, rogando a Deus para que, onde quer que estivesse, sua mãe fosse perdoada pelo desvairado ato de um dia tê-la abandonado à morte.

Na fazenda Monte Alegre, totalmente recuperada das dores que a castigaram na noite anterior, Elvira Pereira refletia sentada sob a sombra amiga de sua árvore preferida, um frondoso umbu, de copa grande, galhos vistosos e folhagem em forma de guarda-chuva. A árvore, cujo nome vem do tupi-guarani e significa "água que dá de beber", pois armazena água, principalmente na raiz, reinava solitária no descampado, a cerca de duzentos metros da sede da fazenda, constituía-se num excelente local de descanso para bandos de pássaros após suas revoadas.

Elvira nutria apreço especial pelo lugar, pois o umbuzeiro fora plantado por seu avô, um gaúcho serrano, exímio contador de histórias. Quando criança, ouvira-o falar diversas vezes sobre uma antiga lenda da sua terra envolvendo aquela árvore, história que lhe veio à lembrança de forma nostálgica.

Contava o avô, cujo timbre da voz, carregado no sotaque gaúcho, Elvira recordava-se como se o estivesse ouvindo naquele instante:

– Deus chamou as árvores e mandou que cada uma escolhesse os atributos que desejava possuir. Depois que muitas escolheram como característica principal a dureza do tronco, a beleza, a longevidade e a produção de frutos deliciosos, chegou a vez de a última espécie dizer o que queria ser.

– E tu, Umbu, o que desejas para ti?

– Senhor, gostaria de uma copa rodada com folhas largas para as sesteadas dos gaúchos e uma madeira tão frágil que se quebre ao menor esforço.

– Compreendo o desejo pela sombra – disse Deus –, mas por que a madeira sem resistência?

– Porque eu não quero que algum dia façam dos meus braços a cruz para o martírio de um justo.

Diante da resposta, Deus, que teve o filho crucificado, atendeu ao pedido do umbuzeiro.

Embalada pela historieta do avô, Elvira permanecia

absorta, reflexiva. A visita da jovem curandeira despertou saudosas lembranças da filha Margarida.

O arrependimento e a culpa que nunca a deixaram em paz ao longo dos anos, sempre cobrando o pesado preço pela equivocada decisão tomada naquela fatídica manhã, torturavam-na novamente.

Agora, após transcorridas quase duas décadas, Elvira constatava que, junto com a filhinha, também deixou na mata toda a sua inocência, o gosto pela vida e a paz de espírito. Foi um preço alto demais.

Com lágrimas de sofrimento a correr no rosto sulcado pela angústia, era a primeira vez em anos que abria seu coração. Ajoelhou-se sob a sombra rodada do umbuzeiro e orou pedindo perdão a Deus, solicitando ao Criador que lhe fosse concedida a oportunidade para, de alguma forma, reparar o erro cometido, caso ainda fosse possível.

Um século mais tarde, a providência divina, através da bênção da reencarnação, encarregar-se-ia de reunir Elvira Pereira, Frei Bernardo Quintavalle, Margarida e a índia Joana em nova existência para, sob o pálio inexorável da lei de causa e efeito, realizarem as pesadas tarefas reconstrutivas de seus futuros, através do difícil exercício do perdão e da necessária e vivificante reparação.

Elvira e Margarida, enfim, tiveram suas preces atendidas.

CAPÍTULO 19

Descortinando
O PASSADO

A NOITE TRANQUILA ENCONTROU VÂNIA recostada na cadeira posicionada na varanda. Pensativa, fixou seus olhos negros, marejados, nas estrelas que esplendiam na vastidão do firmamento. Uma nívea lágrima caía-lhe pela face enquanto se recordava das palavras dos avós, que, pouco tempo antes, partiram em direção à crosta terrestre, acompanhados da equipe de auxílio à desencarnação, coordenada pelo abnegado servidor Bartolomeu, o trabalhador mais experiente da colônia Recanto da Paz naquela função.

– Vânia – dissera-lhe a avó, cuidadosamente –, a situação de seu pai é bastante delicada, a doença atingiu, de forma irremediável, o ponto mais devastador: os pulmões. O retorno de Belarmino ao plano espiritual é uma questão de horas.

Portadora da delicada notícia, Catarina percebeu que, enquanto a neta ouvia o relato de que o retorno de

455

Belarmino ao mundo espiritual ocorreria naquele dia, uma sombra imediatamente assenhoreou-se de seu rosto.

A desencarnação do pai em si não era o fator que mais afligia Vânia, afinal, do ponto de vista espiritual, olhando a morte por uma perspectiva inversa, ou seja, não do ponto de vista de quem está encarnado na Terra vendo os entes queridos partirem, mas com os olhos de quem está no além-túmulo, no mundo espiritual, presenciando a chegada de antigos companheiros de jornada após longa incursão na carne. Todos partem para uma nova reencarnação e todos retornam. Esta é a Lei.

É nessa hora que o ser espiritual depara-se com o maior e mais intrigante de seus paradoxos: a alegria pela morte e a tristeza decorrente do renascimento; a felicidade do reencontro no momento da desencarnação em oposição à apreensão e a tristeza dos que observam o retorno de seus entes queridos à Terra, para mais um passo na longa jornada evolutiva do Espírito imortal, para mais uma reencarnação.

Desde a descoberta da doença, enquanto ainda estava encarnada, Vânia e o restante da família estavam cientes da gravidade e da irreversibilidade do quadro de Belarmino, cujo retorno à pátria espiritual aproximava-se dia após dia. Sabia também que, quando o momento chegasse, seu pai seria amparado pela equipe de trabalhadores espirituais e que estaria sob os cuidados de excelentes mãos.

Na realidade, suas maiores preocupações estavam voltadas para a mãe: como reagiria a mais esta perda, ainda, repita-se, que a separação houvesse sido anunciada há algum tempo e fosse aguardada por todos, inclusive pelo próprio Belarmino? Aquela dúvida a consumia.

Diferentemente do que ocorrera nas outras incursões à Terra, quando foi convidada a integrar a equipe, desta feita Vânia foi informada pela avó de que não poderia acompanhar o trabalho das equipes de socorristas que fariam o desligamento do perispírito de Belarmino de seu corpo carnal, pois entendiam que sua presença poderia prejudicar o trabalho da equipe especializada.

Naquele momento angustiante, entregava-se ao único ato que estava ao seu alcance e que seria capaz de auxiliar a todos os envolvidos: a prece.

Vânia manteve-se sintonizada com o Alto, pedindo proteção aos pais, enquanto aguardava notícias. Confiava incondicionalmente na Providência Divina e nas mãos experientes dos trabalhadores da colônia, que, nesta ocasião, contariam com o precioso auxílio dos avós Ângelo e Catarina.

Depois de algum tempo, Catarina aproximou-se da neta e tocou-lhe os ombros com a destra, retirando-a da distração de suas reminiscências.

Vânia saudou a avó com um longo abraço, mas tratou logo de disparar uma metralhadora de perguntas à gentil senhora, todas relacionadas à situação do pai.

– Como foi tudo, vovó? Correu tudo bem? Como foi a chegada de meu pai?

– Acalme-se, querida – tranquilizou Catarina. – O processo de desenlace de Belarmino correu conforme o planejado, não se preocupe.

– Como ele está? Poderei vê-lo?

– Assim como aconteceu com você, seu pai precisa passar um tempo no departamento de refazimento para se recuperar de todo o processo que envolveu sua desencarnação. Não se esqueça de que Belarmino foi vítima de uma doença extremamente agressiva ao corpo físico e demandará cuidados especiais por algum tempo, em setor especializado da colônia. Assim que reunir condições para receber visita, você será levada a sua presença. Antes, porém, é preciso deixar que os médicos de nosso plano façam o seu trabalho.

– E mamãe, a senhora tem notícia? Como reagiu à partida de papai?

– Não se preocupe com Iracy, pois diferentemente do que ocorreu com ela na ocasião da sua desencarnação precoce, desta vez sua mãe encontrava-se melhor preparada para enfrentar a passagem do marido. A própria doença concedeu aos familiares, e também ao próprio Belarmino, o tempo necessário de preparo para o inevitável. Desde que receberam sua mensagem, Iracy e Belarmino passaram a se dedicar ao estudo da Doutrina Espírita, adquirindo maior compreensão acerca da vida no mundo dos Espíritos e todas as suas nuances, entendimento que se mostrou fundamental para ambos neste momento de transição.

Obviamente que Iracy sente a perda do marido, mas o choro agora não é de revolta, mas de resignada saudade, pois compreende que um dia se reunirá com todos aqueles que a estão precedendo no retorno à Espiritualidade.

Hoje, ela tem a certeza inequívoca de que a vida continua após o esgotamento da vitalidade do corpo físico.

Além disso, sua mãe encontrou em Cecília o esteio de que necessita para atravessar mais esta dura provação.

– Ah! Cecília... faltam-me palavras para dimensionar a gratidão por tudo que minha amiga fez e tem feito por mamãe e papai. Desejo que, um dia, Deus conceda-me a oportunidade de retribuir todo esse carinho – suspirou Vânia.

– Onde está vovô Ângelo?

– Ele permanecerá no departamento de refazimento, auxiliando os trabalhadores daquele local nos cuidados com Belarmino e de outros recém-chegados nesta noite.

– Neste ínterim, o melhor a se fazer é exercitar a paciência e esperar, orando a Deus para que tudo se ajuste a contento – suspirou Vânia com o coração a confranger-lhe o peito.

Alguns dias haviam se passado desde o retorno de Belarmino ao plano espiritual, quando Vânia, acompanhada dos avós, foi levada até a ala em que o mesmo recebia tratamento.

O pai ainda era mantido em sono de refazimento, motivo pelo qual foi permitido que Vânia entrasse no quarto, para observá-lo com mais proximidade. Apesar de o tratamento estar em seu estágio inicial, a aparência do pai já era bem melhor do que aquela que tinha antes de desencarnar. Recobrara as feições joviais de décadas atrás, e sua musculatura, antes atrofiada pela doença, parecia completamente restabelecida.

Emocionada, desejou abraçá-lo e beijá-lo, mas sabia

que isso poderia ser prejudicial, mesmo estando o paciente desacordado. Teria muito tempo para isso. Naquele momento, o melhor para seu pai era mesmo a manutenção do rígido tratamento ministrado pelo corpo médico da colônia. Qualquer interferência poderia ter consequências sérias no seu processo de refazimento.

De volta à casa dos avós, Vânia conversava animadamente com Catarina quando Ângelo se aproximou silenciosamente. Acercou-se das duas mulheres, deu um beijo na testa da neta e convidou-as para se sentarem na varanda e aproveitarem a beleza da paisagem noturna da colônia, pois ali seria um lugar mais propício para conversarem sobre o assunto que precisava revelar. A fala de Ângelo despertou imediatamente a já conhecida curiosidade de Vânia.

Antecipando-se a todos, a jovem correu para o lado de fora, acomodando-se no lugar sugerido pelo avô. Catarina, conhecedora dos intentos do companheiro, limitou-se a seguir a neta, lentamente.

Confortavelmente acomodados na varanda, banhados pela suave luminosidade lunar e pelo lucilar das primeiras estrelas surgidas na amplidão do espaço, a família entregou-se, por segundos, a salutar momento de admiração da obra Divina, até que Ângelo revelou suas intenções:

– Tendo em vista a chegada de Belarmino a nossa colônia, o qual muito em breve poderá receber visitas, e também levando-se em consideração que você já nos deu muitas provas de que evoluiu bastante no aprendizado, desde que retornou para esta paragem espiritual, acreditamos que é chegado o momento de avançarmos, pois você

460

reúne as condições necessárias para se confrontar com a verdade oculta nos mistérios do passado, relembrando-se dos meandros da existência que precedeu à presente jornada.

– Belarmino precisará muito de sua ajuda no difícil processo de readaptação ao seu novo estado. Da mesma forma, precisaremos estar atentos a Iracy, que permanece nos campos carnais de prova, cumprindo seu planejamento reencarnatório.

Entendemos que você terá melhores condições de nos ajudar a prestar auxílio a seus pais após o conhecimento do contexto histórico que delineou a última existência carnal dos membros de nossa família, existência física que já findou para você e para seu pai, perdurando ainda para nossas queridas Iracy e Cecília, partes ativas desta história que transpôs os limites do tempo.

Nesta situação, acreditamos seja imperioso que conheça toda a verdade – arrematou Ângelo.

– Conhecedora da importância e da seriedade de todos os trabalhos desenvolvidos na colônia, julgo-me tão pequena, tão distante do conhecimento e do equilíbrio necessários para servir de instrumento de auxílio para alguém. Perscrutando com minha consciência, não consigo encontrar em mim mesma a menor condição para advogar em favor de meu pai ou daqueles que permanecem na Terra, mas prometo fazer tudo aquilo que estiver ao meu alcance para me tornar instrumento útil a toda sorte de trabalhos que minha cooperação for solicitada.

– Não se apequene, minha querida. Há ainda muito o que aprender, é verdade, mas sua participação foi decisiva no melhoramento de Iracy e terá importância ainda maior na difícil readaptação de Belarmino, mas, repito, é indispensável que conheça o liame que nos une a todos na imensa teia de fatos e acontecimentos da história reencarnatória, que influenciou diretamente a última existência de cada um, inclusive daqueles que ainda se encontram encarnados – ponderou Catarina com ternura.

Vânia calou-se profundamente. Apesar da curiosidade que o conhecimento das vidas passadas naturalmente desperta, no fundo nutria relativo temor por aquilo que lhe seria revelado. Aprendera que rever os arquivos pretéritos não se restringe a mero ato histórico informativo; significa também descortinar a história e reviver cada um dos sentimentos presentes nos eventos de nossas vidas, por exemplo: não basta saber-se traído, mas o conhecimento do passado faz repisar os sentimentos de raiva, vergonha e humilhação produzidos pela traição.

Temia não possuir equilíbrio para suportar os equívocos das vidas anteriores, sentir novamente o remorso das más ações, a dor pela quebra da fidelidade, a mágoa do abandono, a vergonha da humilhação e, mesmo conhecendo tudo isso, manter a espontaneidade nas relações com as demais personagens desta história. Afinal, deve ser difícil continuar a olhar para alguém com os mesmos olhos depois de saber que, no passado, recente ou não, foi instrumento de sofrimento desta pessoa.

Percebendo a linha de pensamento e os temores da neta, Catarina enlaçou-a com um abraço e tranquilizou-a:

– Conhecer as vidas anteriores leva-nos, de fato, a sentir novamente todos os fatos nocivos que já praticamos ou de que fomos alvo, mas não se esqueça, Vânia, que também relembraremos nossas virtuosas ações e sentiremos todo o prazer que só quem praticou um ato de bondade alguma vez na vida já sentiu. Sejamos otimistas!

– A cada dia com suas agruras – interrompeu Ângelo. – Não nos antecipemos. Deixemos nossas preocupações com tudo isso para amanhã, quando iremos todos ao Departamento de Esclarecimento, buscar as informações de que Vânia precisa.

– Buscar, vovô? Pensei que você e vovó iriam apenas narrar toda a história.

– Até poderíamos, minha querida, mas imagens valem mais do que milhares de palavras e, mais do que contar a nossa história, no departamento poderemos revê-la.

– Nossa! – exclamou Vânia com admiração.

– Por que o espanto? A Terra, como você sabe, é um rascunho inacabado do mundo espiritual. Você acha mesmo que somente os encarnados detêm os segredos da evolução tecnológica? Qualquer novo invento, que chega ao plano físico sob a forma de inspiração do inventor, partiu antes das esferas espirituais. Dispomos de equipamentos que chegarão à Terra somente daqui a várias décadas – sorriu Ângelo.

O trio permaneceu em conversação amistosa e edificante durante o restante da noite, relegando, temporariamente a segundo plano, os assuntos mais espinhosos.

No dia seguinte, logo cedo, Ângelo, Catarina e Vânia dirigiram-se até o Departamento de Esclarecimento, situado no setor oeste da colônia, uma região que Vânia também não conhecia.

O departamento funcionava em uma construção erigida em forma de círculo, pintada totalmente de branco e encravada no centro de um imenso gramado, impecavelmente cuidado, de incomum tonalidade de verde, bem mais escura que os exemplares de gramíneas que Vânia conhecia na Terra. Não havia flores naquele local, apenas a grama, condição que criava um cenário relaxante. Quem idealizou o lugar certamente optou por conclamar o visitante a refletir sobre a beleza do verde em sua forma bruta e, definitivamente, logrou êxito em seus objetivos.

Vânia seguia os avós, admirada com a beleza singela do lugar. Na entrada da construção, havia um saguão onde uma jovem prestava, solícita e com sorriso no rosto, informações a todos os recém-chegados. Ângelo adiantou-se do grupo e conversou rapidamente com a servidora, que apontou para o corredor que ficava a sua direita, por onde seguiram. Não precisou que caminhassem muito até pararem em frente a uma sala cuja placa de identificação dizia: "Projeção".

O avô de Vânia abriu a porta de forma cavalheiresca para as mulheres e, depois, dirigiu-se até um outro atendente, a quem solicitou fosse preparada uma das salas de projeção, lembrando ao jovem trabalhador que já havia informado, com antecedência, o nome da pessoa a quem as imagens interessariam.

Após consultar suas anotações, o jovem apontou na direção da sala de número três, informando que o local já estava preparado e à espera dos visitantes.

– Obrigado pela presteza, Estêvão – agradeceu

Ângelo, desobrigando o rapaz de acompanhá-los ao local indicado, por conhecer as instalações.

Vânia estava diante de uma pequena sala, com capacidade para no máximo quatro pessoas, conclusão que tirou por ser este o número de cadeiras dispostas na sala, à frente das quais havia uma finíssima tela, semelhante a um moderno aparelho de TV, além de uma bancada sobre a qual fora colocado uma espécie de controle remoto. Com a desenvoltura de quem realmente conhecia o lugar e os procedimentos, Ângelo convidou as mulheres a se sentarem e apertou um dos botões do controle, que ligou a tela, na qual se projetou uma imagem azul.

– Preparada? – perguntou à Vânia.

– Espero que sim – sorriu a neta.

Ângelo explicou que, durante a apresentação das imagens, prestaria quaisquer esclarecimentos que Vânia necessitasse, ficando à vontade para interrompê-lo a qualquer momento.

– Advirto, porém, que há uma regra da qual não se abre mão neste local – falou o avô em tom sério.

– Qual? – perguntou Vânia, temerosa.

– É proibido sair daqui com dúvidas. Há muitas solicitações para utilização destas salas, e não devemos desperdiçar a oportunidade que nos foi concedida com omissões ou melindres.

Percebendo que o avô falara sério, Vânia assentiu movimentando a cabeça positivamente.

Antes de iniciar, Catarina trocou olhares com Ângelo e conclamou os presentes a realizarem uma prece, solicitando equilíbrio, compreensão e discernimento em relação ao trabalho que estavam prestes a iniciar naquele momento.

Encerrada a oração, Ângelo pressionou novamente o controle remoto. Um único toque no equipamento reduziu a intensidade das luzes da sala e fez surgir na tela a belíssima imagem, em alta definição, de uma mata de araucárias.

Nos minutos que se sucederam, Vânia assistiu ao resumo de uma história ocorrida nos campos de cima da serra de Santa Catarina, no ano de 1913, durante a Guerra do Contestado, envolvendo a filha de um poderoso coronel da região.

A moça vive um romance proibido com um frei franciscano, cuja consequência é a gravidez da jovem. Temeroso, o membro do clero local, após acusação pública da filha do coronel, nega seu relacionamento com a mesma. Escandalizado e pressionado pelos conservadores conceitos da sociedade da época e pelo desejo de manter imaculada a imagem austera da tradicional família, o cruel coronel determina que a filha se livre da criança, ato que é levado a efeito logo depois do nascimento, quando a mãe abandona a infante no meio da floresta densa.

A projeção da história prossegue, e Vânia observa, imóvel, quando a criança é encontrada na mata por uma jovem curandeira, a qual decide criar o bebê.

Por outro lado, movida por destrutivo sentimento de vingança, a filha do coronel assassina o padre, pai da sua filha, que renegara o amor e, consequentemente, o fruto dele.

A criança cresce e aprende com a mãe as propriedades medicinais das plantas da região, até que um dia a providência divina a coloca em situação em que é solicitada a prestar auxílio à mãe biológica, que um dia a abandonara para a morte.

Mais alguns minutos se passam até que o vídeo chega ao seu final.

Aturdida e encontrando dificuldades com as palavras devido à emoção, Vânia fez uma pausa reflexiva, como se estivesse buscando nos recantos mais profundos da alma aquelas reminiscências do passado secular que, naquele instante, pareciam fazer parte da sua vida. Após breve arfar do peito, com lágrimas nos olhos, desabafou:

– Reconheço esse lugar, essa vida, essa floresta. É estranho porque tenho certeza de que essa vida é minha, mas não consigo identificar-me em nenhuma das personagens apresentadas.

– Tente acalmar-se, minha querida, e permita-me elucidar as cenas que você presenciou – disse Ângelo, sereno.

Catarina aproximou sua cadeira ao assento da neta, segurou suas mãos e transmitiu-lhe energias equilibradoras.

A providencial ação da avó produziu efeitos imediatos em Vânia que, mais calma e centrada, após longo movimento de inspiração e expiração, solicitou ao avô que prosseguisse com as elucidações.

– Inicialmente, é preciso que nominemos as personagens da história que você visualizou – começou o avô em tom monocórdio. – O local chama-se Arraial de Bom Jesus do Taquaruçu, um vilarejo na época pertencente a

467

Curitibanos, em Santa Catarina. Elvira Pereira, a filha de Coronel Venâncio Pereira, casado com Ana Pereira, apaixona-se por Frei Bernardo Quintavalle, um frade franciscano, italiano, designado pelo Vaticano para aquela região. A criança, nascida deste relacionamento, chama-se Margarida e, após o abandono na floresta, foi salva pela curandeira Joana. Em apertada síntese, estes são os principais envolvidos nestes acontecimentos. Há outros, é verdade, mas estes identificaremos à medida que as explicações avançarem.

– Joana... sinto que esse nome está ligado a lembranças felizes e amorosas – disse Vânia, apertando os olhos e esforçando-se para encontrar mais algum dado oculto em sua memória.

– Em seguida, você entenderá o porquê desta memória afetiva – esclareceu Catarina.

Ângelo prosseguiu com as explicações, sob os olhares atentos e apreensivos da neta.

– Todas as personagens integrantes deste enredo de amor, ódio, mágoa e abandono, por imposição da lei de ação e reação, retornaram em romagem aos palcos da Terra, reencontrando-se na busca do reajuste e do perdão, indispensáveis à evolução dos Espíritos.

Frei Bernardo Quintavalle, o religioso da ordem franciscana que seduziu Elvira Pereira, reencarnou como o fazendeiro Belarmino.

– Meu pai era o frade da história que assistimos? – Interrompeu Vânia.

– Sim, minha querida – respondeu o avô, pacientemente, enquanto prosseguia com a narrativa. – Por ter seduzido e abandonado Elvira, Frei Bernardo assumiu o compromisso de retornar à Terra envergando o corpo de Belarmino, para se reencontrar com sua amada, reatando os laços de amor, outrora rompidos, com Elvira Pereira. Elvira, a filha do Coronel, ressurge, então, como Iracy, nossa filha e sua mãe.

– Belarmino recebeu como expiação a aquisição de uma grave doença, que o tornou completamente dependente da esposa, aquela a quem, um dia, renegou e humilhou. A doença constituiu-se num duro golpe ao orgulho daquele que envergou o papel de um frade franciscano, e que, nesta vida, teve de aceitar, o que para ele constituiu-se a maior das humilhações, a total dependência da esposa outrora renegada.

Vânia ouvia atentamente ao avô, sem pronunciar uma única palavra sequer acerca dos esclarecimentos.

– Elvira – agora Iracy –, por ter assassinado Frei Bernardo, recebeu a dura tarefa de assumir, solitária, por anos a fio, os cuidados do marido doente, resgatando, pelo desvelo incondicional, o crime perpetrado na vida anterior. A algoz, então, ressurge como Iracy, a esposa dedicada. Ação e reação. Causa e efeito. Nosso livre-arbítrio nos permite semear os campos da nossa existência da forma que melhor nos aprouver, mas nossa semeadura amanhã produzirá seus frutos, com os quais forçosamente seremos constrangidos a nos alimentar nas reencarnações vindouras.

Vânia percebia que as peças daquele quebra-cabeça do destino multiplicavam-se com velocidade assustadora. Agora entendia as razões da doença do pai, que, nos últimos anos, passou a depender da mãe para tudo, inclusive para suas necessidades fisiológicas básicas e de higiene pessoal. Recordava-se de que uma das maiores reclamações do pai era a humilhação que sentia por depender da esposa para tudo, principalmente nas situações mais constrangedoras.

Compreendia, também, que a devoção com que a mãe se desvelou nos cuidados com a saúde do pai, a ponto de renunciar à própria vida, foi a maneira que a providência Divina ofertou-lhe para a remição de suas falhas, por tê-lo assassinado no século anterior, quando Belarmino desfilava nas terras do cimo da serra catarinense, como Frei Bernardo Quintavalle.

Dando prosseguimento às elucidações, Ângelo tentou instigar a memória espiritual da neta.

– Você já consegue recordar-se da sua participação nesta história toda?

Vânia fixou o olhar em um ponto qualquer da sala, franziu o cenho e concentrou-se, tentava buscar a resposta à pergunta formulada pelo avô nos escaninhos mais ocultos de sua memória, mas nada conseguiu novamente.

Ângelo, percebendo a dificuldade da neta com as lembranças do passado, resolveu poupá-la, prosseguindo com a narrativa:

– Elvira Pereira, a filha do rico coronel, não tinha compromissos a saldar apenas com o Frei, a quem assassinou. A jovem arrebanhou para as existências futuras sérios débitos, por ter abandonado sua filha na floresta.

Em razão deste ato, que não poderia ser qualificado como impensado, Iracy renasceu com o compromisso de

470

gerar novamente a pequena Margarida, a filha que um dia abandonou para a morte. Nesta nova oportunidade, estreitou os laços com a filha, a ponto de esta transformar-se no seu bem mais preciso, ligação que beirava às raias da possessividade. Entretanto, por não ter dado valor à mesma relação, no passado, teria que suportar a separação da filha, que seria arrematada precocemente pelos braços da morte. As mãos implacáveis da lei de causa e efeito alcançavam-na com a mesma severidade com que agira no passado.

Você, minha querida neta – continuou Ângelo –, foi a menina Margarida, a criança abandonada pela mãe – Elvira, ora Iracy.

Veja que sua mãe, por não ter dado valor à filha há cem anos, foi chamada pela providência Divina, não apenas para amá-la incondicionalmente em novo convívio, mas também para perdê-la de forma abrupta, aprendendo a valorizar o convívio com o Espírito que um dia imprudentemente renegou.

Vânia não conseguia segurar as lágrimas, entregando-se a dorido pranto. Neste ponto da revelação, a moça passou a reviver toda a angústia de ser abandonada à morte pela própria mãe. Apesar de habitar um corpo recém-nascido, seu Espírito milenar registrou de maneira permanente, em seu corpo perispiritual, a dor da rejeição, que ora ressurgia com força, como se estivesse ocorrendo naquele momento.

Os avós precisaram esperar alguns minutos para que a neta retomasse as rédeas da situação.

– Desculpem-me o descontrole. A emoção apoderou-se de mim de forma invencível e não consegui domar este sentimento, que, agora recordo, açoitou meu Espírito por anos.

– Agora que relembrou dos fatos ocorridos na existência anterior, seus sentimentos por Iracy mudaram? – indagou a avó.

– Não! Muito pelo contrário! – falou com convicção.
– A ligação que tive com minha mãe na última existência; o amor que nutro por ela é infinitamente maior do que qualquer mágoa produzida em eras passadas. A verdade, neste ponto, tem o condão de me fazer entender que a morte prematura serviu para reposicionar Iracy nos trilhos do amor e do bem, apagando as tristes marcas do passado. Fico lisonjeada por Deus ter me concedido o beneplácito de servir de instrumento de redenção de minha mãe, pois tenho certeza de que ela terminará a encarnação totalmente redimida, pelo menos naquilo que se refere a mim, pois a perdoo incondicionalmente.

– Você não imagina o quanto nos agrada ouvir isso, querida. O perdão é salutar para todos. Por isso Jesus disse a Pedro que deveríamos perdoar setenta vezes sete; simbolicamente, o Mestre quis nos mostrar que o perdão deve ser elevado ao infinito e que devemos perdoar sem senões, poréns ou quaisquer outras condicionantes que, constantemente, utilizamos para relegá-lo ao esquecimento – arrematou a avó.

– Conversávamos outro dia – continuou Catarina – sobre a parte do sonho em que você se deixou levar até uma floresta sombria, lembra-se?

– Claro! Aliás, sempre tive fobia de... – Vânia interrompeu a frase, pois agora compreendia o medo inato que sentia de matas e florestas. Eram reminiscências do passado, por ter sido abandonada por minha mãe em uma floresta.

– Exatamente! Naquele momento em que você se encontrava visitando a colônia espiritual, em desdobramento, deixou-se desequilibrar por fragmentos da lembrança da encarnação anterior, e sua mente transportou-a para confrontar com seus medos mais ocultos: as florestas. Depois disso, foi uma questão de tempo para que fosse transportada até as zonas umbralinas. Compreende agora?

– Sim, vovó, nitidamente – disse Vânia, surpresa.

Depois de ligeira pausa, Vânia retomou sua linha de raciocínio e inquiriu os avós:

– Restam ainda algumas pontas soltas na narrativa, vovô Ângelo, como, por exemplo, Joana, a mulher que salvou Margarida – ou que me salvou – da morte certa na floresta. Quem, nesta vida, é a reencarnação deste anjo?

– Você não faz ideia, Vânia? Pense! Há peças deste quebra-cabeça do destino que ainda não surgiram no tabuleiro.

Vânia pôs-se a refletir e, segundos depois, a resposta surgiu na mente com a velocidade de um raio:

– Cecília? Minha grande amiga Cecília era Joana, a curandeira que me salvou a vida, transformando-se em minha mãe de coração – disparou, com lágrimas nos olhos.

– Afinidades: ontem, duas especialistas em cura através das plantas; hoje, acadêmicas de medicina e melhores amigas – desvendou o avô.

– Desde que abraçamos o estudo da Doutrina Espírita e passamos a aceitar seus princípios, como a reencarnação, a sobrevivência do Espírito, a pluralidade de existências e dos mundos habitados, Cecília e eu concluímos que nossas vidas deveriam estar ligadas por laços muito fortes, tamanha era nossa sintonia. Hoje recebo a constatação de que não estávamos equivocadas em nossas conjecturas.

– E dizem que Deus escreve certo por linhas tortas... Eis um dito popular deveras equivocado, pois Deus escreve certo, sim, mas o faz por linhas retas, diretas e objetivas, através da justiça da reencarnação – asseverou Ângelo.

– Não bastasse isso, minha querida neta, Cecília tem colaborado em muito com Iracy desde a sua desencarnação, laço que se estreitou depois do retorno de Belarmino à pátria espiritual.

– Os laços que unem você e Cecília – prosseguiu Ângelo – antecedem inclusive a encarnação sob análise; é milenar. Em outra oportunidade, poderemos recuar ainda mais na linha do tempo, mas, neste momento, isso não traria nenhum benefício imediato. Tudo no momento adequado.

– E vocês, que têm sido os meus anjos da guarda nesta encarnação, estavam presentes na vivência anterior?

– Apenas eu – respondeu Catarina. – Ângelo encontrava-se na erraticidade, desenvolvendo outros trabalhos.

– Não consigo reconhecê-la em algumas das personagens do século passado, vovó.

– Perfeitamente normal, querida, pois minha vida naquela época estava entrelaçada à de Iracy, ou Elvira, bem distante da sua. Meu único contato com você foi nos primeiros dias de vida da pequenina Margarida. Eu trabalhava na fazenda do Coronel Venâncio, como ama da família. Chamava-me Amália e, indiretamente, auxiliei Elvira no tresloucado plano de assassinar Frei Bernardo, quando aceitei o encargo de usar, diariamente, as mesmas roupas, para atravessar as cancelas da fazenda, ato que possibilitou a Elvira deixar o local sem ser notada pelos empregados, que pensavam ser Amália.

– Mas como a senhora poderia saber que Elvira – mamãe – assassinaria o padre?

– Eu tinha conhecimento do desejo de vingança e auxiliei Elvira a levar adiante seus planos devastadores, sem me esforçar para demovê-la da ideia. Não há como negar que também concorri para o terrível desfecho, apesar de não ter diretamente puxado o gatilho da vingança. Aprenda, Vânia, que não somos responsáveis apenas pelo mal que diretamente realizamos, mas também pelo bem que deixamos de praticar ou pelos infortúnios que poderíamos ter evitado e não o fizemos. Omitir-se da prática do bem também é uma maneira de produzir o mal.

Em razão da minha participação, retornei para esta encarnação como mãe de Iracy para tentar guiá-la pelos caminhos da bondade e da redenção. Depois da minha desencarnação, assumi o compromisso, junto com seu avô, de auxiliar seus pais e você no restante das respectivas caminhadas. Desta forma, estou tentando consertar parte dos equívocos perpetrados na existência passada.

– Compreendo seu dilema de avó.

Vânia levantou-se e osculou a face da amada benfeitora, agradecendo-a por fazer parte de sua existência.

– Da minha parte, serei eternamente grata por tudo o que a senhora e vovô Ângelo têm feio por mim, desde o dia em que retornei de minha última passagem pela Terra.

– Não agradeça, meu amor – disse Catarina, imprimindo dulçor à voz. – Como bem assinalou o Mestre, quando conclamou Pedro, sob os olhares atentos dos irmãos Zebedeu, a tornar-se pescador de almas, em nossa jornada espiritual, transitamos pelos palcos reencarnatórios como pescadores de valores morais. Nossa meta precípua é lutar para retornar ao plano espiritual melhores do que quando aqui aportamos, de preferência redimidos de nossas faltas. Portanto, alegra-nos poder auxiliar nossos companheiros de luta a encontrarem o combustível ideal para manter acesa a chama da luz do vasto caminho ascensional da evolução, como aquelas virgens precavidas da história das "dez virgens", narrada de forma parabólica pelo Cristo, fidedignamente registrada pelo evangelista Mateus.

– Sua avó tem razão, Vânia. Não nos agradeça por fazer apenas aquilo que a moral cristã nos compele a realizar. O ser humano encontrará sua redenção quando compreender que é preciso, tão somente, amar ao próximo como a si mesmo. O próximo é o elo que nos une a Deus e ao Seu reino, o reino que Jesus tentou nos mostrar no curto período em que permaneceu entre nós e pelo qual foi martirizado.

Nossa tarefa é deveras simples: amar o próximo, repito. Entretanto, tomados pelo orgulho, pela vaidade e pelo egoísmo, levantamos uma barreira que nos separa de nossos irmãos e, via de consequência, do Criador.

À custa de muita dor, as criaturas terrestres vêm compreendendo que nossa passagem pela Terra constitui-se numa constante jornada de trabalho e provações, dedicados à busca de reabilitações. Somente a partir deste entendimento é que os primeiros passos da caminhada na direção do crescimento espiritual começarão a ser dados.

Definitivamente ainda não estamos cônscios de que somos os únicos responsáveis pela aridez de nossos corações cristalizados no erro. Os espinhos que abundam nos campos de nossa existência foram plantados por nós mesmos. Até que um dia, cansados de chorar, fustigados pela rudeza da dor e pela angústia de séculos e séculos estacionados na ignorância e no equívoco, finalmente escutamos a voz distante da consciência e retomamos a lenta marcha em busca da felicidade, relativa, é bem verdade, pois a felicidade plena não passa de um conceito lírico; quimeras que pululam o mundo dos sonhadores.

– Felicidade absoluta – continuou Ângelo – é sinônimo de perfeição, ambas caminham obrigatoriamente juntas; uma não subsiste sem a outra. Sendo assim, como ainda vivemos em um planeta de provas e expiações, onde a perfeição é um vocábulo que não integra o dicionário terrestre, raríssimas serão as vezes em que nos depararemos com um caso de obtenção da felicidade total, razão pela qual devemos lutar para nos aperfeiçoarmos ao máximo e alçar, através do melhoramento pessoal, o grau máximo de felicidade que nos seja possível atingir nesta existência.

Ainda sob os efeitos do turbilhão de emoções que lhe trouxeram as revelações do passado, Vânia – emocionada, porém renovada – e os avós deixaram o Departamento de Esclarecimento.

O conhecimento do passado amplificou o desejo de auxiliar o pai, recém-desencarnado, cujo sofrimento fora fruto de equívocos cometidos na encarnação anterior quando andava pela Terra como Frei Bernardo.

Na noite daquele mesmo dia, os três fizeram rápida incursão pela crosta, onde observaram, silenciosamente, o repouso daqueles que se mantinham, encarnados, no campo das provas terrenas. Foi com lágrimas a lhe banhar a face que Vânia reviu Cecília e Iracy, as duas mães que a providência Divina ofertou-lhe pelos caminhos da vida. Trazia, em seu coração, um pouco de cada uma delas.

Compreendera, ainda, que as duas almas não se encontram por acaso ao longo da infinita trajetória do Espírito imortal.

Palavras não eram necessárias naquele instante sublime. Saciada pela verdade que liberta, Vânia, de mãos dadas com os avós Catarina e Ângelo, retornou feliz ao seu lar, na Colônia Recanto da Paz.

Cecília e Iracy ainda permaneceriam por muitos anos na Terra para concluírem o estágio de aprendizado, cumprindo assim seu planejamento reencarnatório.

Na colônia espiritual ou no plano físico, a vida prosseguia para todos – fisicamente separados, amorosamente unidos – preservando o passado, reescrevendo o futuro pelas estradas da redenção, construídas por entre encontros, desencontros e reencontros proporcionados pelos Segredos do Tempo.

Fim?

AGRADECIMENTOS

Materializar uma ideia sob a forma de um livro, ao contrário do que possa aparentar, está longe de ser uma atividade individual e solitária.

Assim, não seria justo encerrar este trabalho sem agradecer a todos aqueles que contribuíram para a realização deste sonho pessoal.

Em primeiro lugar, minha esposa Ivangela, que, além de compreender as longas horas de ausência e do incentivo diário, auxiliou-me com a sensatez de suas ponderações e sugestões.

Agradeço a meus familiares pelo apoio incondicional deste sonho e por aceitarem a tarefa de serem meus primeiros leitores, apontando equívocos, incoerências e sugerindo caminhos para melhorar a apresentação do texto.

Rendo meus agradecimentos à Eliane Cassemiro, Presidente da 9ª União Regional Espírita de Santa Catarina por acreditar no projeto, auxiliando-me no passo seguinte à escrita do texto.

Por fim, mas não menos importante, Patrícia Grisard e Sander Trento, companheiros de ideal espírita, que emprestaram sua sensibilidade em fotografia, cedendo a foto que ilustrou a capa.

ideeditora.com.br

*

Acesse e cadastre-se para receber
informações sobre nossos lançamentos.

twitter.com/ideeditora
facebook.com/ide.editora
editorial@ideeditora.com.br

ide

IDE Editora é apenas um nome fantasia utilizado pelo INSTITUTO DE DIFUSÃO ESPÍRITA, entidade sem fins lucrativos, que promove extenso programa de assistência social, e que detém os direitos autorais desta obra.